UN EJ

DE LUZ

UN EJÉRCITO
DE LUZ

Vida

Dedicados a la excelencia

La misión de Editorial Vida es proporcionar los recursos necesarios a fin de alcanzar a las personas para Jesucristo y ayudarlas a crecer en su fe.

© 2005 Editorial Vida
Miami, Florida

Publicado en inglés bajo el título:
Light Force
© 2004 por *Open Door Internacional*
Publicado por *Fleming H. Revell*
Una división de *Baker Publishing Group*

Traducción: *Fernando Márquez*
Edición: *Fernando Márquez*
Diseño interior: *Eugenia Chinchilla*
Adaptación de cubierta: *Grupo Nivel Uno, Inc.*

Reservados todos los derechos

ISBN: 0-8297-4439-8

Categoría: Iglesia y Ministerio / Misiones

Impreso en Estados Unidos de América
Printed in the United States of America

05 06 07 08 09 ❖ 7 6 5 4 3 2 1

Contenido

Cuarta parte
La segunda intifada: Un levantamiento religioso

Introducción

Johan Companjen, Presidente de Puertas Abiertas

El libro que usted sostiene en sus manos va a ser controversial para algunos. Lo fue incluso al interior de Puertas Abiertas, el ministerio fundado por el Hermano Andrés en 1955 cuando viajó a Polonia y presenció la dificultad de la iglesia bajo el comunismo.

Para quienes no saben de Puertas Abiertas, somos una organización que existe para fortalecer y equipar a la iglesia que vive en medio de restricciones y persecución debido a su fe en Jesucristo. Para ese efecto, suplimos Biblias y otros tipos de literatura a cristianos perseguidos, a quienes les sería imposible obtenerlas de otro modo. En el 2003 distribuimos cerca de cuatro millones de Biblias, Biblias infantiles, Biblias de estudio y otros libros bíblicos, a iglesias de Asia, Latinoamérica, África y a través del mundo musulmán. Además de eso, dimos capacitación a veintidós mil pastores y líderes de iglesias para guiar a sus congregaciones y permanecer firmes en la fe en medio de la persecución y la discriminación.

A finales de la década de los 60, cuando la fama del conocido libro del Hermano Andrés, *El Contrabandista de Dios*, le impedía regresar personalmente a la Unión Soviética y Europa Oriental, uno de los sitios a los que se sintió llamado a visitar fue el Medio Oriente. Y lo que vio allí lo inquietó mucho. Comenzó a hablar más y más de aquella región, y particularmente del crecimiento del fanatismo musulmán, que ha causado tan dramático impacto en la iglesia de la zona. Pensó entonces que era de suma importancia hacer lo que pudiera para ayudar a fortalecer la iglesia, con el propósito de que esta se convirtiera en una luz en medio de un conflicto interminable.

Aun más radical, el Hermano Andrés se empeñó en tratar de alcanzar a los enemigos de Israel con el evangelio de Jesucristo. A veces lo hacía con palabras, y a veces demostrando el amor y la compasión cristianos. Entretanto, con ello, le planteaba un reto a la mentalidad de la iglesia local.

Mi nombramiento como presidente de Puertas Abiertas en 1995 le dio la libertad ssal Hermano Andrés para concentrarse más en aquella región. Este libro relata peregrinación, y no busca ser político, ni tomar partidos, aunque se le dedique mucha atención al sufrimiento de la decreciente comunidad cristiana entre la población palestina.

Es importante notar que cristianos comprometidos con el evangelio están en desacuerdo en muchos asuntos teológicos, tales como el hablar en lenguas, la salvación eterna o la profecía. La problemática de Israel y su tierra puede ser altamente divisoria. Hemos bregado con ella en el interior de Puertas Abiertas, e incluso hay miembros de nuestro personal que sienten tanto por una parte como por la otra. Sin embargo, nos amamos por igual, y trabajamos juntos porque compartimos un llamado más alto para con la iglesia de Jesucristo.

Pido a Dios que este libro conmueva al cuerpo de Cristo en todo el mundo a una mayor compasión y más oración por este lugar tan difícil. Entre más se acerca el regreso de Jesucristo, más unidos debemos permanecer. Tanto los judíos creyentes en el Mesías como sus hermanos árabes y palestinos que viven en la tierra, necesitan nuestras oraciones y nuestro apoyo. Que este libro enseñe el camino que, según mi criterio, es la única esperanza para la paz del Medio Oriente —resplandecer la luz de Cristo en la oscuridad de tan feroz antagonismo.

PRIMERA PARTE

Refuerza las cosas que todavía quedan

Una armazón de acero retorcido y carbonizado humea en medio de una calle de Jerusalén. Las sirenas suenan. Los testigos lloran. El reportero anuncia que un ataque suicida ha ocurrido de nuevo en un bus lleno de pasajeros.

¿Cuántas veces hemos presenciado estas imágenes de terror? ¿Nos hemos vuelto inmunes a tales noticias? Ha estado ocurriendo por años, y sabemos que no termina. Ahora habrá una represalia. Más personas morirán. ¿Cesará algún día este ciclo de violencia? ¿Qué significa esto para nosotros?

1

El horror

Jerusalén, 4 de septiembre de 1997

Karen Alan terminaba de hacer sus diligencias y regresaba a su trabajo en el segundo piso de un edificio de la calle Ben Yehuda. El centro comercial peatonal tenía cafeterías y tiendas de lado a lado de la calle. Residentes de la ciudad y turistas se paseaban tranquilamente por los callejones adoquinados, o se sentaban a las mesas a tomar café y a disfrutar del espectáculo callejero. Para los turistas extranjeros este es un destino favorito después de visitar la Ciudad Antigua, localizada a un kilómetro al este de la calle Jaffa. Aquí los turistas hacen sus compras de menoras, mezuzas y yarmulkes bordados; o para los de gustos más exigentes, joyería judía original, arte y cerámicas.

En esta vibrante zona del oriente de Jerusalén se encuentra la universidad Rey de reyes[1], donde hacía tan solo un mes que Karen había empezado a trabajar como editora y traductora. Ansiosa de regresar a su trabajo subió apresuradamente las escaleras después de almorzar. Cuando entraba a su oficina y ponía su cartera sobre el escritorio, una explosión cercana casi la levantó por el aire. Trató de aferrarse a su escritorio para sostenerse, pero al mismo instante se escuchó otra explosión, y entonces una tercera aun más poderosa que estremeció el edificio.

Por uno momento los oídos de Karen resonaron mientras se preparaba para una nueva explosión. Entonces escuchó los gritos de sus colegas.

«¡Dios mío, esto no puede estar ocurriendo!», pensó. Rápidamente se dio vuelta, y junto a otros compañeros entró a una oficina cuya ventana daba a la calle. Al asomarse a ver qué había pasado, podía escuchar los gritos de dolor que se levantaban del pavimento. El panorama era aterrador. Cuerpos conscientes e inconscientes bañados en sangre cubrían la calle y las aceras. Una de las víctimas era un hombre enceguecido por la sangre que brotaba de una herida en su cabeza y le cubría los ojos y que intentaba ponerse de pie. Unos pocos testigos permanecían paralizados, otros corrían frenéticamente. La mente de Karen a duras penas lograba procesar toda la información que sus sentidos le proporcionaban. Sus ojos se dirigieron a un lugar donde podía ver las piernas ensangrentadas de uno de los atacantes suicidas. Su torso había sido destrozado por la explosión. Karen volvió a ser consciente de los ruidos. Las alarmas de los carros y de las tiendas sonaban incesantemente. Un teléfono celular timbraba sin que nadie lo contestara. Las sirenas de la policía y las ambulancias anunciaban su llegada. El polvo, junto al olor de explosivos y carne humana chamuscada, le laceraban las fosas nasales y le aguaban los ojos. Los primeros paramédicos suministraban ayuda médica a los más graves mientras llegaban unidades adicionales. A gritos se daban órdenes. La policía empezaba a aislar a la multitud.

De pronto, Karen recordó a su amiga Shiri, que debía estar regresando a la oficina contigua a la suya. ¿Dónde estaría? Regresó a su oficina y marcó el número del teléfono celular de su amiga, pero no obtuvo respuesta. Como por impulso bajó las escaleras, y pasó por el medio de los horrorizados espectadores que se agolpaban en el vestíbulo del edificio. Un policía le impidió el paso. Justo a la entrada se encontraba un cuerpo sin vida. «¡Nadie puede salir!», ordenó el oficial. En estupor, regresó a su oficina y, de nuevo, marcó el teléfono de su amiga, pero no obtuvo respuesta. El miedo la embargaba mientras trataba de pensar. Todo lo que podía hacer era orar, pidiéndole a Dios por la seguridad de su amiga. *Señor, que no sea Shiri uno de esos cuerpos tirados en la calle.*

Todos en la oficina se aglutinaban en las ventanas para mirar la macabra escena. Algunos activistas de derecha habían llegado de alguna parte y se amontonaban al otro lado de la cinta policial, pregonando «¡Muerte a los árabes!»

Karen notó que los vidrios de las ventanas de todos los edificios alrededor, menos el suyo, se habían hecho pedazos. *¿Cuántas personas,* se preguntó, *habrán sido alcanzadas por los trozos de vidrio que volaban?* Se dio cuenta que temblaba. Era obvio que no podría trabajar, pero debía hacer algo. A cada momento marcaba al celular de su amiga. Pero cada vez era lo mismo: no lo contestaba. *¿Dónde estarán los hospitales más cercanos?* Buscó un directorio telefónico y empezó a llamar uno por uno. En ninguno había récord de ingreso de su amiga. Mirando de nuevo desde la ventana, empezó a suponer lo peor: *¿Qué haré si uno de esos cuerpos achicharrados es el de ella? ¿Estaría preparada para semejante noticia? ¡No! ¡De ninguna manera!* Sentía que el pánico la invadía, pero con todas las fuerzas de su voluntad trataba de apartarlo.

Harderwijk, Holanda

Después de ver las noticias de la noche me paseaba preocupado de un lado a otro en mi oficina, orando por las víctimas de otro atentado terrorista en Israel. Recordaba que por cada persona que moría, había padres, hermanos y amigos que lamentaban la pérdida. Por cada herido, había una familia en el hospital rodeando su cama, llorando y rogando a Dios. Para los testigos, habría pesadillas y un miedo que nunca parecían desvanecerse. La gente de Israel trataba de recuperarse de los horrores que los han sacudido en los últimos años.

Por años había estado viajando al Medio Oriente, visitando iglesias en El Líbano, Israel, Cisjordania y la franja de Gaza. Cada vez que escuchaba de un nuevo ataque, me preguntaba si algunas de las víctimas habrían sido creyentes. Es obvio que los cristianos no son inmunes a tales horrores. La iglesia no puede evitar los peligros de la sociedad en la que vive, pero aun así me preguntaba cómo lidiaban los cristianos con el trauma físico y emocional.

Recordé otro aterrador incidente en agosto de 1968, cuando el ejército soviético invadió a Checoslovaquia. Me pregunté cómo afectaría esa invasión a la iglesia, y decidí entonces cargar mi camioneta Citroen con Biblias en ruso y literatura cristiana, y manejé durante todo el día desde Holanda hasta la frontera checa. Allí me encontré con una larga fila de carros que abandonaban el país. Miles de personas huían del temible ejército ruso. Yo era el único que entraba a Checoslovaquia. Aunque no contaba con una visa, el guardia de la frontera me permitió la entrada, y el domingo siguiente prediqué en Praga.[2]

Ahora estaba a punto de cumplir los 70 años, y la gente me sugería que ya era hora de jubilarme. Viajar a zonas de combate era para los jóvenes. Pero, ¿cómo podía jubilarme, cuando mis hermanos sufrían y yo tenía la posibilidad de ayudarlos? Muchos querían correr del conflicto de Israel. Yo quería correr *a* él.

Jerusalén

Ya estaba oscuro cuando Karen finalmente llegó a casa y se refugió en los brazos de sus padres. La televisión estaba encendida en la sala. Durante unos minutos escuchó los reportajes, sin poder creer que había estado allí y había logrado escapar con vida. Los hechos se agolpaban en su cabeza. Tres bombas habían explotado en un congestionado centro comercial peatonal del oeste de Jerusalén. Al menos 7 personas habían muerto y 192 habían quedado heridos, más que todo a consecuencia de los clavos que habían sido añadidos a los explosivos. Todos los reporteros coincidían en que había sido un ataque particularmente irracional.

Unos minutos más tarde sonó el teléfono. Su padre lo contestó y le pasó el auricular.

—¡Te habla Shiri!

—¡Gracias a Dios! —fue, por un instante, todo lo que Karen atinó a decir. Finalmente, entre lágrimas, le dijo:

—Tenía tanto miedo de que fueras uno de ellos...

—Estaba en el correo en ese momento, a unos cuantos metros de allí —le explicó Shiri—. Ni siquiera traté de regresar a la oficina; simplemente regresé a casa.

Fue una conversación muy corta. ¡Qué gozo y qué alivio saber que su amiga estaba bien! Pero entonces Karen se sintió muy débil. Apagó el televisor, y se dejó caer en una cómoda silla. *¿Cómo puedo sentir gozo, cuando hay tanta gente en medio de tanto dolor?* El choque inicial del horror empezaba a ceder, y ahora brotaban los sentimientos y las preguntas.

En voz alta le expresaba a sus padres algunos de sus pensamientos:

—¿Cómo pueden esos hombres ser controlados por semejante odio? ¿Por qué? — Mirando a su madre fijamente a los ojos, le decía— Tan solo dos minutos antes yo había estado en ese centro comercial. ¿Por qué quiso Dios salvarme?

Esa noche no podía conciliar el sueño. Esforzándose por desechar aquellas horribles imágenes de su mente, se obligaba a enfocarse a cualquier versículo de la Biblia que pudiera recordar. Recitaba Efesios 6:12: «Porque nuestra lucha no es contra seres humanos». Hoy mismo había visto seres humanos caídos en la aparentemente interminable guerra entre palestinos e israelíes. Con cuerpos de verdad esparcidos a lo largo de la calle adoquinada, era difícil pensar que se trataba, ante todo, de una batalla espiritual. Pero su fe le decía que esta no era una guerra en la que ella podía pelear físicamente. Debía permitirle a Dios que fuera él quien la peleara.

Su parte era orar y amar y aceptarlos a todos, tal como Dios lo había hecho con ella. ¿Podía ella creer tal cosa?

Karen pensó cuánto amaba a su país. Nacida y criada en Jerusalén, se sentía privilegiada de vivir en Israel y de ser parte integrante de la sociedad judía. Lo que la hacía distinta a los demás ciudadanos era que su familia era cristiana. La mayoría de las personas a su alrededor eran judíos de nacimiento y seculares de religión. Sus padres le habían enseñado a aceptar a todo el mundo, y aunque vivía en Israel, a menudo pasaba a Belén, donde compartía con los palestinos. Eso la había motivado a tomar clases de árabe en la secundaria, seguido por un año de aprendizaje del idioma en Jordania. Y hacía unos seis meses había participado en un encuentro en el desierto diseñado para construir puentes entre los creyentes Mesiánicos[3] y los cristianos palestinos. Dicho encuentro fue patrocinado por *Musalaha*, una organización que promueve la reconciliación bíblica. Karen disfrutaba la oportunidad de poder usar su árabe, y de hacer nuevas amistades con palestinos. Obviamente no todos ellos estaban llenos de odio; sus amigos árabes eran compasivos y abiertos con los del «otro lado». Los eventos de hoy no podían socavar su fe o sus relaciones. ¡No lo permitiría! De nuevo preguntó, «¿por qué, Señor, me salvaste?» Y aunque trataba de apaciguar su mente, la oración continuaba: «¿No hubiera sido mejor que me hubieras llevado a mí en lugar de alguien que no te conocía?».

En las horas de la madrugada, las lágrimas corrían libremente. Karen sabía que no habría respuesta a sus preguntas. «Señor, permíteme ver esta situación a través de tus ojos». De algún modo, tanto ella como los cristianos de su iglesia y el Seminario Bíblico debían ser ejemplos vivos de la gracia de Dios para con la humanidad. No era fácil pero, en verdad ¿qué otra alternativa había?

Harderwijk, Holanda

Una pregunta en particular me inquietaba después de cada ataque suicida, una que me había hecho durante años: *¿Le presentaría alguien a Jesús a ese joven que se acaba de suicidar?* ¿Quién iba a ir a los terroristas? ¿Habría alguien preparado para confrontarlos y darles una razón para vivir, mayor que su motivación para morir? ¿Cómo podrían saber ellos del Príncipe de Paz si nadie iba y les hablaba?

¿Pero sí estarían aquellos musulmanes fundamentalistas, comprometidos con la destrucción de Israel, realmente dispuestos a escuchar el evangelio? ¿Cómo podremos saberlo si no vamos, si no hacemos el intento?

2

No es un simple terrorista inhumano

Franja de Gaza, 9 de junio del 2001

La ciudad de Gaza era un sitio lúgubre. En toda dirección uno veía edificios de ladrillo gris, sin ningún tipo de arquitectura decorativa. Medio millón de personas se apretujaban en diminutos apartamentos, y el único modo con que las familias podían contar con más espacio era aumentar otro piso. Pero la pobreza extrema, a causa de un nivel de desempleo de casi 70 por ciento, se reflejaba en los armazones de apartamentos sin terminar encima de muchos edificios.

Aparte de las avenidas principales, la mayoría de las calles estaba sin pavimentar. Las carretas de burros y los taxis que se movían a gran velocidad levantaban una espesa capa de polvo que cubría los pies de los transeúntes por todas partes. Prácticamente no había parques, había muy pocos árboles y ningún campo de recreación infantil. Los niños, descalzos, o con zapatos gastados, jugaban en la calle. Ocasionalmente se veía un carrusel oxidado a un lado de la calle, y algún hermano mayor o un tío le daba vueltas a mano mientras dos o más niños se apretujaban en cada una de las tres viejas sillas de madera.

Por años, muchos residentes han llamado la franja de Gaza la prisión más grande del mundo. Desde el comienzo de la segunda intifada[1] en septiembre del 2000, a casi nadie se le ha permitido salir.

La Casa Marna, una antigua mansión, proporcionaba un refrescante descanso del polvo omnipresente y de la pobreza y amargura de la población. Del Mar Mediterráneo, que quedaba a unas cuantas cuadras al occidente, soplaba una suave brisa que hacía susurrar las hojas de las palmas del complejo habitacional. Unos senderos estrechos sin pavimentar zigzagueaban a lo largo de un jardín lleno de flores. Un pájaro carpintero que golpeaba ruidosamente la copa de uno de los árboles, de pronto voló sobre nosotros, llevando una nuez en su pico.

Además de nuestro pequeño grupo de personas, había solo otro grupo de huéspedes en el elegante hotel —un equipo de la BBC (British Broadcasting Corporation). Su jeep blindado pintado de azul y blanco, que claramente se identificaba como prensa, estaba estacionado frente a la casa.

Una acacia antigua y gigantesca proveía de sombra el patio donde nos sentamos a esperar a Abdul, el representante de la Yihad Islámica, quien llegó puntualmente a las 7:00. Con agilidad recorrió el sendero de adoquines, luciendo un caftán blanco sencillo, y con sandalias sin calcetines. Su pelo canoso escaseaba en la parte superior de su cabeza, y su barba hirsuta era casi blanca. Profundas arrugas enmarcaban sus ojos oscuros. Al estrechar sus manos, esos ojos me miraron penetrantemente como tratando de escudriñarme el alma.

Le presenté a mis amigos —Al, un escritor norteamericano, y un pastor de Belén que sería nuestro intérprete.

—Gracias por venir —le dije mientras nos sentábamos en las sillas plásticas del patio. Abdul asintió con la cabeza, y el gesto a la vez me indicaba que debía explicarle rápidamente mis intenciones.

—Quiero reunirme con su jefe —continué, refiriéndome al jeque Abdula Shami, el líder de la Yihad Islámica de Gaza. Le hablé de un amigo común que tenía conexiones con Hamas.

—He podido conocer a varios de los líderes de Hamas, y hemos hablado abiertamente sobre el Islam y el cristianismo.

Quisiera establecer un diálogo similar con la Yihad Islámica.

—¿A quiénes conoce en Hamas? —preguntó Abdul.

—Me he reunido con el jeque Yasín (el fundador espiritual del Hamas), con el Dr. Abdul Asis Rantisi, con Mahmud Zahar y con muchos otros.

—¿De qué quiere usted conversar con él? —Su penetrante mirada no daba tregua.

—Represento a los cristianos de Holanda y de occidente. Quisiera intercambiar perspectivas sobre la fe islámica y el cristianismo. Quisiera también saber qué piensa de la situación palestina y del futuro para la paz.

Abdul pensó por un momento, y metiéndose la mano al bolsillo de su caftán sacó un celular. Marcó rápidamente un número y habló un par de minutos. Mientras conversaba, pensé en el riesgo que representaba una reunión con el jeque al-Shami, pues comprendía que la Yihad Islámica, al igual que Hamas, era un enemigo mortal de Israel.

Yo era muy consciente de los actos terribles que se reivindicaban. Más de una vez se me había acusado de ser anti-Israel por haberme acercado a sus enemigos terroristas. Mi defensa era sencilla: «La mejor forma en la que puedo ayudar a Israel es guiando a sus enemigos a Jesucristo». Mi propósito era el de presentarles al Príncipe de Paz, el único que podía sanar la ira de sus corazones. ¿De qué otro modo podrían ellos conocer a Jesucristo, si alguien en quien él vive no fuera a conocerlos? Quizás a través de mis hechos yo podría, aunque fuera de manera muy pequeña, ayudar a cerrar el profundo abismo que mediaba entre Israel y Palestina y entre cristianos y musulmanes.

¿Estaría dispuesto a reunirse conmigo el líder de la Yihad Islámica? Abdul cerró su celular y anunció:

—Él le verá mañana. Lo vendré a buscar a las 3:00.

—¿Pueden acompañarme mis dos amigos?

—Por supuesto.

Abdul se veía más relajado, ahora que había cumplido con su trabajo oficial. Se recostó en la silla, sacó un cigarrillo de un paquete, le dio un golpecito sobre la mesa y nos dijo:

—Ahora yo quisiera hacerle varias preguntas.

—¿Qué preguntas? le contesté.

—Sobre el cristianismo y la Biblia —dijo—. He pasado 19 años en prisión. La primera vez me arrestaron en 1971. Me dejaron en libertad en 1985, como parte de un intercambio de prisioneros. En 1988 me arrestaron de nuevo, y muchas más veces desde entonces. Cuando usted se pasa tanto tiempo en la cárcel, le queda mucho tiempo para pensar.

Me pregunté si Abdul habría estado preso por actividades terroristas. O si lo mantuvieron en arresto administrativo, como sabía de miles de palestinos. De todos modos, los presos tenían muy poca actividad física, y, a menos que se resolvieran a usar productivamente su tiempo, ello les proporcionaba una buena oportunidad para permitir que ese odio se multiplicara.

Inclinándose hacia delante, dijo:

—Usted habla del futuro de la paz. La solución está en el Islam. Yo llegué a esa conclusión en la cárcel.

Se echó hacia atrás de nuevo, encendió su cigarrillo, y añadió:

—Leí la Biblia en la cárcel. También leí el Corán, y fue entonces cuando decidí convertirme al Islam.

—¿No era usted musulmán en ese entonces?

—Culturalmente lo era, pero no intelectualmente. Sin embargo, tengo preguntas sobre la Biblia y el cristianismo, y quizá usted me las pueda contestar.

Abrí mis manos sobre la mesa invitándole a preguntar lo que deseara.

Al principio no preguntó nada, sino más bien se lanzó a un apasionado discurso.

—La mayoría de la gente no comprende la Yihad Islámica. No somos para nada como nos presenta la prensa. Lo que afrontamos es muy parecido a lo que afrontó Jesús.

Mi sorpresa debió ser evidente, porque rápidamente añadió:

—Sí, así es. Nosotros honramos a Jesús. Fue un gran profeta, pero los judíos no lo reconocieron. Jesús simbolizó nuestras luchas. Cuando leí el *Injil* ² me identifiqué con Jesús. Mi problema es con el Antiguo Testamento. Por ejemplo, en el libro de Josué, ¿cómo podía Dios ordenarle a los judíos que entraran a Jericó y mataran a todo ser vivo, incluyendo a las mujeres, a los niños y a todos los animales? Sin embargo, se nos condena cuando uno de los nuestros, al pelear por nuestras tierras, las que se nos *quitaron*, matan a unos cuantos civiles. ¿Me podría explicar la diferencia?

La intensidad de las palabras de Abdul nos tomó por sorpresa. Con más calma de la que sentía traté de responder a su pregunta.

—Usted debe entender el contexto —le expliqué, escogiendo cuidadosamente mis palabras—. La gente que vivía en la tierra era idólatra, y practicaba el sacrificio de niños como parte de sus actividades perversas. Dios les dio 400 años para cambiar sus caminos. Al no hacerlo, él tenía todo el derecho de desecharlos y reemplazarlos con gente de su preferencia.

—Pero esa no es la situación de hoy —dijo Abdul—. No somos paganos.

—Tiene usted razón en cuanto a que no es la misma situación. Las órdenes que dio Dios a Josué fueron únicas.

Abdul aplastó la colilla del cigarrillo y enseguida encendió otro.

—Tal vez usted pueda explicarme. ¿Por qué apoyan tan tenazmente a Israel los cristianos sionistas? Quisiera entenderlo.

—Me hace usted preguntas muy difíciles —me reí, y por primera vez vi a Abdul sonreír por un instante—. Permítame decirle que no todos los cristianos son sionistas. Hay dos factores que están en juego para muchos cristianos. Uno de ellos es el sentimiento de culpa.

A este punto le expliqué brevemente cómo, en su mayor parte, la iglesia de Occidente no adoptó una posición firme y protestó la matanza de los judíos durante el Holocausto.

Después de la guerra, muchos cristianos creyeron que era necesario darle a los judíos un lugar para vivir, para que ya no estuvieran a merced de tiranos como Hitler. El segundo factor tiene que ver con la teología. Hay muchos cristianos que creen que Dios está preparando al mundo para los tiempos finales, y que la nación de Israel es el cumplimiento de muchas profecías. Ellos concluyen que si no apoyan a Israel, se están resistiendo a los planes de Dios.

—He escuchado que en el libro de Zacarías, los dos últimos capítulos se están cumpliendo hoy en día. ¿Cree usted eso?

Evidentemente Abdul había leído los profetas menores.

—Ahora usted me pide que le explique uno de los pasajes más difíciles de la Biblia. Esos pasajes, en efecto, tienen que ver con los últimos días. Creemos que Jesús reinará sobre la tierra, como lo dice Zacarías 14:9. No necesito recordarle que los musulmanes creen también esto. Pero que se haga referencia al estado actual de Israel en estos versículos, bueno, es algo en lo que los cristianos no están de acuerdo.

Abdul meditó en mis palabras. Por un momento sentí como si estuviera en un estudio bíblico con un seminarista diligente y serio. El interés de este hombre por la Biblia parecía auténtico.

Finalmente dijo:

—Yo no creo que el profeta se refiriera a *este* Israel.

Y entonces le añadió un giro.

—Si yo creyera en el Antiguo Testamento, sería también un colonizador.

Me sorprendió la pasión de su declaración —similar al fervor que vi en muchos judíos colonizadores en Cisjordania y Gaza. Abdul se levantó para irse.

—¡Sabe, todo lo que queremos es la paz!

Yo me puse de pie con él y le pregunté:

—¿Cree usted realmente que el proceder de la Yihad Islámica habrá de producir la paz?

Abdul encogió sus hombros y dijo:

—*Inshallah*.

Con la ayuda de Alá. Esta era una respuesta típica árabe, invocar el nombre de Alá cuando no se quería contestar la pregunta.

La dejé pasar diciendo:

—Tengo un regalo para usted —De mi bolsa saqué un libro. En verdad creo que hay esperanza para una paz verdadera, pero esta no se encuentra en los métodos terroristas. La verdadera paz se encuentra en la persona de Jesús, a quien usted tanto admira. Me gustaría que se quedara con esto.

Le entregué una copia de mi libro *El Contrabandista de Dios* en árabe, a la vez que le decía:

—Este le explicará mejor quién soy y qué hago. Quizá le ayude también a entender mejor el cristianismo.

Recibió el libro con una reservada señal de la cabeza, y concluyó:

—Lo leeré —y rápidamente se alejó.

Al y el pastor palestino permanecían sentados en atónito silencio. Finalmente, Al comentó que estaba maravillado por la candidez del hombre.

—¿Por qué? —le pregunté.

—Es una persona reflexiva. Parece estar sinceramente interesado en hallar una respuesta.

—¿Te sorprende que sea un ser humano como tú y como yo? Quizá sea más fácil pensar en él como un terrorista inhumano. Pero eso no ayudará en nada a resolver los problemas del Medio Oriente.[3]

Más tarde aquella noche, ya en cama, mientras un letárgico ventilador de techo trataba de mover el pesado y húmedo aire de mi calurosa habitación, pensaba en cómo la respuesta de Al era típica de muchos cristianos occidentales. La prensa raramente ponía un rostro a los grupos fundamentalistas islámicos de Gaza y Cisjordania. Por lo tanto, muy pocas personas se detenían a pensar que estos hombres, al igual que la gente de todo el mundo, tenían familias, sueños, temores. Abdul era casado, y nos había dicho que tenía siete hijos. Me lo podía imaginar en su hogar, sentado en el sofá, con dos chiquillos acurrucados junto a él uno a cada lado. No era esta la manera en que la mayoría de nosotros queríamos pensar en un oficial de alto rango de la Yihad Islámica. Para muchos de ellos, la única fuente de conocimiento era el Islam.

Pensé en el llamado de mi vida, en cómo Dios había extendido su mano para tocar a un soldado frustrado y lleno de rabia, postrado en la cama de un hospital. ¿Cómo había llegado a este punto de interacción con algunas de las más temibles organizaciones islámicas del mundo? Ciertamente había sido una extraña e inesperada jornada.

Incapaz de conciliar el sueño, mi memoria se remontó a mi primer viaja a Tierra Santa, unos treinta años atrás.

3

¿Dónde estaba la iglesia?

Jerusalén, 1968

Debería haberse tratado de unas simples vacaciones. Durante los últimos 12 meses había estado muy ocupado promoviendo mi primer libro, *El Contrabandista de Dios*, que me había sorprendido al convertirse en un *best-seller*. El libro relataba mi trabajo llevando Biblias al otro lado de la Cortina de Hierro. El mensaje del libro y la fama que adquirió me impidieron regresar a Europa Oriental y a la Unión Soviética, pues no podía poner en peligro la seguridad de mis amigos en esos países. Sin embargo, los equipos de Puertas Abiertas se mantenían ocupados cargando camiones y camionetas, transportando Biblias y otros recursos perentoriamente necesitados, a Checoslovaquia, Polonia, Rumania y la Unión Soviética. Debido al libro, el ministerio se había incrementado dramáticamente, dejándome agotado.

Familiares y amigos me urgían a alejarme por un tiempo a descansar. Escogí como destino Israel, el sitio donde mi Señor nació, vivió y murió por mí. Hasta ese punto el viaje había vigorizado mi espíritu. Había manejado a lo largo y ancho del país, hospedándome en un *kibbutzim*[1], caminando por la playa del Mediterráneo y disfrutando del silencio y de la belleza agreste del desierto del Negev. De vez en cuando veía camiones quemados, evidencia de la guerra del año anterior cuando Siria,

Jordania y Egipto habían atacado a Israel. Por un breve tiempo había pensado alistarme como voluntario en el ejército israelí para ayudar a defender esta tierra —en un papel no combatiente, como de conductor— pero la guerra había terminado de forma extraordinaria en solo seis días. Cuando el polvo se asentó, Israel había conquistado los Altos de Golán, Cisjordania, Jerusalén Este Árabe y la franja de Gaza. Me sentía fascinado por la inventiva y resistencia de esta nación de tan solo veintidós años. En verdad, su mera existencia era un milagro.

Y ahora, con mi viaje llegando a su fin, visité Yad Vashem, el museo del Holocausto en Jerusalén. Caminando por los oscuros pasillos, estudiaba artefactos y grandes fotografías en blanco y negro que documentaban la destrucción sistemática de seis millones de judíos. Las imágenes eran atormentadoras, en particular las de los niños. Una de ellas mostraba a un niño de unos ocho años en un ghetto de Varsovia. Vestía pantalones cortos, abrigo y una gorra de broche, y tenía sus manos alzadas porque un soldado nazi detrás de él le apuntaba con un rifle. Otra imagen mostraba a una media docena de niños, incluyendo a una pequeñita que se retorcía las manos, con ojos tristes mirando algo en otra parte. La leyenda decía que eran transportados a las cámaras de gas en Auschwitz.

Hacía un esfuerzo por tragarme las lágrimas. *Debíamos* recordar. *Debíamos* aprender las lecciones de la historia. A finales de la década de los 50 había estado en Auschwitz, Buchenwald y Dachau, donde muchos judíos holandeses y opositores habían sido enviados. Había ido Auschwitz con mi amigo y mentor Sidney Wilson —quien había estado preso durante cinco largos años en un campo de detención cercano con otros misioneros extranjeros que habían servido en Europa Occidental hasta el inicio de la guerra.

Cuando nos preparábamos para partir de Auschwitz, se nos pidió que firmáramos un libro de visitantes. Sidney escribió en él: «Esto demuestra cuán lejos puede llegar el hombre si vive sin Dios en este mundo».

¿Habíamos aprendido esa crucial lección del siglo XX, que una vida sin Dios solo conlleva a un mal indescriptible?

Cuando salimos del museo, me detuve en el Salón de los Recuerdos, un cuarto de roca cavernosa donde, grabados en el piso, estaban los nombres de veintidós campos de concentración. Una llama eterna derramaba una luz inquietante sobre los nombres. «Para que nunca olvidemos», decían las palabras en la pared sobre la llama. No podía dejar de pensar en otra declaración: «Y la luz brilla en las tinieblas, y las tinieblas no la comprendieron» (Juan 1:5, *La Biblia de las Américas*).

Al salir de la oscuridad del museo a la claridad del día, mi mente daba vueltas. Me dirigí a un callejón de árboles de olivo que conforman la Avenida de los Justos entre las Naciones. En la base de cada árbol había una placa con el nombre de un gentil que había salvado a judíos, a menudo a costa de su propia vida. Encontré el árbol dedicado a Corrie ten Boom —que había sido plantado a principios de ese mismo año—, y en silencio ofrecí una oración por mi estimada amiga, quien, junto a su familia, había escondido a muchos judíos en su casa de cuatro pisos en Haalem. Su padre murió en prisión al poco tiempo de haber sido arrestados. Corrie y su hermana Betsie fueron enviadas a Ravensbruck, donde valerosamente dieron consuelo a sus compañeras de prisión con las palabras de una Biblia que habían logrado introducir a escondidas de los guardias. Betsie murió en ese campamento, pero Corrie sobrevivió y anduvo por el mundo contando su historia. La familia ten Boom fue en verdad una luz en medio de aquellas tinieblas.

Pero la luz de los ten Boom parecía tan ténue. . . ¡Había muy pocas velas para tan grande oscuridad! Encontré una banca y me senté a reflexionar. Aquellos árboles representaban a muchos cristianos, pero eran solo unos pocos cientos, entre los millones de cristianos a través de Alemania y Europa. *¿Por qué no se alzó la iglesia en protesta? ¿Sería que ignoraba lo que estaba sucediendo?*

¡Por supuesto que sí lo sabía! Me acordé del pastor Paul Schneider. En 1938 lo arrestaron y lo enviaron a Buchenwald, donde causaba constantes disturbios debido a sus atrevidas predicaciones y ataques verbales al régimen nazi. Lo colocaron en un calabozo de torturas porque no podían lograr que guardera silencio. El domingo de resurrección, su poderosa voz exclamaba a través de los barrotes de su celda: «Así dice el Señor: ¡Yo soy la resurrección y la vida!». Miles de personas que se encontraban al otro lado de aquellas paredes haciendo unas largas filas, pensaban que habían escuchado una voz de otro mundo, como la del profeta Juan el Bautista. Pero la voz fue silenciada cuando los guardias de la gestapo irrumpieron en su celda y lo golpearon hasta matarlo. No le dejaron un solo hueso intacto. Cuando sacaban su cuerpo, un preso comunista comentó: «No necesitaríamos socialismo ni comunismo si tuviéramos más personas como Paul Schneider».

Cientos de pastores asistieron a sus funerales.[2] El testimonio de su arrojo fue como un grito que repercutió a través de la iglesia. Pero no fue lo suficientemente fuerte como para lograr que los cristianos se levantaran —eran muy pocos los que protestaban por lo que les sucedía a los judíos; eran muy pocos los judíos salvos. Durante aquellos años, la oscuridad parecía vencer a la luz.

O, ¿sí lo hacía? ¿Podía vencer realmente la oscuridad a la luz? La luz a veces parece atenuarse, e incluso desvanecerse; pero nunca a causa de la oscuridad. La luz *siempre* conquista a la oscuridad. Pero si no hay luz . . . Tal era la lucha que sentía en mi espíritu. El mundo estaba lleno de conflictos, y en medio de ellos existían iglesias —algunas de ellas difícilmente sobreviviendo, mientras que otras trataban de encender velas para conquistar la oscuridad a sus alrededores.

Pensé en aquel dramático día en Varsovia, cuando miles de jóvenes comunistas habían pasado marchando frente al parque en el que yo estaba sentado. Abrí mi Biblia en el mismo versículo que había cautivado mi corazón en 1955, Apocalipsis

3:2: «Despiértate y refuerza las cosas que todavía quedan, pero que ya están a punto de morir» (*Versión Popular*). En Polonia supe que Dios me estaba hablando, pero no tenía dinero ni idea de cómo proceder. Milagrosamente, después de aquella experiencia, hice otro viaje, pero esta vez a Checoslovaquia. Viviendo por fe para todas mis necesidades, me pasé los doce años siguientes visitando a las iglesias del mundo comunista. En la mayoría de los países comunistas, la iglesia era oprimida porque se le percibía como una amenaza para los poderes malignos que dominaban esos países. Me enteré de las necesidades de la iglesia e hice lo que pude para fortalecer a sus miembros, para que ella pudiera ser lo que Dios quería que fuera —una luz en medio de la oscuridad comunista.

Supuse que era en aquella parte del mundo donde trabajaría por el resto de mi vida; pero ahora, en 1968, la puerta se me cerraba para impedir mi regreso a aquellos países. ¿Qué podría hacer? Volví de nuevo al pasaje de Apocalipsis. Era el mensaje de Cristo a la iglesia de Sardis, uno de siete mensajes a siete iglesias en los capítulos 2 y 3.

Leí cuidadosamente los siete mensajes. Dos puntos en particular me abordaron, los cuales estaban en todos los siete mensajes de Dios a las iglesias. El primero era: «El que tenga oídos, que oiga lo que el Espíritu dice a las iglesias». ¿Tenía también Dios nuestros oídos, o era más fácil darle solo nuestros corazones a Jesús? Esto era importante. Dios tenía un mensaje para cada una de las sietes iglesias de Asia Menor. ¿Tendría él también un mensaje para las iglesias de hoy en día? Si así era, ¿qué le estaría entonces diciendo a las iglesias de Israel y del Medio Oriente?

La segunda declaración me produjo escalofríos. «Al que salga vencedor . . .» No podía dejar de preguntarme: *¿Y qué será de la iglesia que no salga vencedora?* Esto obviamente indicaba que las iglesias individuales podrían morir. De hecho, la mayoría de las siete iglesias citadas en el Apocalipsis ya no existen.

¿Qué me decía entonces Dios a mí ahora? Sé que había mucho trabajo que hacer aquí; pero, ¿cuál era ese trabajo? Me sentía muy emocionado por Israel, por su existencia milagrosa, por su dramática victoria en la Guerra de los Seis Días. Pero si sus enemigos permanecían, su seguridad no estaba garantizada. Y en medio de todo ello había una iglesia —el cuerpo de Cristo, a quien él llamaba su Novia. ¿En qué condición se hallaba? ¿Qué papel debería desempeñar en esta joven nación?

Durante estas vacaciones había visto numerosas iglesias antiguas, construidas en sitios donde supuestamente Jesús había nacido, vivido, muerto y resucitado. Los turistas acudían en muchedumbres a aquellos sitios históricos —sitios primitivos construidos en piedra. Pero mi preocupación eran las piedras vivas. ¿Existiría una comunidad cristiana vibrante en Israel? ¿Y en el resto del Medio Oriente?

Supe entonces que mi misión sería la de buscar a la iglesia viva del Medio Oriente, conocer su condición y su necesidad, y hacer lo que pudiera para fortalecerla.

Gaza, Junio 10 del 2001

Era pasada la medianoche. El ventilador de techo giraba lentamente sobre mí, lanzando tenues sombras sobre la pared de piedra que alumbraba la luz que entraba por la ventana. Habían pasado ya 33 años desde aquel día en Yad Vashem, y ahora el conflicto en el Medio Oriente parecía más intenso que nunca. El conflicto interminable me atormentaba, pero lo que más me dolía era saber que mis hermanos y hermanas se hallaban atrapados en medio del combate. Creyentes en Jesucristo vivían en Israel, Cisjordania y Gaza. Eran judíos Mesiánicos, ciudadanos israelitas árabes y palestinos, y gran parte de ellos tenía un fuerte criterio sobre el conflicto. Muchos de los judíos creyentes en Yeshua sentían que, legalmente, la tierra les pertenecía. Los cristianos palestinos, particularmente aquellos que perdieron sus tierras a manos de los colonizadores sionistas, a menudo se quejaban de las injusticias. Muchos judíos sentían que eran el pueblo elegido de Dios, con privilegios especiales a los que solo ellos tenían derechos. Muchos palestinos sentían que eran ciudadanos de segunda clase en Israel y, peor aun, sin derechos en Cisjordania y en Gaza.

Mi llamado era a fortalecer la iglesia del Medio Oriente. ¿Podría yo hacerlo, sin caer en el fuego cruzado de tan fuertes convicciones? ¿Les sería posible a los creyentes superar esas diferencias y experimentar la unidad necesaria para levantarse juntos en contra de las tinieblas de maldad? Era evidente que no se trataba de un asunto insignificante. Como la mayoría de los cristianos, yo había leído el libro del Apocalipsis. Sabía de las distintas interpretaciones y teorías del final del mundo, muchas de ellas involucrando a este pedazo de tierra. Se habían escrito muchos libros sobre profecías, siendo la más reciente la serie best-seller «Dejados Atrás». Una gran cantidad de personas quería interpretar los sucesos en las noticias sobre el Medio Oriente a la luz de las profecías de la Biblia.

Yo hacía lo posible por mantenerme al margen de aquellas controversias, porque había un punto muy importante que frecuentemente pasaba desapercibido sobre el último libro de la Biblia. Este libro se había escrito a una iglesia en conflicto, sobre una iglesia atrapada en conflicto. Había mártires en el cielo clamando a Dios: «¿Hasta cuándo?» (Apocalipsis 6:9-10). No podía haber mártires sin que hubiera una iglesia. Había también una descripción de aquellos que vencieron por medio de la sangre del Cordero (12:11). ¡Tal era la iglesia! Había una mujer ebria con la sangre de los santos —y los santos son los que conforman la iglesia (17:6). Y el ángel le dijo a Juan que habría una guerra final contra el Cordero. Esta guerra sería en contra de la iglesia, el cuerpo de Cristo (v. 14).

Mientras que Dios fue quien estableció el momento para el regreso de su Hijo, yo estaba convencido de que las profecías del Apocalipsis nunca podrían cumplirse sin una iglesia en el Medio Oriente.

Y era por eso que yo trabajaba tan diligentemente. Sí existía una iglesia allí, pero se encontraba débil en extremo y a las puertas de la muerte.

No sentía que era mi necesidad resolver los problemas del Medio Oriente; sería absurdo tan siquiera pensarlo. Pero sí estaba convencido de que había una contribución que la comunidad cristiana podía hacer, quizás tan solo ser una luz. Si yo pudiera ayudar a que la iglesia del Medio Oriente reconociera esta verdad, y animar a los cristianos a mantenerse fieles a pesar de lo difícil que fuera, entonces habría tenido éxito. Pero, desafortunadamente, si se les presentaba la oportunidad, muchos cristianos huían del área. Por supuesto que no se les podía culpar, pero, si todos se fueran, ¿dónde quedaría la luz en medio de la oscuridad?

Me había tomado muchos años aprender a animar a mis hermanos del Medio Oriente. Una gran cantidad de estas lecciones las aprendí del Líbano, al norte de Israel. Durante quince años el conflicto del Medio Oriente se concentró en esa zona, y la iglesia se encontró atrapada en medio de él. Me contaban que periódicos árabes publicaban desafiantemente titulares como: «Hemos dado muerte a 100.000 cristianos en El Líbano, y nadie se atrevió a levantar un dedo; ninguna iglesia intervino».

Aunque fueran pocos los cristianos que trataran de que su fe produjera fruto en El Líbano durante esos quince años de guerra civil, yo sentía que *debía* involucrarme.

SEGUNDA PARTE

El Líbano

PROCURANDO LA PAZ EN UNA GUERRA INCIVIL

Los cristianos no son inmunes al impacto del conflicto. Cuando vuelan las balas y explotan las bombas, las iglesias pueden ser dañadas o destruidas, y los creyentes en Jesucristo pueden caer heridos, incluso muertos. En este sentido, la iglesia refleja la sociedad en la que vive.

Y aunque se supone que la iglesia debe también ser una luz en la oscuridad, es difícil cumplir con esa misión cuando se está luchando por la propia supervivencia. Numerosos cristianos llegan a la desesperación, y tarde o temprano emigran a otro lugar donde la vida es más fácil. Pero quienes se quedan, quienes quieren ser parte de la solución, luchan contra sus sentimientos de impotencia. Y en esa lucha necesitan que se les dé ánimo. Ellos tienen que saber que sus hermanos y hermanas alrededor del mundo se preocupan y oran por ellos.

Mi misión ha consistido en fortalecer la iglesia dondequiera que ella luche por su supervivencia. Y no es solo la supervivencia física la que me interesa —pues sería una actitud derrotista. Por el contrario, quiero ayudar a los cristianos a que dejen de sentirse como víctimas. Quiero verlos capacitados, listos para avanzar y continuar con la tarea de ganar almas para Jesús.

Pero, ¿cómo se logra tal cosa?

Comenzando por los líderes. Ellos son quienes deben ser fuertes para sus rebaños, para predicar los sermones que han de equipar a sus congregaciones, para orar con quienes se sienten atemorizados y para confortar a las familias que dan sepultura a sus seres queridos caídos en el conflicto. Pero estos pastores y líderes de ministerios se encuentran sufriendo por igual los traumas que conlleva la vida en zonas de guerra. ¿Cómo pueden ellos ministrar a los demás, si sus propias necesidades están aun por satisfacerse?

Fue por eso que viajé al Líbano durante la guerra civil que arreció entre 1975 y 1990 —a ministrar a los que ministran. Fui a dar ánimo, pero también a escuchar y a aprender. Conocí a un joven, Naji Abi-Hashem, quien se capacitaba para el pastorado mientras las bombas llovían en Beirut.

4

Llorando por el Líbano

Mansouriye, El Líbano, 1979

Naji Abi-Hashem no podía contener el llanto al contemplar a Beirut desde el techo del Seminario Teológico Bautista Árabe en el pueblo montañés de Mansouriye. En el bosque a sus espaldas escuchaba y sentía retumbar el eco de los cañonazos que disparaba el ejército sirio. A unos cientos metros por debajo, el oriente de Beirut estaba cubierto de humo negro a causa de los cuatro días de bombardeo incesante. El seminario se hallaba cerrado debido a los combates, pero Naji, al igual que otros cuantos profesores y estudiantes, había quedado atrapado sin poderse ir a la casa de sus padres en Aley, o al apartamento de su hermana en Beirut. Sus nervios estaban de punta, y no podía contener las lágrimas al pensar en la gente que moría en la ciudad a sus pies. El delgado seminarista de 26 años meditaba en cómo había destruido la guerra a su amado país y alterado el curso de su existencia y las de tantas otras personas. Naji se había criado en Aley, el centro financiero de la cordillera de Shouf, las montañas que se elevan majestuosamente sobre Beirut y el Mediterráneo. Al igual que Bhamdoun, Aley se encontraba ubicada en el corazón de una zona llena de lujosos veraneaderos, hoteles y restaurantes que atraían a todo tipo de turistas, incluyendo acaudalados jeques de países como Qatar, Arabia Saudita y Kuwait.

Los veraneantes más ricos habían construido sus mansiones y una mezquita privada, la cual solo se abría durante los meses de verano. Al servicio de esta «Suiza del Medio Oriente» había una población que era una muestra de integración cultural y cooperación religiosa. Najif provenía de una devota familia ortodoxa oriental, a pesar de haber asistido a una escuela católica maronita, donde la tercera parte de los estudiantes eran drusos, una secta del Islam de origen libanés. Sus amigos eran drusos, musulmanes y judíos. Pero ahora aquellos grupos se peleaban entre ellos, y Najif estaba convencido de que esto se debía a la interferencia extranjera y a la manipulación política.

Najif había dejado el hogar a los quince años para asistir a un internado en Beirut, donde estudiaba electrónica. Al cabo de seis años de capacitación, había conseguido trabajo en el hospital de la Universidad Americana de Beirut como técnico médico, lo que lo había convertido en el principal sostén de su familia, y su madre y varios hermanos se habían transladado desde Aley a vivir con él en su apartamento de Beirut. Pero al poco tiempo explotó la guerra y su apartamento al oriente de Beirut fue destruido, obligando a la familia a mudarse varias veces. Debido a que el hospital se hallaba ubicado en el occidente de Beirut, a menudo Najif se quedaba allí durante varias semanas porque le era imposible cruzar la Línea Verde que dividía al oriente «cristiano» del occidente «musulmán». Dicha Línea Verde era una tierra de nadie, que había sido bautizada así debido a los arbustos silvestres y árboles que habían crecido sin control durante la guerra.

A la vez que buscaba sobrevivir y seguir sus sueños, Najif también afrontaba complejos asuntos espirituales. A raíz de la piadosa influencia de su abuela, de haber sido parte de los Boy Scouts (Exploradores) por seis años, y de una misión evangélica en Bhamdoun, Najif había consagrado su vida totalmente a Cristo. Ahora su mente trabajaba horas extras tratando de procesar muchas preguntas: «¿*Dónde estaba el plan de Dios en medio de tanta violencia? ¿Cuándo y cómo intervendría Dios y transformaría estas tragedias en algo bueno? Aparte de las heridas físicas y la destrucción masiva de la ciudad, ¿cuán profundas eran las cicatrices emocionales de la población libanesa? ¿Qué podrían hacer los cristianos para proporcionar luz en esta oscuridad?*»

Naji quería respuestas, primero, para su mente atormentada y su alma abatida, pues tenía la certeza de que solo así podría entonces brindar consuelo a los demás. Leía extensivamente la Biblia y otros materiales, pero encontraba que le era muy difícil concentrarse. Concluyó entonces que sería más fácil escaparse por una temporada de la zona de guerra que era ahora Beirut, a estudiar en el seminario en Mansouriye. Pero, ¿cómo supliría entonces las necesidades de su familia?

Esa inquietud encontró respuesta providencial cuando le ofrecieron el puesto de director de programación de un estudio de grabación, que estaba situado precisamente en los predios del seminario. Pero, al momento, no había clases en el seminario.

Un dolor infinito embargaba a Naji al ver arder a Beirut. Se preguntaba si quedaría alguna ciudad dónde ministrar cuando se graduara del seminario. Nunca en la vida había sentido tal impotencia. En medio de su agonía, elevó una plegaria: «*Señor, ¿no salvarás al Líbano? Úsame de alguna manera para traer sanidad a esta nación*».

La tensión en el Líbano había estado acumulándose durante años, pero aun así la explosión de la guerra fue un gran cho-que para todos. El problema se remontaba al nacimiento de la nación en 1943, cuando el gobierno francés garantizó su independencia y estableció una estructura de gobierno con base en sus esquemas religiosos. A la mayoría maronita, una secta católica que usaba ritos litúrgicos orientales en sus cul-tos de adoración, se le prometió la presidencia y la mayoría de las sillas en la legislatura. En 1948, refugiados palestinos, la mayor parte de ellos musulmanes sunnitas, se desplazaron al Líbano en grandes números procedentes de Israel, desnivelan-do el delicado equilibrio del poder. En 1970 llegaron aun más palestinos cuando Jordania expulsó a los militantes de la OLP (Organización para la Liberación de Palestina), a raíz de un intento de asesinato del Rey Hussein y de los choques violen-tos entre el ejército jordano y las fuerzas palestinas durante lo que se llegó a conocer como Septiembre Negro. Desde 1969 los palestinos habían empezado a usar el sur del Líbano como base para lanzar ataques contra Israel, lo que naturalmente conllevaba a una retaliación.

Los aldeanos libaneses, atrapados entre dos fuegos, sufrían terriblemente; pero carecían del poder necesario para dete-ner las provocaciones palestinas.

Mientras tanto, en los campos de refugiados palestinos en Beirut, Yasser Arafat establecía el centro de comando de la OLP, creando eficazmente un mini-estado dentro del Líbano. Las tensiones aumentaban, agravadas por el hecho de que algunos musulmanes libaneses que, viendo una oportunidad para apoderarse de parte del poder político hasta ahora en manos de los maronitas, se alineaban con los palestinos.

La guerra abierta estalló en 1975 entre los palestinos y un grupo conocido como los Falangistas, que consistía de cristia-nos maronitas, y que prontamente empezó a incluir a otras facciones. A petición del presidente del Líbano, Siria se incorporó en 1976, en un intento por terminar con el con-flicto. A la misma vez Israel amenazaba con invadir y exterminar a la OLP. El conflicto era muy complicado de entender para los occidentales, pero en cierto modo la mayoría de residentes sabía quién peleaba contra quién.[1] Lo que me partía el corazón era ver cómo sufría el ciudadano común. Trabajando más que todo a través de la Sociedad Bíblica, empecé a viajar una o dos veces al año a visitar a los pastores, a predicar en sus iglesias y en campañas de evangelización y, en general, a dar ánimo a todos y a cada uno de los creyentes en Cristo para que permanecieran firmes en medio del conflicto.

Sur del Líbano, 1980

Matousha, un poblado a unos pocos kilómetros de la frontera israelí, se encontraba desolado. Las casas y los edificios de apartamentos, muchos de ellos desocupados y con paredes y techos perforados por la artillería, guardaban secretos de las familias que habían tenido que huir para salvar sus vidas. En un lote donde muchos chicos deberían estar jugando al fútbol, no se veía más que a un niño solitario pateando unas piedrecillas.

Unos seis soldados agrupados en el cruce central me observaban con curiosidad, lo mismo que a la bolsa plástica que llevaba en mis manos. No podía asegurar si se trataba de la OPL o de un grupo de las varias milicias libanesas.

—¿Habla alguien inglés? —pregunté dirigiéndome al grupo, con más ánimo del que realmente sentía. Los hombres farfullaron entre ellos y se rieron, probablemente a costillas del extraño holandés que les hablaba. Uno de ellos dijo:

—No inglés —y enseguida señaló mi bolsa con su dedo.

Saqué de ella Nuevos Testamentos y Biblias en árabe y las empecé a repartir. Pero uno de los hombres, mirando la Biblia, me la devolvió, diciendo:

—No queremos el libro de Israel. Queremos el libro de Jesús.

Poniéndola de regreso en la bolsa, le entregué un Nuevo Testamento.

—Aquí tienes un *Injil* —le dije, usando un término árabe para referirme al evangelio. Les di también varios tratados en árabe, y los hombres los recibieron ansiosamente. Se veían aburridos, listos para algo que leer y talvez debatir en las madrugadas, en aquellos momentos de tensa calma en la batalla en los que un soldado teme por su vida a la vez que la muerte acorrala su intelecto.

Durante años, los palestinos habían atacado a las comunidades israelitas al otro lado de la frontera. Evidentemente Israel había respondido con poderosos contraataques, y los libaneses, que se habían visto atrapados en el cruce de fuegos eran las víctimas. Por lo tanto, los civiles que podían, huían hacia el norte.

Yo sabía que en alguna época había existido una iglesia evangélica en esa zona, y me preguntaba si podría encontrarla. Una pareja de ancianos que caminaba pesadamente por la calle captó mi atención. La mujer lucía una falda gris de lana, un suéter negro y una pañoleta alrededor de su cabeza. El hombre vestía un gastado traje café y una camisa de franela de un rojo vivo. Dándoles un efusivo saludo me acerqué a ellos. El anciano hablaba un poco de inglés, así que pude peguntarle:

—¿Existe alguna iglesia aquí?

—Sígame, yo se la enseño —me contestó.

A unas tres cuadras de la calle principal nos detuvimos frente a un edificio en ruinas.

Esta es la iglesia, que ya no funciona —dijo el hombre.

El techo se asemejaba al queso suizo. Grandes huecos en las paredes me permitían ver las colinas al otro lado.

—¡Qué edificio más triste! —dije.

—Sí, triste. Trágico —asintió el hombre.

—¿Cuándo lo destruyeron?

El hombre se encogió de hombros:

—Hace algunos años.

—¿Dónde se congrega la gente ahora?

—No se congregan. Todos los cristianos se fueron.

Observé a la pareja, y me pregunté cuántos años podrían tener. Cada una de sus arrugas parecía reflejar una silenciosa historia de dolor.

—Ustedes todavía están aquí. ¿No deberían marcharse? No es seguro.

—No tenemos adónde ir —respondió el hombre, de nuevo encogiendo sus hombros—. Este es nuestro hogar.

Cuando el anciano y su esposa partieron me dirigí al interior del templo, franqueando piedras y trozos de concreto partido; y una vez adentro miré hacia arriba por entre los huecos del techo. Las ramas de algunos árboles habían crecido a través de las paredes. El piso estaba cubierto de escombros. Las bancas ya no estaban —probablemente se las habían llevado para usarlas como madera para el fogón. Con mucho cuidado, para evitar una dislocación de tobillos entre tanto escombro, me encaminé hacia lo que quedaba de la tarima. Un sinfín de preguntas sobre la congregación ocupaba mi mente. *¿Cuántas personas habrían adorado en este lugar? ¿Adónde se marcharían?* Quizás algunos habrían buscado refugio en Beirut. Otros seguramente tenían parientes en otros países de Occidente, pudiendo escapar a la seguridad de Europa o de las Américas. Yo sabía que muchas familias se habían visto obligadas a separarse y habían sido esparcidas en distintas direcciones. *¿Habría muerto alguien aquí en el conflicto? Y en cuanto al pastor, ¿dónde estaría ahora? ¿Estaría predicando en otra parte, o habría quizá perdido la esperanza y abandonado el ministerio?*

Una profunda tristeza me embargaba. Abrí mi Biblia en el Salmo 74. «Dirige tus pasos hacia estas ruinas eternas». En voz alta leí estas palabras al edificio desocupado. «¡Todo en el santuario lo ha destruido el enemigo! Tus adversarios rugen en el lugar de tus asambleas». Recordé cómo Dietrich Bonhoeffer había escrito *"Kristallnacht"*, al pie de este pasaje en su Biblia, refiriéndose a aquella noche de terror en 1938 cuando los nazis destruyeron los negocios y las sinagogas judías. El mundo no había objetado y el resultado fue el Holocausto. ¿Objetaría el mundo hoy en día a esta destrucción de iglesias en el Líbano? ¿Sí sabría o le interesaría siquiera?

Mis ojos se aguaron y no pude continuar leyendo. En verdad había habido un gran rugido en esta edificación, y las ovejas de este rebaño habían sido esparcidas. ¿Quedaría alguna esperanza en esta aldea? El sol brillaba a través de los huecos del techo, pero la luz de esta iglesia había sido extinguida. ¿Cuántas luces más habrían sido extinguidas en el Líbano? En mi espíritu sentía una sensación de urgencia —debía seguir buscando a la iglesia *viva*.

A solo unos ciento treinta y cinco metros de la iglesia evangélica quedaba una iglesia católica maronita. Cuando encontré al sacerdote, en su inglés chapuceado logró explicarme que su diminuta congregación de seis personas se reunía en un pequeño salón a un lado del santuario. En el techo exterior de la iglesia estaba el capitel, coronado por una cruz. Sobre la cruz ondeaba una andrajosa bandera verde de una de las milicias islámicas. Era evidente que declaraba «Alá es más grande». Traducido, sencillamente quería decir que el Islam era más grande que el cristianismo. Señalando la bandera le dije al sacerdote:

—Anhelo ver el día en que la cruz se levante por encima de la bandera musulmana—.

En mi espíritu, esas palabras se convirtieron en una oración.

Beirut, 1980

La tensión afectaba a las gentes de distintas maneras. En una casa donde me alojaba con frecuencia, al esposo, que era pastor, le quedaba muy difícil mantener la imagen de buen anfitrión.

Pedro no se estaba en casa una tarde cuando llegué. Su esposa Ana y otra mujer trabajaban en la cocina. Les pedí un vaso de yogurt y me fui a tomar una siesta. Veinte minutos más tarde me despertaron unas fuertes voces que provenían de la cocina. Cuando fui a ver de qué se trataba, encontré a Pedro y a su esposa enfrascados en una acalorada discusión.

—¿Por qué estás tan alterado? —le pregunté.

—Está muy nervioso —respondió Ana—. Siempre se pone así cuando hay combates.

Mientras ella me preparaba otro vaso de yogurt, Pedro me llevó a la ventana a enseñarme la razón de su nerviosismo. Señalando la casa del frente, me mostró cómo la gente se descolgaba por el balcón en vez de usar las escaleras interiores.

—¿Y cuál es el problema? —le inquirí.

—Atrae a los atacantes —dijo—. Debemos mantenernos fuera de vista.

—Pero acabas de llegar de afuera . . .

—Sí, pero no estaba en el techo, ni afuera a plena vista.

—¿Y qué se puede hacer al respecto?"

—No mucho —balbuceó. Sin embargo, pensando en la respuesta «espiritual» adecuada, añadió:

—Supongo que puedo orar.

—Sí, oremos. Quizá así no sientas que tienes que gritar.

Ana se acercó con mi vaso de yogurt.

—Siempre está gritando —dijo, y enseguida sugirió que debía regresar a mi cuarto, algo que de verdad quería hacer.

Esa noche tuvimos una cena estupenda —papas fritas y una bandeja grande de pollo frito. Sin embargo, Pedro se quejaba de que no estaba buena. Su esposa hizo un gesto con los ojos que indicaba que su paciencia también tenía sus límites:

—Siempre se queja. Aun en el cielo se va a quejar. De verdad espero tener una casa lejos de la suya cuando lleguemos allá.

Todos nos reímos, incluyendo a Pedro. Uno de sus hijos me preguntó entonces si todos tendríamos nuestras propias casas en el cielo. Le sugerí que «nuestra casa allá ha de ser construida con los materiales que enviemos durante nuestra vida aquí en la tierra».

Pedro negó con la cabeza.

—Me temo que los materiales en mi vida no sean muy buenos.

Poniendo mi mano sobre su brazo, le aseguré:

—Nunca es demasiado tarde para empezar a recoger los materiales adecuados. Tú puedes empezar ahora mismo.

La iglesia bautista Ras Beirut necesitaba un líder joven. El pastor principal estaba ya viejo y cansado, y por tanto el consejo de la iglesia se puso en contacto con el Seminario Teológico Bautista Árabe, donde contrató a Naji Abi-Hashem, el único graduado de aquel año. Naji sentía mucho respeto por el pastor, de modo que pidió trabajar con él como asistente. Pero el anciano pastor se sentía extenuado, y quería ceder el liderazgo a un joven con más energía. Los líderes de la iglesia decidieron entonces designar a Naji como pastor.

La iglesia le proporcionó al nuevo pastor un apartamento en la planta baja del edificio contiguo a la iglesia. Y dada la cantidad de misiles que volaban por el cielo, los apartamentos de las plantas bajas, cuando estaban rodeados de otros edificios, eran generalmente más seguros.

El apartamento de la familia de Naji quedaba cerca de la Línea Verde, y el combate allí se había intensificado obligando a la gente a evacuar la zona, abandonando todas sus pertenencias. Su madre y su hermano habían buscado residencia temporal en otra parte hasta que las cosas se calmaran.

Naji se preparaba para mudarse al edificio de la iglesia, ubicado en la parte occidental de Beiru; pero tanto él como su familia necesitaban recuperar artículos que habían dejado en el apartamento abandonado. Un día, temprano en la tarde, Naji y su hermano decidieron arriesgarse a ir al apartamento a recobrar algunas de sus pertenencias. Sin decirle nada a nadie, se embarcaron en la peligrosa jornada. Tenían que atravesar un campo baldío para llegar a una calle principal en la que el edificio más prominente era la catedral maronita. Una de las milicias había tomado el control del edificio y usaba la torre como escondite desde donde los francotiradores controlaban la congestionada calle. Enfrente de los edificios adyacentes se habían construido altas bermas de arcilla para proteger a los transeúntes de las balas.

Todo estaba en calma cuando Naji y su hermano se acercaban a una de las bermas.

—Estaremos bien —dijo Naji mientras se preparaban a cruzar la calle. Pero, de súbito, se escucharon varios disparos, seguidos por el silbido de las balas que pasaban muy cerca de sus cabezas. Abalanzándose al piso, oraban y esperaban.

—¿Seguimos, o nos regresamos? —preguntó su hermano al cabo de un rato.

—Necesitamos la ropa del apartamento. Creo que nada nos pasará si seguimos ahora. Lo que tenemos que hacer es atravesar la calle tranquilamente, para que vean que no representamos una amenaza. ¡Vamos!

Najif se adelantó, con más confianza de la que en realidad sentía, y su hermano le siguió muy de cerca. Con pasos firmes cruzaron la avenida, atrincherándose detrás de otra pila de arcilla, hasta lograr llegar a su antiguo edificio. Después de subir los seis pisos a pie, se encontraron casi al aire libre— una porción de la pared había sido alcanzada por la artillería, dejando un gran boquete. Por supuesto, el apartamento había sido saqueado; pero afortunadamente aun les quedaba casi toda la ropa.

Así, con los brazos llenos, iniciaron su regreso a casa. En el trayecto no enfrentaron inconvenientes hasta que cruzaron la puerta de su apartamento. Cuando su madre los vio, cayó presa de la histeria:

—¿Cómo se les ocurrió salir en medio de tanto peligro? ¡Los hubieran podido matar! Les hubieran podido disparar, y hubieran muerto innecesariamente. ¡Qué insensatez! Por poco me dan un infarto. Señor, ten piedad.

5

Dios ha abandonado al Líbano

Beirut, 1981

El crujir de ladrillos y vidrios rotos se mezclaba con mis pensamientos mientras me acercaba a la Línea Verde en Beirut. De la «Joya del Mediterráneo» no quedaba ahora más que un cascarón de su antigua gloria. Podía recordar cómo, hasta 1975, disfrutaba salir de los fríos y lluviosos días de invierno de Holanda para ir a visitar a mi amigo, el Padre Andy, quien estaba a cargo de una escuela para niños sordos en Beirut.

Me gustaba frecuentar la calle Corniche, que bordeaba el Mediterráneo, donde la gente acostumbraba a salir a trotar temprano en las mañanas; donde los líderes de la ciudad llevaban a cabo sus reuniones y donde las parejas caminaban tomados de la mano disfrutando del atardecer. Los hoteles y restaurantes más elegantes del Líbano se encontraban situados a lo largo de este espléndido paseo frente al mar.

Ahora se encontraba en ruinas. La otrora capital financiera, cultural y del esparcimiento del Medio Oriente, se hallaba actualmente devastada por los interminables combates entre varias milicias, en los que cada una de ellas reclamaba una parte de las ruinas y trataba de imponer su agenda.

Sin embargo, algunas tiendas seguían abiertas. Con mis

manos palpé, por debajo de mi abrigo, la bolsa que contenía el hermoso broche de oro que había comprado para el cumpleaños de mi esposa, que se celebraría dos días después de mi regreso a casa.

La ciudad era una maraña de contradicciones. La resistencia y la capacidad de supervivencia de los libaneses no dejaban de sorprenderme: para comprar pan, si lo había, se tenían que hacer largas colas; pero a la vez uno podía obtener los equipos electrónicos más modernos y la ropa de marca a la última moda a precios de oferta. En un viaje reciente había comprado una grabadora de muy buena calidad a la mitad del precio que me hubiera costado en Holanda. Cuando acababa de pagarle, el dueño de la tienda, me dijo: «Señor Andrés, Dios nos ha abandonado. Se ha ido del Líbano».

Y en verdad la ciudad parecía estar olvidada de Dios. Del lado de la calle por la que caminaba no quedaba más que la espectral figura de lo que una vez había sido un majestuoso hotel, y que ahora solo albergaba la suave brisa mediterránea que se colaba por entre los grandes huecos de sus paredes. Al otro lado de la calle había un achicharrado edificio de apartamentos. No muy lejos de allí, dos niños mugrientos jugaban junto a una cerca de metal corrugado a punto de caer por el golpe de la próxima explosión de alguna bomba. Probablemente ellos residían en uno de los apartamentos con una de sus paredes desplomadas, cubierta tan solo por una sábana de plástico que azotaba el viento.

La pobreza, la suciedad, aquellos niños desnutridos me deprimían. Un niño de unos tres años lloraba en un balcón. Sonriéndole, dije «en el nombre de Jesús, sé consolado», y por unos breves instantes se calmó; pero cuando seguí caminando, lo escuché llorar de nuevo. Me imaginé llegar a este sitio y, en el nombre de Jesús, imponer manos en la gente y verles sanar. Sentía profundas ganas de llorar mientras caminaba por las congestionadas calles.

La muchedumbre se reducía dramáticamente a medida que me acercaba a la Línea Verde, que dividía el Oriente, el supuesto sector cristiano donde me hospedaba, del Occidente, la zona predominantemente musulmana. Para poder cruzarla tenía que detenerme en el retén cristiano, atrincherado entre sacos de arena, donde un soldado revisó mi pasaporte.

—¿A qué va usted a la zona musulmana? —me preguntó.

—A visitar a algunos amigos —le respondí.

Me miró con una mezcla de sospecha y sorpresa, y con un gesto de molestia me indicó que podía seguir mi camino. Menos mal esta vez portaba mi pasaporte. Una vez lo había olvidado en casa, y en el retén solo atiné a decir:

—Vengo de visitar una iglesia y todo lo que tengo es mi Biblia.

Con severidad, el guardia me dijo:

—En este país usted debe portar su Biblia y su pasaporte.

Por eso ahora cargaba los dos en un bolsillo de mi abrigo.

Unos cuantos libaneses se movían en ambas direcciones a través de esta tierra de nadie. Me preguntaba qué podría moverlos entre lado y lado. Rápidamente me dirigí al retén musulmán, situado unos 150 metros, donde otro guardia me preguntó:

—¿A qué viene a esta zona?

—A visitar a algunos amigos —le respondí, mientras él chequeaba mi pasaporte holandés. Al igual que el soldado judío, me hizo un gesto para que pasara.

Era solo parcialmente cierto el que esta era la zona musulmana. La línea divisoria era arbitraria, trazada en 1975 cuando los palestinos, atiborrados en los campos de refugiados, se rebelaron abiertamente contra un grupo cristiano conocido como los Falangistas. Uno de los resultados fue que los musulmanes y los cristianos se separaron *cada uno en su lado* —los cristianos en el oriente, los musulmanes en el occidente. Se suponía que era más seguro de esa manera. Sin embargo, docenas de iglesias quedaban regadas entre las mezquitas del lado occidental. Muchos cristianos se habían ido del área, pero no todos.

Beirut Occidental rebosaba de actividad. Parecía sorprendente ver tantos carros en las calles, cruzando a paso de tortuga las intersecciones en las que había semáforos que llevaban años sin funcionar. Una niña de unos siete u ocho años limpiaba los parabrisas de los carros con un trapo sucio, esperando recibir una que otra moneda a cambio. Una adolescente estaba sentada en la acera, sosteniéndose la cabeza con las manos, evidentemente agotada para seguir mendigando. Y al verlas no podía dejar de preguntarme si cuando los combatientes veían a estas pobres víctimas de la guerra, no reflexionaban sobre su bienestar.

—¿Quiere una Coca-Cola? —La súbita voz me sobresaltó, y me di vuelta para ver a un hombre en cuclillas, calvo y grueso, quien con refrescos y una pequeña estufa sobre una caja de cartón había improvisado una empresa en la acera. En un poco de aceite cocinaba albóndigas para un cliente, un hombre de traje café.

Cuando vi una pequeña cruz que colgaba de su cuello, sonreí, y me senté sobre una de las cajas de madera que servían de sillas en su cafetería.

—¡Sí, Coca-Cola! —le respondí.

—¿De dónde es usted? — me preguntó con dificultad en inglés, mientras destapaba la tibia botella de refresco y la ponía sobre la mesa de cartón.

—De Holanda.

—¿Qué lo trae a Beirut?

—Soy cristiano y vengo a visitar a mis hermanos.

De inmediato, los dos hombres se persignaron, y el dueño del negocio se sentó en otra caja frente a mí, ansioso de hablar.

—Vida difícil ahora —dijo—. ¡Cristiano y musulmán, pum, pum, pum! — añadió, con los dedos en forma de revólver apuntándose una mano a la otra.

—¿Cuál su nombre? —me preguntó.

—Andrés.

—¿Y apellido?

—Hermano Andrés.

Una sonrisa apareció en su rostro.

—¡Biblias a Rusia y China! Se paró a quitar las albóndigas de la estufa para hacerme un café árabe. Pero me puse de pie para indicarle que debía seguir mi camino. Era temprano por la tarde, y yo sabía que los combates generalmente empezaban alrededor de las 3:00 ó 4:00. Necesitaba visitar rápidamente a varios amigos para poder llegar a la Línea Verde antes de que comenzaran las balaceras.

Cuando saqué dinero del bolsillo para pagarle, mi nuevo amigo se puso de pie y con un gesto de sus manos me detuvo. El hombre del traje café también se puso de pie y me entregó un billete de mil libras:

— ¡Para su obra! —dijo.

No había forma de resistir la amabilidad de ambos, y yo hacía un gran esfuerzo por contener mis emociones. El valor de la libra libanesa se había derrumbado desde 1975, y mil libras ahora no equivalían a más de un par de dólares estadounidenses. Sin embargo, mientras me alejaba de ellos, recordé con cuánta frecuencia yo mismo había vivido de ofrendas así, cuando viajaba a los países comunistas. Ahora me parecía que era yo quien debía estar ayudando a estas personas que con tanta dificultad trataban de ganarse la vida durante las pocas horas en las que cesaba la artillería.

Mi primera parada era para visitar a Hannah en su peque-ña librería, pero me encontré con que las puertas y ventanas estaban selladas.

—No está en casa —dijo el propietario de la tienda de discos vecina.

—¿Podría usted decirle que el Hermano Andrés pasó a visitarla? —le pedí.

—Lo va a lamentar —respondió, asintiendo con la cabeza—. Ella necesita mucho ánimo ahora.

Luego me dirigí a un edificio de apartamentos, agujereado como estaban todos los demás debido a las balas de metralla. El ascensor no funcionaba —la electricidad era tan escasa, que casi ningún ascensor servía— así que subí los tres pisos a pie. En el oscuro corredor empecé a buscar el apartamento, hasta que lo encontré y llamé a la puerta. Como no hubo respuesta, golpeé de nuevo, esta vez un poco más duro. Finalmente escuché el ruido metálico de la mirilla que se abría. Y entonces la puerta se abrió de par en par.

—¡Hermano Andrés, has regresado!

Felipe me dio un fuerte abrazo, me besó en ambas mejillas y me hizo pasar a su sala. Alison, su esposa, espiaba desde la esquina del cuarto y al reconocerme esbozó una amplia sonrisa.

La pareja estaba en sus treinta, pero parecían mayores. La zozobra de una vida en zona de guerra se reflejaba en sus rostros fruncidos y en las canas prematuras que aparecían en sus cabezas. Cuando Alison se marchó a la cocina a preparar un café, le pregunté a mi amigo cómo iba su iglesia. Antes de que estallara la guerra civil, una congregación de unas 400 personas asistía fielmente a los cultos.

Meneando su cabeza tristemente, contestó:

—Solo quedan 40 miembros en mi congregación —mientras bajaba el rostro para disimular sus lágrimas—. Bueno, en realidad solo asistieron 39 el domingo pasado.

Una joven de 17 años fue asesinada . . .

Antes de poderle decir algo, una explosión me hizo dar un salto. El bombardeo desde el oriente de Beirut había comenzado temprano, y podía escuchar el estruendo de la artillería cercana que respondía.

—Así es todos los días —dijo Felipe mirándome a los ojos—. Ya nadie sale a la calle.

Bajando un poco su voz, dijo:

—Hoy es el cumpleaños de mi esposa, y no he podido comprarle un regalo.

Busqué en mi bolsillo donde tenía guardado el pequeño paquete.

—Felipe, te tengo una sorpresa —le susurré—, pero debe quedarse entre tú y yo.

Le pasé el regalo a mi amigo, quien, mirándolo, se quedó mudo por unos instantes.

Cuando Alison regresó con una bandeja con tres tacitas de café, exclamé:

—Me enteré de que hoy es un día especial —y enseguida empecé a cantar «¡Cumpleaños Feliz!».

Su esposo se unió al coro, acompañado por las sirenas de la ambulancia en la calle, a la vez que le entregaba el presente. Con gran sorpresa abrió el paquete, y muy orgullosamente prendió el broche de su suéter. Por una fracción de segundos me dio un vistazo, como indicándome que ella también conocía el secreto, pero no lo iba a revelar.

En tan solo unos minutos me tendría que marchar, de modo que abrí mi Biblia y leí de Hebreos 2: «[Cristo] también compartió esa naturaleza humana para anular, mediante la muerte, al que tiene el dominio de la muerte —es decir, al diablo—, y librar a todos los que por temor a la muerte estaban sometidos a esclavitud durante toda la vida».

Les dije entonces:

—Les tengo un acróstico: T-e-m-o-r. Temor quiere decir «**T**estimonio **E**ngañoso que **M**anipula para **O**pacar la **R**ealidad». El temor a la muerte nos impide ser más arriesgados, en este mundo de por sí peligroso. Pareciéramos no estar totalmente convencidos de ir al cielo al morir. Yo sé, que con las bombas explotando a nuestro alrededor, el temor es una reacción natural; pero quiero animarles a recordar que nuestro Señor ha conquistado la muerte para que nosotros podamos ser libres del poder del temor.

Felipe asentía con la cabeza, mientras su esposa se secaba las lágrimas con un pañuelo. Después de un tiempo de oración, Felipe y Alison, abrazados, se despidieron de mí.

Bajando rápidamente las escaleras pensaba en cuán poco se había necesitado para dar ánimo a este pastor y a su esposa: una simple visita, cantar, orar y compartir la Palabra de Dios. En medio de su sufrimiento y de su tristeza nos habíamos vuelto a mirar a nuestro Señor, y él nos había dado gozo. Si tan solo pudiera hacer lo mismo con cada uno de los pastores de Beirut.

Las calles estaban desiertas y yo me afanaba por llegar al retén. Cuando ya iba a la mitad de la Línea Verde, el estruendo de los cañonazos se empezó a mezclar con el ruidoso traqueteo de las ametralladoras. Apenas terminé de cruzar, busqué refugio en la entrada de unas oficinas abandonadas, mientras trataba de recobrar el aliento. Y en verdad no tenía urgencia de volver a andar por la calle; por eso decidí esperar allí hasta que hubiera un período de calma.

Pensé entonces en el cascarón de la iglesia en Matousha. ¿Cuántas iglesias abandonadas habría en este país? ¿Se podría hacer algo para prevenir la destrucción de más iglesias? Pensé en Pedro y en Felipe. Si los líderes se sentían atemorizados y agobiados, ¿cómo podrían ayudar a sus congregaciones?

Los creyentes del Líbano no podían ser parte de la solución, si se hallaban subyugados por el temor o buscando la manera de escaparse. ¿Habría alguna manera en que yo pudiera animarlos a que se esforzaran para ser una luz para los demás?

Evidentemente yo sabía que había muchos cristianos que participaban en la lucha. Para muchos, los cristianos no eran más que otro grupo religioso intentando mantener el poder, o peleando por obtenerlo. ¡Pero eso no era el cristianismo verdadero! Esto no podía ser a lo que Jesús se refería cuando dijo «Dichosos los que trabajan por la paz». De alguna manera, esta nación necesitaba saber que sí había otra alternativa.

Pensé en los palestinos. Ellos no tenían nada qué perder —no tenían patria ni tampoco poder. Me pregunté entonces, ¿qué podría ofrecerles mi fe?

6

Se necesita sensatez con la pasión

Beirut, primavera del 1982

Un equipo de filmación viajaba conmigo en este viaje, pues preparábamos un documental para ser presentado en Holanda. Fui invitado a hablar a muchas iglesias, donde exhorté a los cristianos a permanecer firmes. Un domingo por la noche, al final de un culto atestado de gente en una iglesia armenia, un joven delgado se me acercó, y extendiéndome su mano me dijo:

—Me llamo Naji. Leí su libro en árabe y me impactó mucho.

—Me alegra saber que le gustó.

—Soy un pastor nuevo en una iglesia en Beirut Occidental. Si usted necesita un lugar donde quedarse, me honraría mucho poder hospedarlo en mi apartamento.

¡Sería ideal!, pensé. Quería quedarme unos pocos días más en Beirut Occidental para poder tener acceso a los campos de refugiados allí, y también para tratar de ponerme en contacto con los líderes de la OLP.

—¡Gracias! Sí necesito un lugar donde quedarme, pero viajo con un equipo de filmación.

—¿Cuántos son?

—Cinco. Vamos a ir al campamento de Shatilla a hacer una filmación. El equipo estará conmigo tres días más y luego regresará a Holanda; pero yo me quedo.

—Ellos también se pueden quedar, pues hay dos apartamentos junto a la iglesia. Usted se puede quedar conmigo el tiempo que quiera.

No había electricidad en la iglesia.

—Solo puedo operar el generador unas pocas horas al día —me dijo Naji, disculpándose por esa molestia, mientras me acomodaba en mi habitación—. Y usamos botellas de gas para calentar el agua. Desdichadamente no tenemos suficientes para ofrecerles duchas calientes todos los días.

—No se preocupe, por favor —le respondí—. Si así son las condiciones en las que viven ustedes, nosotros estamos aquí para compartirlas. No necesitamos las comodidades de un hotel.

Al día siguiente el equipo y yo fuimos a filmar al campamento de Shatilla. La indigencia que encontramos era aterradora; nunca en la vida habíamos visto nada semejante. La gente se hallaba hacinada en tugurios de zinc. Los niños corrían descalzos por los enlodados callejones, tratando de evitar los charcos de aguas negras. La ropa para secar colgaba de las paredes. El olor a orín y comida descompuesta me corroían las fosas nasales.

La gente parecía contenta de verme a mí, pero no al equipo de filmación.

—Por favor, no cámara —dijo enfáticamente un hombre, cubriendo los lentes con sus manos.

—No es nuestra intención hacerles daño —le dije ingenuamente—. Solo queremos enseñarle al mundo cómo están sufriendo ustedes para así poder ayudarles.

—No cámara —repitió el hombre.

Más tarde le pregunté al comandante del campamento, que hablaba un poco de inglés, por qué la gente le temía tanto a la cámara.

—Porque tiene un dispositivo —respondió el comandante.

—¿Un dispositivo? ¿Qué quiere decir?

—Tiene un dispositivo por medio del cual Israel puede guiar sus bombas hasta aquí.

Si no tuviera un mejor conocimiento de la situación, pensaría que quizá estas personas estaban leyendo novelas de espionaje. Pero trataba de comprender su temor. Se rumoraba a gritos que Israel estaba a punto de invadir el Líbano para terminar de una vez por todas con la OLP, y por lo tanto se sentían inquietos y encolerizados.

Sospechando que el comandante era miembro de la OLP, le pregunté:

—¿Sería posible conocer personalmente a uno de los líderes de la OLP? —supuse que él sabría a quién contactar.

—No creo que haya problema. Permítame averiguar.

En uno de los estrechos callejones, mientras repartía los Nuevos Testamentos, un niño tiró de la manga de mi abrigo, y me llevó hacia una de las casuchas. En su interior había una pareja de ancianos. El viejo estaba en cama, aparentemente enfermo de gravedad. La esposa, con un pañuelo blanco sobre su cabeza, estaba sentada a los pies de él. Con reverencia, se persignó cuando apoyé mi mano sobre el hombro del anciano y oré por su sanidad. Respondiendo con un «Amín» a mi «Amén», me incliné sobre el anciano y lo besé en la frente. ¡Fue un momento sagrado! —Quería creer que Cristo había traído un poco de luz a este oscuro hogar.

Por medio del intérprete, le pregunté a la anciana:

—¿Cuántos años tiene usted, madre?

—Más de setenta —fue su réplica, no sabía con exactitud.

—¿Hace cuánto tiempo viven aquí?

—Llegamos aquí en 1948, desde Jaffa, por barco.

—¿Tiene esperanzas de salir de aquí alguna vez?

Ella negó con la cabeza.

—Quisiera poder regresar a Jaffa.

Las lágrimas se asomaban a sus ojos.

Afuera de la casucha, los hombres y los niños se agrupaban. Se veían aburridos y asustados. Le pregunté a un muchacho que hablaba un poco de inglés:

—¿Ves alguna esperanza para el futuro?

Me miró fijamente con ojos inexpresivos.

—No hay esperanza —contestó.

Este era solo un grupo entre los más de cuatrocientos mil palestinos que vivían en medio de terribles circunstancias. No contaban con una patria. No eran bienvenidos en el Líbano, y no tenían otra parte a dónde ir. Sus corazones permanecían en la tierra de la que habían tenido que huir, y a la que tenían muy pocas esperanzas de regresar.

Ellos eran personas por quienes Jesucristo había dado su vida. Yo había repartido unos cuantos Nuevos Testamentos en árabe, pero se necesitaba muchísimo más.

Casi todos los edificios de Beirut estaban protegidos por unas rejas de hierro enormes y fuertes, en su mayoría negras, que asemejaban feas cicatrices, pero que eran necesarias para la seguridad; incluso la de las iglesias. Uno nunca sabía cuándo un grupo de milicias pudiera entrar a la fuerza, ya fuera para robar o para intimidar a los residentes, o para guarecerse del combate, o para tomar control temporal del edificio como centro de operaciones o, peor aun, para montar un nido de francotiradores.

Del otro lado de la reja de la Iglesia Bautista Ras Beirut había un patio pequeño que precedía a dos puertas por las que había que pasar antes de entrar al vestíbulo.

Una tarde sonó el timbre de la puerta. Cuando Naji se levantó de su escritorio y se acercó a la ventana para ver quién llamaba, vio a un grupo de ásperos hombres en la calle. Dos de ellos sostenían rifles automáticos y vigilaban la calle de lado a lado, mientras que otro tocaba el timbre de nuevo. Naji se paralizó por un instante, pero sabía que debía actuar de inmediato; de lo contrario, aquellos hombres comenzarían a dispararle al edificio.

Sería mejor averiguar qué querían y tratar de manejar la situación pacíficamente. Con mucho cuidado, Naji se acercó a los hombres, pero sin abrir la reja, y les preguntó:

—*Marhaba.*[1] ¿Puedo ayudarles, señores?

—Queremos ver al señor Andrés —respondió el líder del grupo.

Rápidamente Naji abrió la puerta de la reja y acompañó al grupo al vestíbulo de la iglesia. No quería que nadie viera que en su iglesia recibía a miembros de una milicia. Lo último que deseaba era que otra milicia pensara que estaba tomando partidos en el sangriento conflicto de la zona. El líder sonrió y se presentó. Naji no entendió el nombre, pero sí captó dos detalles importantes: el hombre era un mayor del ejército y era asistente de Yasser Arafat.

Así que esta era la OLP. La razón misma de una invasión inminente de Israel. «Es un honor recibirle, señor», le dijo Naji, mientras su mente corría y su corazón clamaba a Dios por sabiduría.

—Siento mucho que el Hermano Andrés no esté aquí en el momento. Le pido disculpas.

—Él dijo que se reuniría con nosotros aquí a las 3:00 p.m.

—Probablemente se ha retrasado por el tráfico, o en algún

retén o han cerrado las calles. Me aseguraré de informarle que usted vino a verle a la hora convenida.

Algunos de los hombres husmeaban los predios de la iglesia. Las reglas de hospitalidad precisaban que Naji les ofreciera café, pero antes de que tuviera tiempo de hacerlo, el timbre de la puerta sonó de nuevo. Naji se dirigió a la ventana a ver quién llamaba. Allí, a la puerta, estaba el Hermano Andrés.

Hablé con el mayor durante más de una hora, lo cual me permitió aprender mucho sobre la OLP, sus metas y sus aspiraciones para el Medio Oriente.

Después de que la delegación partió, Naji se me acercó cautelosamente:

—Hermano Andrés, quiero hablar con usted, por favor. Es muy importante.

Mi amigo parecía alarmado cuando nos sentamos en la sala. Se inclinó un poco hacia delante, y mirándome fijamente a los ojos, inquirió:

—Hermano Andrés, quiero saber el porqué de su interés en la OLP. ¿Cuáles son sus propósitos? ¿Me puede poner al tanto?

—Claro que sí, Naji, pero pareces preocupado. ¿Te sucede algo?

—Como pastor, me preocupa mucho que la visita con esos hombres aquí mismo haya puesto en grave peligro a la iglesia.

Esto era algo que sí me preocupaba, pues de ninguna manera quería poner en peligro la obra de una iglesia.

—Naji, ¡lo siento tanto! Pensé que este sería un lugar seguro para reunirnos.

Mi amigo se movía inquietamente, la mirada fija en el suelo.

—Prométame que no traerá a nadie más aquí, ni que lo vendrán a buscar aquí. Puede encontrarse con ellos en cualquier otra parte. Yo lo puedo guiar, llevarlo a un restaurante o a otro sitio público. Si quiere reunirse con ellos en su centro de operaciones, está bien; pero no en una dependencia cristiana.

Entonces, sosteniéndome la mirada, me explicó:

—Estamos haciendo un gran esfuerzo por mantenernos imparciales y amistosos, para poder reanudar nuestra adoración y testimonio para con nuestro Señor, sin ser arrastrados por las aterradoras políticas y división que generan la guerra.

—Lo entiendo, Naji, y lo siento mucho.

—Quizá usted piense que no tengo una fe profunda o que no me atrevo a tomar riesgos; es una situación complicada de explicar. Pero yo vivo aquí. Mi gente vive aquí. Usted solo habrá de estar aquí por unos pocos días y luego se marchará, pero seremos nosotros quienes cosecharemos durante mucho tiempo las consecuencias de una mala interpretación. Espero que usted pueda respetar mi posición.

—Entonces, ¿mi reunión de hoy te ha puesto en peligro?

Naji asintió.

—Aquí no puedo estar afiliado con ningún líder político o de milicia pues se reflejaría en mí y en la iglesia, y ya nos encontramos en una posición muy difícil. La mayoría de estos grupos nos consideran pro-Occidente porque la mayoría de nuestros misioneros provienen de Occidente y de América. Ellos ven a América como pro-Israel, y por tanto nos consideran a nosotros también pro-Israel.

»Como ve, nos toca movernos con sumo cuidado para demostrar que somos libaneses auténticos y cristianos del Medio Oriente, y por lo tanto queremos mantener nuestro mensaje y nuestras actividades netamente espirituales. Oramos por todos, pero no nos afiliamos con ninguno. Además, cualquiera de estos grupos podría causarnos problemas, exigir nuestros servicios y hacernos la vida miserable.

—Naji, por favor, discúlpame. No lo volveré a hacer.

Inmediatamente el pastor pareció relajarse.

—¿Qué tal un poco de tisana libanesa? Tengo *yansoun* (anís seco), mi preferida.

Mientras tomábamos el te, Naji sonrió y preguntó:

—Bueno, ¿y por qué acude usted a la OLP?

—Si es posible, me gustaría conocer a todas las partes. Me interesa saber qué piensan, qué quieren, qué sienten. Quiero saber cuál opinan ellos que es la solución al conflicto. Quiero saber sobre su espiritualidad y su fe, si es que tienen alguna. Trato de encontrar un punto en común para poder hablarles de mi Señor y mi Salvador Jesucristo.

—¡Tiene usted mucha pasión! Ojalá que pueda añadirle sensatez a esa pasión, y que consulte con cuantos le sea posible. Conmigo no tiene que consultar, pues solo soy su hermano menor. Pero se trata de una cuestión muy delicada, y no debe, sin saberlo, causar más problemas de los que ya tenemos.

—Un consejo muy sabio —le respondí.

Antes de retirarme a mi habitación, nos pusimos de pie y nos dimos un cordial abrazo. Naji y yo teníamos ahora un hermoso ritual. En cualquier momento del día, generalmente a primera hora de la mañana, abríamos nuestros brazos y cantábamos: «¡Danos hoy nuestro abrazo de cada día!» Era una preciosa rutina que se repetía cada vez que nos encontrábamos a través de los años.

Mi conversación con Naji fue una advertencia para cuidarme de no involucrar a los creyentes locales, sin pensarlo, en la obra que yo sentía que debía realizar. Yo consideraba que mi labor consistía en fortalecer a la iglesia local para que ella pudiera ser una luz en medio de la oscuridad. Pero, ¿cómo logra uno eso? Podría predicar, y lo hacía varias veces a la semana. Podría dar ánimo a los pastores y líderes de ministerios. Podría visitar a los creyentes donde hubiera sufrimiento. Y podría suplir Biblias y otros recursos necesarios para llevar a cabo su obra.

Pero, ¿cómo podría hacer brillar su luz la iglesia en una zona de guerra? Esta era una pregunta más compleja. Yo podría decir que la iglesia debería ser un generador de paz pero, ¿qué significaba tal cosa? ¿Y cómo podría hacerlo la iglesia cuando ella trataba, precisamente, de mantenerse fuera de la línea de fuego? Yo pensaba que podía ayudar a los creyentes locales a responderse a sí mismos estas interrogantes, pero, para lograrlo, tenía que entender mejor sus circunstancias —las presiones que afrontaban los cristianos y el modo de pensar de las facciones que peleaban a su alrededor.

Naji estaba dotado de una mente perspicaz, lo que lo hacía un excelente interlocutor para preguntas que tenía sobre el Líbano y el Medio Oriente.

—Entonces, ¿cuál crees tú que es la solución? —le pregunté una noche mientras cenábamos en un restaurante de la ciudad—. Si nuestro deber como cristianos es trabajar por la paz, ¿cómo podemos cumplir con nuestro llamado?

—Es muy complejo —respondió Naji—. La situación actual del Medio Oriente contiene muchos mecanismos, y hay discrepancias en muchos niveles. Algo que yo impulsaría aquí en el Líbano es que los extranjeros se retiren y nos permitan resolver nuestros propios problemas.

—Te refieres a Siria e Israel. . .

—Y a los palestinos, a Libia, a Irán y a Estados Unidos.

No estaríamos en guerra ahora si todos los extranjeros, y en particular las superpotencias, se apartaran y nos permitieran tomar nuestras propias decisiones. .

Yo había escuchado tal afirmación muchas veces. Los libaneses me corregían cuando me refería a la «guerra civil», pues no querían reconocer que los conflictos existentes eran primordialmente entre libaneses.

—Naji —argüí—, si ustedes no pueden resolver sus propios problemas, no les debería sorprender entonces que otros intervengan para tratar de lograr la paz.

—Ellos olvidan que tenemos un historial de cooperación. Yo mismo me crié en una comunidad conformada por drusos, musulmanes, judíos y cristianos, y todos nos llevábamos muy bien. ¿Por qué entonces una guerra interminable? Yo estoy convencido de que las instigaciones las causa la interferencia extranjera, y pienso que nosotros podríamos resolver nuestros propios asuntos si se nos permitiera hacerlo.

—Quisiera creer que tienes la razón. Pero no veo mucha cooperación en el momento.

—En el Medio Oriente usted podrá ver tiempos de calma y tiempos de conflicto. No sé si algún día lograremos una paz permanente.

—Entonces, ¿cómo puedes culpar a Occidente de tus problemas?

Naji trató de explicar las causas de la adversidad de su hermoso país:

—Es fácil crear un conflicto étnico, religioso o político para apoyar los intereses políticos de naciones más poderosas. Debido a su apertura y libertad, el Líbano atrajo a todo tipo de grupos radicales de países vecinos, los que, junto a la OLP establecieron un consorcio de milicias. Lo que quieren es convertir al Líbano en una nación palestino-musulmana, pues creen que tal cosa resolvería, eventualmente, la crisis del Medio Oriente al ofrecer una patria alternativa para los palestinos, y a la vez transformar al Líbano en un estado moderadamente islámico que se adhiera entonces al resto del mundo árabe musulmán. Así todas las corrientes del Medio Oriente estarían satisfechas, incluyendo a Israel.

—¡Qué gran explicación! Dices que este conflicto solo se puede entender en su totalidad en el contexto de la crisis del Medio Oriente. Pero no has explicado por qué dices que Occidente es el problema.

—Hay muchos grupos encolerizados con el mundo de Occidente en general, y con los Estados Unidos en particular. Sienten resentimiento hacia Occidente por su invasión cultural, la explotación económica, la manipulación política, la superioridad e intimidación militar y la voracidad imperialista. Y están específicamente enojados con el gobierno de Estados Unidos por su apoyo incondicional a Israel, el cual está a punto de invadir al Líbano, porque el gobierno de los Estados Unidos así lo permite. A Israel se le considera una nación ambiciosa que desea ser la superpotencia del Medio Oriente, dominando su política, sus recursos y sus asuntos. Tales sentimientos nos afectan, al igual que a nuestro ministerio, porque muchos equiparan nuestro cristianismo con el mundo de Occidente.

Yo tenía la certeza de que estas palabras ofenderían a un buen número de mis amigos, pero tenía que escuchar y explorar más a fondo para poder comprender lo que mi hermano sentía y creía.

—Pero la cristiandad nació y se crió aquí mismo en el Medio Oriente —me quejé—. Tú mismo te criaste en el rito ortodoxo oriental.

—Es muy distinto del cristianismo occidental. Mucha gente aquí en el Oriente supone que los protestantes y los evangélicos adhieren a un cristianismo importado de Norteamérica. Así mismo, los líderes religiosos y comunitarios, al igual que la gente piadosa común, resienten los productos, las películas, las revistas, los estilos de vida, la música, la publicidad y los programas de televisión que exporta el mundo occidental. Los vinculan con la cultura del mundo cristiano de Occidente.

Naji hablaba con pasión y sensatez, pero yo necesitaba más. Quería saber que era lo que debíamos hacer.

—Tu análisis es muy perspicaz, pero, ¿existe una solución? ¿Hay algo que la iglesia pueda *hacer* aquí en el Líbano?

Mi amigo suspiró y dijo:

—La paz es un concepto tan profundo y hermoso. La palabra que usamos en árabe es *salaam*, y la usamos como una salutación integral, deseando bienestar y salud. La paz es más que la ausencia de conflicto o de guerra. Es el concepto bíblico de *shalom*.

—Pero no veo mucho de *salaam* o *shalom* aquí actualmente.

—No, la palabra *paz* ha recibido mucho atropello. Se la ha mezclado con agendas encubiertas y ha perdido su significado cultural y su profundidad espiritual. Dependiendo de quién habla y quién escucha, la palabra es muy fácil de articular, pero muy difícil de definir; y, peor aun, muy difícil de establecer.

—Estoy de acuerdo, y por eso creo que deberíamos promulgar un plan de paz netamente cristiano. Si permanecemos en silencio, no tendremos la oportunidad de demostrar nuestro cristianismo.

Naji esbozó una triste sonrisa.

—Supongo que sí deberíamos hacer la prueba. No sé qué tanto podamos lograr, pero al menos podemos tratar. Recuerde que hay un tiempo para hablar, y un tiempo para callar. En estos momentos, en los que enfrentamos presión extrema de todos lados, debemos plantarnos firmemente y permanecer fieles a Dios.

»En tiempos así, la persistencia en sí misma es una gran virtud y un gran testimonio. Y en estos momentos solamente se nos llama a mantener presencia. Nosotros representamos a Cristo y llevamos su nombre en esta temporada de profundos problemas.

Al ponernos de pie para salir del restaurante, saqué varios miles de libras libanesas para pagar la cuenta; y a pesar de la jugosa propina que dejamos, la cena no costó más que un par de dólares estadounidenses.

—Tengo una idea —le dije en cuanto salimos a la calle—. ¿Por qué no organizamos tú y yo una campaña evangelística aquí en Beirut Occidental? Alquilamos un local grande y lo abrimos para todo el mundo. Invitamos también a los líderes de las milicias.

Naji, manteniendo su cortesía con este entusiasta predicador, respondió:

—No estoy seguro de una campaña evangelística en este momento. Quizás más adelante. Hablemos de eso en tu próxima visita, ¿si?

—Sí. ¡Pero que sea pronto!

7

Un plan para la paz

Harderwijk, Holanda, 1986

Desde el inicio de las hostilidades en el Líbano en 1975, empecé a meditar mucho sobre el tema de la paz. Mis conversaciones con Naji eran importantes para adquirir un mayor entendimiento de los complejos problemas de su país. Al igual que yo, él también anhelaba saber cómo ayudar a ser parte de la solución, y le frustraba saber cuán poco podía en verdad hacer al respecto. Después de escuchar cortésmente mis ideas de realizar una gran campaña evangelística, había tratado pacientemente de explicar por qué no funcionaría. El invitar a todas las milicias a asistir a una misma reunión equivaldría a provocar una explosión. El evangelio tendría que propagarse de alguna otra manera.

Con tristeza y comprensión recordé nuestra última conversación en el Líbano en 1983, cuando Naji me contó que tenía la oportunidad de continuar sus estudios de postgrado en los Estados Unidos.

—Cuando acepté el llamado a la iglesia Bautista Ras Beirut, pensé que sería pastor aquí por el resto de mi vida —dijo, y me reveló entonces que algunos problemas que había con la congregación le obligaban a reevaluar su decisión.

—La iglesia no me necesita tanto ahora. El antiguo pastor siente que ha descansado ya un buen tiempo, y está dispuesto a reanudar parte de su trabajo; y mi asistente está ansioso de aceptar más responsabilidades. Por eso creo que es un buen momento para alejarme.

»Además quiero reforzar mi carrera en las áreas de consejería y sicología, dos grandes necesidades para la gente del Líbano. Sin embargo, quiero estudiar estas asignaturas desde una perspectiva cristiana y teológica.

—Pero vas a regresar al Líbano, ¿no es así? —le inquirí.

—Por supuesto. Y mientras esté en Estados Unidos, quiero ser también un embajador del Oriente.

—Sí —sonreí—. Irás como misionero del Líbano a Occidente.

En silencio, oré para que mi amigo en verdad regresara a su tierra después de terminar su doctorado.[1] De hecho, ahora que planeaba mi próximo viaje a Beirut, deseaba hablar con él. Por algún tiempo yo sentía que aumentaba mi necesidad de presentar el bosquejo de un plan formal de paz a los líderes de las iglesias.

Como extranjero, se me permitía movilizarme sin muchas dificultades a través de los numerosos retenes del Líbano, mientras que la mayoría de mis amigos estaban confinados a ciertas áreas. Mi corazón se compungía viendo a los soldados que examinaban los carros y los documentos. Yo les sonreía y hasta aventuraba un chistecillo, y les entregaba un tratado en árabe mientras les decía:

—Deberían leerlo, pues tiene la solución real para conseguir la paz.

Los amigos que me transportaban empezaron a referirse a estos encuentros como «evangelismo de retén».

Momentos así disminuían la tensión un poco en medio de tanto sufrimiento; pero no eran parte de un plan serio de paz. Mientras tanto, decenas de miles de cristianos habían abandonado el país, y quedaban pocos trabajadores extranjeros. La mayoría de las personas que se marchaban lo hacían porque les era prácticamente imposible continuar sosteniendo o protegiendo a sus familias. Multitudes más deseaban poder emigrar, pero carecían de los medios para hacerlo. ¿Quién podía culparlos? Entre los que se quedaban, algunos solo eran cristianos culturalmente —porque se habían criado en la iglesia y se identificaban como tal.

Sin embargo, en medio de todas las diferentes denominaciones que había en el Líbano, había creyentes legítimos que detestaban el sangriento conflicto y las eternas pugnas por el poder. Yo sabía que se sentían impotentes. A veces se les acusaba de no ser nacionalistas o patriotas, a pesar de sus esfuerzos por servir y ser una bendición a los demás, aunque tenían que soportar el mismo sufrimiento que el resto de la población. A pesar de los reducidos números de estos creyentes, ¿podrían ellos llegar a ser una fuerza activa y positiva para lograr la paz? Yo creía que sí podrían —siempre y cuando alguien les ofreciera un plan.

Entonces, con papel y lápiz en mano, empecé a escribir.

Beirut, 1986

Esta sería una de las más insólitas conferencias sobre la paz que jamás se hubiera concertado. No habría entre sus asistentes jefes de estado, ni embajadores, ni negociadores. Nadie se preocuparía por la forma de la mesa en alguna elegante mansión. Por el contrario, estábamos sentados en sillas plegables en un desabrido salón en el sótano de un edificio de oficinas de Beirut. Afuera, las milicias se apuntaban sus armas unas o otras. Adentro, un imprudente misionero holandés se reunía con personas como Ghassan, pastor, y presidente del Seminario Bautista Árabe; Lucien, el presidente de la Sociedad Bíblica del Líbano; unos cuantos misioneros valientes y unas dos docenas de pastores locales, entre ellos Pedro y Felipe.

Al reflexionar sobre la tragedia del Líbano, era fácil sentirse impotente. No podíamos evitar que los soldados siguieran con la guerra —pues carecíamos de poderío militar. No podíamos evitar que otros países invadieran. De hecho, los ejércitos más poderosos del planeta no habían logrado cambiar la situación. Y, mientras tanto, los líderes de las milicias estaban convencidos de poder derrotar a las grandes armadas porque su fuerza de voluntad era más poderosa que la del mundo de Occidente.

Después de todo, habían logrado sacar a Estados Unidos con solo un par de bombas estratégicamente colocadas.

¿En verdad creía yo que un grupo pequeño de líderes de iglesias de la localidad podría tener efecto alguno en un encarnizado conflicto que se prolongaba por más de once años? Fuerzas más poderosas que nosotros estaban decididas a imponer su voluntad —¿Cómo podía yo siquiera creer que podríamos vencerlas? Pero a la misma la vez, ¿cómo podíamos permanecer inertes sin tratar de hacer algo? Para bien o para mal, la iglesia era el canal que Dios había escogido para hacer resplandecer su luz en las tinieblas.

Este plan de paz había sido cuidadosamente forjado de las Escrituras. Había consultado con los líderes de Puertas Abiertas, y en ese mismo momento en Holanda se encontraban orando por mí. Después de una oración, ofrecida por uno de los líderes locales por la reunión, me lancé de lleno.

—Me gustaría empezar haciendo unas observaciones sobre el conflicto interminable aquí en el Líbano. Mucha gente espera que las soluciones procedan del exterior. Pero esto no sucederá. Mucha gente espera que otros tomen la iniciativa. Pero somos *nosotros* los que debemos tomar la iniciativa. Muchos otros con quienes he conversado expresan su deseo de conseguir la paz a cualquier precio. Esto es muy peligroso e irresponsable, e indica que realmente nadie ha explorado un plan para la paz.

Yo les hablaba con pasión, pero en mi interior no estaba muy seguro de que este plan funcionara. Los asistentes obviamente me oían, pero sus rostros no reflejaban emoción alguna. ¿Sería que solo estaban siendo corteses? ¿En verdad creerían ellos que sí podrían hacer algo práctico con respecto al conflicto que los consumía?

—Quisiera que nos concentráramos en tres preguntas —continué—. La primera es: ¿Cuál es nuestro objetivo? La respuesta es sencilla: Queremos la paz, como todos ya lo sabemos. Vamos entonces a la segunda pregunta: ¿Qué método debemos elegir? Debemos empezar en el sitio en el que nos encontramos. Y como ya lo sabemos también, Dios nos ha puesto aquí en el Líbano. La razón es porque, como cristianos, debemos ver este conflicto como una batalla espiritual. Todas las demás definiciones fallan, y es por eso que las soluciones parecen ser tan esquivas. De modo que los que estamos aquí debemos proclamar la paz. 1 Corintios 1:21 dice que Dios «tuvo a bien salvar, mediante la locura de la predicación, a los que creen». Esto se convierte en algo muy personal, porque el plan de Dios para un mundo cambiante es siempre cambiar a las personas. Nadie puede ser parte de la solución si es todavía parte del problema.

Aludí entonces a tres versículos en Efesios 2.

»Primero, *Cristo es nuestra paz;* él ha derribado el muro de enemistad que nos separaba. Segundo, *hizo la paz,* para reconciliarnos con Dios mediante la cruz y dar así muerte a la enemistad. Tercero, Jesús vino y *proclamó paz.* Hay algo muy fructuoso en el hecho mismo de proclamarla, porque demuestra fe, y Dios honra la fe. Para quienes digan que tal cosa suena demasiado espiritual para un problema tan concreto, les pregunto: ¿Le hemos dado en verdad una oportunidad a Cristo? ¿Es o no es Dios él?

Mientras los hombres se movían incómodos en sus sillas, respiré profundo, y continué:

»Este problema de la paz se divide en tres puntos. Primero, paz en nuestro corazón. Dios no podrá nunca traer paz al mundo a través de personas que no tengan paz en sus propios corazones. Segundo, paz en nuestro hogar. Cada miembro de la familia debe comprometerse firmemente a decir: «¡No habremos de pelear!»; es decir, no pelearemos unos con otros en casa, no pelearemos con los vecinos, no pelearemos con los amigos, no pelearemos con los compañeros de trabajo o de estudio, ni con nadie. El fundamento misma de nuestra vida y comportamiento es la paz que Dios no ha dado, y de esa paz parten nuestras acciones. Nuestros hogares, por lo tanto, han de ser hogares de paz. Y el número de «hogares de paz» habrá de determinar cuán cerca de la paz está el Líbano.

»Permítanme hacer énfasis en este punto. Necesitamos crear un movimiento: cada «hogar de paz» habrá de ser reconocido. Esto implica que será un albergue donde todos serán bienvenidos para hallar refugio, y por tanto deberá ser fácil de reconocer. Tal vez se pueda lograr por medio de una calcomanía o algún símbolo en la puerta, o de otra cosa según el valor con el que contemos. Cada «hogar de paz» podría tener folletos publicados por la Sociedad Bíblica, referentes al tema de la paz, y financiados por Puertas Abiertas.

»El tercer punto es la paz en nuestra comunidad, en nuestras iglesias, en nuestros círculos de influencia. Se dice que sabrán que somos cristianos por nuestro amor. Y este movimiento de paz habrá de demostrar ese amor dondequiera que vayamos.

»Finalmente, la tercera pregunta. ¿Cuáles son nuestros recursos? Nuestros recursos son la gente. En otras palabras, todos aquellos que digan: «¡suficiente!»; aquellos que se sienten descorazonados; aquellos que esperan que Dios obre un milagro; aquellos que creen que no hay solución humana, ni política ni militar. Todas estas personas —y esto nos incluye a todos en este salón— son nuestros recursos.

»En conclusión, opino que esto no es más que un método para traer la paz al Líbano. Aun no se ha probado. Pero debemos darle una oportunidad a Dios, y debe estar abierta para todos los que aman a Jesucristo y que, por ese mero hecho, están lo suficientemente motivados para hacer sacrificios y arriesgar algo en pos de la paz. Que el Señor los bendiga cuando examinen en oración este plan de paz, y les pido que me pongan al tanto de lo que Dios les indique».

Después de decir esto, tomé asiento y esperé. Hubo un largo silencio, y al cabo de un rato un pastor dijo vacilante:

—Hermano Andrés, me gustaría creer que sí podemos hacer algo. Como usted sabe, las condiciones son terribles. Además, somos tan pocos; solo dele una mirada a este salón. No somos más de 25 ó 30.

—Precisamente por eso puse los recursos al final —le contesté—. Si empezamos con los recursos, nuestras metas serán muy pequeñas. Pero si nuestra visión es el corazón de Dios, él puede multiplicar nuestros recursos.

Pedro tomó la palabra:

—Hermano Andrés, ¿podría hablarnos un poco más del concepto de «hogar de paz» que tiene usted en mente?

Me agradó ver que mi amigo comprendía la importancia del asunto.

—Propongo que cada hogar cristiano se convierta en un hogar de refugio. Si hablamos de la paz en una conferencia, pero no involucramos a nuestros hogares, esto indica que nuestro corazón no está involucrado, y por tanto no llegamos a ninguna parte. Tal es el principio de todo cambio —capturar el corazón y la imaginación.

—Entonces, ¿por dónde comenzamos? —preguntó Felipe.

—Pienso que podemos empezar con nuestras propias congregaciones. Predicándoles —podríamos empezar con el pasaje de Efesios 2— y animar a cada familia de la iglesia a que haga de su casa un hogar de paz. Si esto funciona, se puede convertir en un movimiento. Si suficientes familias convierten su hogar en un hogar de refugio, la idea se puede propagar.

Yo me ofrecí para proveer la publicidad:

—Es necesaria, aunque no sea sino para ayudarles a que no se sientan tan solos. La iglesia del mundo de occidente necesita orar por este esfuerzo. Necesitamos también recaudar fondos, y hay una gran cantidad de libaneses en América que podrían ser donantes potenciales. Recuerden que el mundo percibe a los libaneses como belicosos y conflictivos. Yo quiero que sepan que existe un movimiento cristiano de paz que no es —y enfaticé la palabra *no*— motivado por la política. No será un partido político más en medio de tantos otros en el Líbano, y por lo tanto los cristianos del mundo se podrán identificar con nosotros.

La discusión continuó a lo largo de la mañana, hasta que los asistentes empezaron a levantarse para marcharse a otros compromisos.

—Gracias por presentarnos esto —me dijo uno de los pastores.

—Sí —añadió otro—. Nos ha dado mucho en qué pensar.

Pero nadie dijo: «Reunámonos de nuevo. Comprometámonos a seguir adelante con esto».

Los hombres partieron, cada uno a sus propia congregación. *Señor, ¿Sí producirá algún fruto este esfuerzo?*, oré. O, ¿no será, a fin de cuentas, más que una labor ingenua e inútil?

8

¡Es un desastre!

Beirut, agosto del 1989

El combate comenzó antes del atardecer de aquel día, y Lucien guió rápidamente a su familia al sótano de la casa. Una vez allí, en el búnker, eligieron una película y la insertaron en la video-casetera. Aunque todavía tenían electricidad, el generador de energía estaba a mano, listo para la inevitable interrupción del servicio.

—Esta noche vamos a ver *El Escondite* —dijo Huguette, la esposa de Lucien.

—Una película bastante apropiada para este momento —comentó Martín, su hijo.

—¿Tienen hambre? —preguntó Lucien.

Siguiendo las instrucciones de Huguette, subió a la cocina por frutas, pan árabe, humus y una ensalada que había preparado temprano. Mientras buscaba en la nevera, sonó el teléfono, y se dirigió entonces al otro lado del vestíbulo de mármol, a la mesa junto al pilar a la entrada de la espaciosa sala, donde también se celebraban los cultos de la iglesia que Lucien pastoreaba.

—Hola —nunca escuchó quién llamaba. En verdad, nunca escuchó la explosión que lo levantó por los aires, para luego enterrarlo bajo una pila de escombros. Como si se tra-

tara de una película de cine mudo, Lucien vio que su esposa
se acercaba y le tomaba los signos vitales, y enseguida notó
algo a través del humo y el polvo. Huguette pasó por encima
de él, agarró el calentador de gas portátil y lo arrojó por la
ventana. Solo entonces, más allá de donde ella estaba,
Lucien pudo advertir que un mortero había destruido totalmente la sala de la casa.

Después de quitarle los escombros de encima, Huguette
le colocó una compresa en su cabeza para detener la hemorragia, a la vez que sus dos hijos lo ayudaron a ponerse de pie,
y entre los tres lo arrastraron hasta la puerta que conducía al
sótano para bajarlo cargado a la seguridad de la habitación.

Allí, en la oscuridad, *El Escondite* avanzaba, pero Lucien
no oía nada. Se volvió a su esposa y vio que sus labios se
movían. Horrorizado, comprendió que la explosión lo había
dejado sordo.

Lárnaca, Chipre, septiembre de 1989

El trasbordador que generalmente me llevaba al Líbano
flotaba ociosamente en el puerto. No se veía nada de la habi-
tual actividad, los poderosos reflectores, los carros que se
embarcaban. ni las multitudes de pasajeros que esperaban en
el muelle. Un anuncio en la ventanilla del expendio de boletos indicaba que no habría servicio de trasbordador hasta
nuevo aviso.

El tráfico aéreo a Beirut había sido bastante peligroso e
inconstante durante los últimos años. Para desplazarme hasta
allá con mayor facilidad, tomaba un avión hasta Chipre, y de
allí viajaba en el trasbordador nocturno los 160 kilómetros
que separaban los dos países. Sin embargo, el viaje en trasbordador también tenía sus propios riesgos desde que Israel
había desviado uno a Haifa en 1984 y había detenido a algunos
pasajeros.[1]

Golpeé la ventanilla del expendio de boletos para llamar la atención de un hombre que trabajaba en uno de los cuartos de atrás. Aproximándose a la ventana, la abrió y me dijo:

—No hay trasbordador esta noche.

Sonriendo, le contesté:

—Sí, lo sé. Pero, ¿sabe usted si hay otra manera de llegar a Beirut?

El hombre señaló detrás de él.

—Intente con aquellos botes —quizá alguno vaya a llevar a unas cuantas personas a Yunie.

Yunie era una bahía pequeña al norte de Beirut, en el sector cristiano. Efectivamente, tres muelles más abajo, se encontraba un hombre subiendo pasajeros a una lancha rápida grande. Saqué de mi bolsillo un rollo de dinero americano y le pagué $150 dólares al capitán antes de abordar. Un grupo diverso de unas 30 personas estaba sentado en la cabina interior de la embarcación.

Un hombre de negocios, vestido de pantalones, camisa y gabán, jugueteaba impacientemente con su portafolios. Una mujer libanesa, con su cabello cubierto con un pañuelo, aferraba nerviosamente la mano de su esposo. Un joven de bluyines y camiseta gruesa tiró su morral en un rincón de la cabina, y volvió su mirada hacia el oriente, anticipando su próxima aventura.

Una hora después de la puesta del sol, el capitán encendió los motores y nos apartamos del muelle. A mis espaldas se alejaban las luces de Lárnaca, y las reemplazaba la silueta de Chipre. Al frente no había más que oscuridad. La lancha surcaba sobre la grandes olas de casi dos metros, y podía sentir la espuma que salpicaba la proa. Al cabo de un rato, el hombre de negocios corrió a la letrina para aliviar las náuseas que sentía.

Ya nos encontrábamos a unos 15 kilómetros de nuestro

destino, cuando el capitán de la lancha apagó las luces, dejando solo la tenue luz verde del panel de instrumentos. Y fue entonces vi las luces que titilaban a la distancia.

—Parece que se avecina una tormenta —murmuró el hombre de negocios.

—Es artillería —replicó el capitán—. Están combatiendo fuertemente esta noche.

Con fascinación nefasta observábamos cómo los fogonazos de la artillería encendían el cielo de Beirut, perfilando los edificios contra el horizonte. El capitán habló de nuevo:

—Vamos a atracar en Yunie.

Anteriormente Yunie era una tranquila aldea de pescadores, pero que desde 1975 se había convertido en toda una ciudad, desarrollada por los cristianos que escapaban de los combates de Beirut, apenas unos pocos kilómetros al sur.

—Asegúrense de recoger todos sus artículos personales. Necesito abordar pasajeros y partir lo más pronto posible. No tenía necesidad de aclarar que sentía que arriesgaba su vida cada vez que hacia la jornada.

La lancha solo empezó a disminuir su velocidad cuando la silueta del muelle le fue visible exactamente en frente. El capitán apagó los motores y deslizó en silencio la nave hasta que esta se topó con las gomas que colgaban del muelle. Tan pronto como ataron la soga a una de las pilastras, el joven de bluyines agarró su morral, saltó al muelle y partió. Yo busqué entre las sombras, y a lo lejos me pareció reconocer la figura de mi amigo. Lo saludé con la mano, y él me devolvió el saludo. Tomé entonces mi valija y salté de la lancha mientras esta se mecía en el agua. Lucien se acercó y me dio un apretado abrazo.

La sacudida de una explosión nos estremeció. Parecía provenir de unas pocas cuadras de distancia, y la seguía la rápida pulsación del fuego de ametralladoras. Acelerando el motor de la lancha, el capitán hizo un llamado, y varias personas saltaron a bordo antes de que esta se apartara del muelle, diera una vuelta cerrada y se perdiera en la noche.

Lucien me haló del brazo, apresurándome hacia su coche que estaba estacionado al final del pequeño puerto. Las llantas chirriaron cuando salimos al callejón y nos encaminamos hacia el norte, alejándonos de la batalla.

Manejamos a través de una serie de calles estrechas, hasta que llegamos a una de las zigzaguenates carreteras que subían hacia el Monte Líbano. Yo solo aguantaba la respiración mientras Lucien manejaba.

Finalmente, pude exhalar con alivio cuando pasamos la gigantesca estatua de la Virgen María en Harisa.

—Vamos a tomar el camino largo a casa —explicó Lucien con su acento francés—. Así evitaremos Beirut y, con suerte, toda la batalla.

No pude dejar de escuchar las palabras *con suerte*. Pero Lucien estiró su brazo y, tocándome la mano, dijo:

—No te preocupes. Conozco muy bien estos caminos. Vamos a estar bien.

Tuvimos que detenernos en tres retenes distintos pero, en cada caso, después de una breve revisión de los documentos de Lucien y mi pasaporte, se nos permitía el paso.

Finalmente, hablé:

—Me alegra mucho que hayas venido. ¿Cómo supiste dónde encontrarme?

—Yo también he viajado en ese barco —contestó—. Esta mañana averigüé y me enteré que el trasbordador no estaba funcionando, así que supuse que podría encontrarte en Yunie.

¿Cuántas personas estarían dispuestas a desafiar artillería pesada y fuego de metralletas para recogerme en medio de la noche? Mi estimado amigo había sufrido mucho a raíz de la guerra. Su tienda de relojes se había ido a la quiebra después de ser destruida en 1976, y Lucien, que además era pastor, vivía de ese negocio. Sintiendo que tenía que llevar a su esposa e hijos a un sitio seguro, empacaron las cosas y viajaron en carro hasta Suiza, pasando por Siria, Turquía, Grecia, Yugoslavia y el norte de Italia. Y a pesar de la oferta de un buen trabajo y la seguridad de la familia, tanto Huguette como él no sentían haber procedido debidamente al escapar. Cuatro meses más después estaban de regreso en Beirut.

En aquel momento se le pidió que asumiera el liderazgo de la Sociedad Bíblica del Líbano.

Desde el estallido de la guerra civil, Lucien y su familia se habían mudado ocho veces. En cuatro ocasiones habían perdido la casa debido a las bombas o a los refugiados. Aquellos eran tiempos de desesperación extrema, y en algunas partes del Líbano, si una familia se marchaba de casa incluso por medio día, cuando regresaba la encontraba ocupada, y no había nada que los dueños pudieran hacer al respecto. En una oportunidad, el dueño del edificio en el que vivían decidió emigrar a Australia y vendió el edificio. El nuevo dueño rápidamente desalojó a todos los inquilinos. Cuando Lucien rehusó marcharse, el dueño demolió el edificio alrededor de su apartamento.

Finalmente, Lucien pudo construir su nuevo hogar en un terreno de la familia en las montañas, convencido de que estarían fuera del alcance de los combates. Después de mudarse a su nueva casa, decidió comenzar una iglesia, y se congregaban en la sala. Pero muy pronto el conflicto arreció, acercándose a su residencia cada vez más. Cinco veces fue impactada por la artillería, siendo la última tan solo un mes antes, cuando resultó lesionado.

Dado todo lo que había tenido que soportar, me preguntaba cómo reaccionaba Lucien a tanta presión. Cuando alcanzamos la cima, y justo antes de empezar el descenso hacia el Valle de Bekaa, dimos vuelta al sur, pasando por los cañones y barrancos que separaban las comunidades situadas en las laderas de la montaña.

La tensión de nuestra afanosa salida del puerto había pasado, y me sentía ahora con la libertad de preguntarle a Lucien cómo iba en su recuperación del último ataque a su casa.

—Durante una semana no podía oír nada —respondió—. Pensé que había perdido mi oído permanentemente, pero, gracias a Dios, ya está bien. No obstante, todo esto se vuelve tedioso.

Hizo una pausa, suspiró profundo, y añadió:

—Andrés, no creo que pueda seguir exponiendo a mi familia a todo esto.

Sentí que mi amigo necesitaba hablar, y le animé a que lo hiciera:

—¿Adónde te irías?

—Podríamos tomar el mismo barco en el que llegaste esta noche. La casa matriz quiere que nos mudemos a Chipre —se refería a las oficinas de la Sociedad Bíblica Unida en Inglaterra—.

Consideran que Chipre es más seguro, y nos pueden proporcionar mejores instalaciones. Además, la libra libanesa ha colapsado, de modo que económicamente sería más ventajoso.

—Pero, ¿tienes dudas al respecto?

—De cierta manera siento que el ministerio lo tenemos aquí, en medio de la gente a quien ayudamos.

Sabía que había más, y por tanto seguí escudriñándolo.

—¿Algo más te molesta?

Mi amigo guardó silencio por un instante antes de añadir:

—Da la sensación de que esta guerra nunca va a a terminar. Ya son 14 años. ¿Sabes que unos 100.000 cristianos han muerto en esta guerra? Pero la iglesia de Occidente permanece callada. ¡A nadie parece importarle! Por supuesto, tal número es muy impersonal. Lo más difícil es el desgaste emocional que sufres como pastor. Este año he tenido que enterrar a dos hombres de mi congregación. Uno de ellos fue quien instaló el piso de mármol en la sala de mi casa. El otro fue pulverizado por una explosión. Lo «enterramos» en un ataúd vacío.

Las lágrimas se asomaron a mis ojos, pues sentía algo del dolor de Lucien.

—¿Y cómo sobrelleva esto tu congregación? —le pregunté.

Después de otro largo suspiro, respondió:

—¿Qué más podemos hacer? Nos necesitamos los unos a los otros. Pero muchos, como yo, nos preguntamos por qué deberíamos quedarnos. Si no queda ya esperanza . . . —su voz se quebrantó.

—¿Todavía se reúne la iglesia en tu casa?

Meneando la cabeza, dijo:

—No podemos. Vas a ver por qué. ¡Es un desastre!

El combate de la noche había cesado cuando llegamos a casa de Lucien. La sala estaba tapada, y no la podía ver en la oscuridad. Eran casi las 3 de la madrugada, y había tenido un día muy largo; y a pesar de ello, cuando finalmente me acosté en la alcoba de huéspedes, no podía conciliar el sueño.

Yo venía concretamente a brindar apoyo a personas como Lucien, hombres y mujeres que ministraban a otros y dirigían la iglesia en medio de este conflicto. Pero ellos no eran superhéroes. Eran gente sencilla, afrontando situaciones sencillamente espantosas. Todos tenían familias que mantener, y por eso era más que justo que se agotaran de la lucha interminable. Cuando se presentaba la oportunidad de emigrar a Europa o Australia o a Norteamérica, no se podían resistir. Yo entendía el deseo natural de querer escapar a partes más seguras, pero también creía que una iglesia radiante, el cuerpo vivo de Cristo, tenía que estar presente en medio del sufrimiento. Jesús dijo ser la luz del mundo, y que su gente es la luz del mundo. Ambas declaraciones son ciertas. Las personas en quienes Cristo vive proveen esperanza en medio del conflicto. Pero, ¿cómo pueden ser luz, si pierden la esperanza? ¿Cómo podrían ser luz en el Líbano si escaparan, dejando solo oscuridad?

9

Estar aquí con nosotros es la mejor
manera de animarnos

Beirut, 1989

La niebla de la mañana empezaba a disiparse sobre la ciudad. Me encontraba en el balcón de la casa de Lucien, asegurándome de no tocar la baranda retorcida que se tambaleaba en el borde. Aun no se divisaba el Mar Mediterráneo, pero abajo en la montaña podía ver espirales de humo que salían de dos edificios destruidos en el combate de la noche anterior. A mis espaldas, como bostezando, estaba el boquete de la sala. Las puertas estilo francés habían volado en la explosión, y unas hojas de madera, que yo acababa de mover, las reemplazaban. Las paredes de piedra de la casa y las de los edificios aledaños mostraban las huellas y los agujeros que dejaban las ráfagas de las ametralladoras. A mi lado estaban los restos de un sillón color naranja, con las perforaciones por las que la explosión le había sacado el relleno. Con mi mano traté de averiguar si todavía se sostenía.

—Te puedes sentar en él si quieres —la voz de Lucien me sobresaltó.

Señalando hacia la casa, le pregunté:

—¿Dónde estabas cuando explotó la bomba?

Con un gesto de su cabeza me indicó que le siguiera. La

sala era un desastre. Ya habían removido la mayoría de los escombros, lo cual dejaba a la vista los hoyos en el piso de mármol, y las brechas de las paredes causadas por los fragmentos de la bomba. Los sofás y los sillones parecían haber sido desgarrados por gatos con uñas extremadamente afiladas. Los cuadros y los portarretratos, con los vidrios quebrados, estaban recostados en la pared.

Deteniéndose junto a la columna al otro lado de la habitación, Lucien dijo:

—Yo estaba detrás de esta columna, y eso fue lo que me salvó la vida —y dándose vuelta, continuó:

—Todos los vidrios explotaron. ¿Ves este calentador de gas? —dijo, mientras señalaba un hueco en el calentador metálico junto a mis pies—. Mi esposa percibió olor del gas y lo arrojó por la ventana.

—Me asombra que nadie más haya quedado herido.

—El sótano está rodeado de roca. La casa se construyó en lo que antes era una cantera, y por eso es muy seguro. Los demás estaban abajo mirando *El Escondite*.

—¡Así que Corrie Ten Boom ha salvado a otra familia!

La ironía hizo sonreír a Lucien. Regresamos al balcón, y en el camino sentía el crujir de los diminutos pedazos de mármol y estuco de las paredes bajo mis zapatos. La niebla se había disipado por completo, y ahora el intenso azul del cielo y la espectacular vista del Mediterráneo parecían burlarse de la destrucción que nos rodeaba.

Poniendo mi brazo sobre los hombros de mi amigo, le pregunté:

—¿Puedo orar por ti?

Él asintió. En silencio, le pedí a Dios que le diera a mi amigo la fortaleza para seguir adelante en medio de esta guerra. Oré por los recursos necesarios para reconstruir su casa, por protección para su familia y por la labor de la Sociedad Bíblica.

—Señor, tú sabes que las únicas respuestas están en tu Palabra. Permite que este ministerio continúe por medio de Lucien, tu siervo fiel.

Dijimos «Amén» al unísono. Entonces me vino una imagen a la mente.

—¿Conoces la ilustración de la araña y la telaraña? Cuando la telaraña se echa a perder o se arruina, la araña enseguida comienza a construir una nueva. Siempre. Si algo destruye nuestras sociedades, nuestras vidas, nuestros trabajos, enseguida debemos comenzar a reconstruir, a dejarlos como nuevos, como si no esperásemos que lo destruyeran de nuevo. —Lucien no pudo evitar un gesto de sorpresa—. Y si lo atacan de nuevo, Dios dará la gracia necesaria para volverlo a hacer... «...una y *otra vez y otra vez* », pensé, predicándome a mí mismo.

—Sabes, cuando empezó la guerra, la gente dejó de venir a vernos —dijo Lucien, su mirada fija en el horizonte—. Pero tú has venido. Y el estar aquí con nosotros es la mejor manera de animarnos.

Los combates se reanudaron temprano aquella tarde. Aunque parte de mí quería correr a la seguridad del sótano, me quedé arriba observando dos grandes morteros que escupían llamas y humo azul desde un punto camuflado en la espesura abajo en la montaña. De pronto, un proyectil cayó en el bosque a unos 300 metros frente a la casa, y Lucien dijo que era mejor bajar al sótano. Cuando lo hacíamos, comentó:

—¿Sabes cómo se llamaba al primer ministro de defensa del Líbano? Su inglés era bastante limitado. Se llamaba a sí mismo «el Ministro Pum Pum».

—Muy apropiado —asentí con tristeza, mientras escuchábamos el estruendo sordo de otra descarga de artillería.

Huguette estaba preocupada por Martín, su hijo de 17 años, y su amigo Matthieu, que se habían ido en el carro a hacer algunos mandados y aún no regresaban. Otros vecinos se habían reunido también en el sótano, incluyendo a una pareja de Armenia, sus dos hijas y dos hermanas, provenientes de Sri Lanka. Escuchamos el noticiero de las 3 de la tarde, y nos enteramos que los combates del día anterior habían dejado un saldo de veinte personas muertas y ciento treinta heridas. El otro punto de interés era que el General Aoun, uno de los líderes maronitas, ofrecía reunirse con Walid Jumblatt, el líder de los drusos, para discutir los términos de un acuerdo para el Líbano del futuro.

Cada vez que había una tregua de diez minutos o más, subíamos a examinar la situación. Lucien me enseñó a distinguir entre el sonido del fuego que salía y del que entraba. Por supuesto, se me recordaba que el más peligroso de los sonidos era el que no se oía —no había ningún aviso que alertara del misil que venía dirigido directamente hacia uno.

El rostro de Lucien se iluminó cuando Martín regresó a casa sano y salvo. Saludé al hijo que había crecido unos cuantos centímetros en el año que había pasado desde mi última visita. Lucien llamó al otro muchacho y me dijo:

—¡Quiero presentarte a Matthieu! —El jovencito estrechó mi mano, y procedió a abrazar a Lucien como si fuera su propio padre—. Hermano Andrés, este es también mi hijo.

Unas explosiones cercanas nos urgieron a regresar al sótano. Me sentía como un yo-yo, subiendo y bajando las escaleras, a merced de unas milicias que ni siquiera podíamos ver. Allí, nos sentamos en cajas de madera y en sillas, y Martín y Matthieu se sentaron en el suelo y se recostaron contra la pared de roca. Observé a Matthieu mientras descansaba, y pensé que bien podría ser hermano de Martín. Era un adolescente alto y delgado, y tenía los brazos cruzados y los ojos cerrados. Su rostro estaba endurecido, como si hubiera sufrido mucho más de lo que su corta edad permitiera.

Lucien notó que yo miraba al joven.

—Lo adoptamos hace cuatro meses —dijo—. No tiene familia. Lo aprehendieron en la calle y lo obligaron a prestar servicio en una milicia cuando tenía apenas 11 años.

En mis años de viaje al Líbano no podía dejar de notar que las edades de los combatientes palestinos y libaneses se reducían. No era nada inusitado ver niños de diez, once y doce años, con el hombro caído bajo el peso de los rifles M-16 y las granadas colgando de su cinturón, ejerciendo autoridad sobre cualquier persona mayor que ellos que se atreviera a penetrar al territorio ocupado por sus milicias. Me preguntaba qué sería del futuro de estos niños y de su fracturada nación.

—Su vida era un infierno —explicó Lucien, como si leyera mis pensamientos—. Pero los muchachos están atrapados. No se atreven a escapar una vez que caen en las garras de una de estas milicias. Por eso cuando Matthieu abandonó su unidad, fue arrestado por deserción y enviado a prisión. Pero alguien en nuestra iglesia se enteró y comenzamos a orar por él. Fue milagrosamente puesto en libertad al cabo de unos pocos meses y entonces lo recibimos aquí.

La voz de Lucien se entrecortó por un instante, y me di cuenta de que se hallaba tan orgulloso de este muchacho como lo estaba del suyo propio.

Al atardecer, el combate se había recrudecido y diez de nosotros nos encontrábamos prácticamente atrapados en la vieja cantera que ahora era el sótano de la casa. Lucien, Martín y Matthieu trajeron guitarras, y durante una hora cantamos himnos y oramos por el Líbano. Luego, Lucien me preguntó si yo quería predicar. Muy rara vez dejo pasar la oportunidad de exponer las Escrituras. Esta diminuta y apretujada congregación me era tan preciosa como cualquiera otra en una catedral o en una mega-iglesia.

Abrí mi Biblia, y susurré una oración: *Señor, dame un mensaje para este pueblo valiente.*

Leí en Juan 21:

«¡Es el Señor!» —Comencé, refiriéndome al versículo 7—. Han pasado varias semanas desde la crucifixión y la resurrección. Los discípulos están abatidos. Se sienten como si lo hubieran perdido todo. No han visto a Jesús por muchos días. Carecen de una rutina en sus vidas, no saben qué pueden hacer. Jesús les ha ordenado que vayan al mundo, pero, ¿adónde? ¿Y qué mensaje pueden llevar? ¿Qué órdenes llevan? Ya no tienen dinero porque el tesorero se suicidó. Entonces Pedro les dice: «Vamos a pescar». Desdichadamente, los demás no le respondieron «¡No, Pedro, oremos por el futuro!». Por el contrario, lo siguieron y se pasaron toda la *noche* en un mar lleno de peces y no pescaron *nada*.

»¡Qué palabra más trágica! No pescaron *nada*. Toda la noche. Nada.

Los dos jóvenes esbozaron una sonrisa. Podemos dedicarnos a un sinfín de actividades aparte del consejo de Cristo. Podemos ser bonachones, mantenernos ocupados, hacer un millón de cosas; pero si hacemos lo que queremos, en vez de seguir a Cristo, las lápidas de nuestras sepulturas dirán: «Toda la noche. Nada.»

—El momento decisivo para los pescadores llegó cuando un presunto desconocido se apareció en la playa, y les dijo:
—¿Han pescado algo?

Y ellos replicaron:
—¡No!

Estaban tan apesadumbrados, que ni siquiera podían responder:
—¡No *señor*!

Estaban hartos de sí mismos y de todo.

—¡Qué gruñones podemos ser cuando las cosas no nos salen como queremos! El desconocido veía los peces que los discípulos no podían ver. Cuando, bajo Su dirección, tiraron la red del otro lado, ocurrió un milagro —Dios les entregó los peces— más de los que la red podía aguantar. Entonces el discípulo a quien Jesús amaba dijo: «¡Es el Señor!»

Así, sencillamente, le hablaba yo a mi pequeño rebaño, y ellos escuchaban con mucha atención, identificándose con las circunstancias y las batallas de los discípulos.

El señorío de Cristo. Es el llamado a una vida fructífera. Cuando los discípulos llegan a un sitio, tienen frío, hambre, se sienten cansados y solos. Pero Jesús es el Señor de sus necesidades. Hay brasas y un desayuno caliente aguardándoles. Jesús los provee de calor, descanso y alimento y les da de sí mismo. Es conmovedor ver que el Dios Todopoderoso se haya levantado temprano aquella mañana para prepararle el desayuno a ese grupo de decepcionados amigos. Él era el Señor de sus necesidades. Y aquel era un sutil recordatorio para ellos y para nosotros hoy en día. Él es el Señor de nuestras necesidades. Exactamente lo que tú necesitas es lo que Jesús te proporciona. La gente del Líbano tiene necesidades enormes, pero tú les puedes enseñar que el Señor habrá de satisfacerlas.

Los dos días siguientes fueron bastante atareados. Lucien y yo salíamos temprano en la mañana a visitar a los pastores y a darles ánimo. El amanecer del tercer día fue espléndido, de aquellos que me recordaban por qué el Líbano era la joya del Mediterráneo. Les dije a Lucien y a Huguette que iba a dar un paseo y, sin pensarlo, agarré la cámara esperando captar una imagen panorámica de Beirut y el Mar Mediterráneo. Tomé el camino que conducía a la montaña, manteniéndome lo más alejado posible para evitar los carros que se dirigían a Beirut. Al cabo de unos 400 metros me interné por un camino sin pavimentar y continué mi caminata hacia un claro con una vista magnífica. Allí, alcé mi cámara y tomé una foto de Yunie, hermosamente enmarcada entre dos árboles.

Luego me volví hacia el sur. La costa estaba muy despejada, y podía divisar el Parque Costero y la Universidad Americana de Beirut. Estaba a punto de tomar otra foto, cuando súbitamente dos soldados me abordaron, y uno de ellos me quitó la cámara mientras su compañero me agarró del brazo y me dijo:

—Por favor, acompáñenos.

Caminando junto a ellos por el camino sin pavimentar, alcancé a distinguir una trinchera, evidentemente controlada por una milicia. Esto no podía ser nada bueno.

Entramos a una cobertizo y me ordenaron sentarme en una silla de metal, mientras uno de los soldados se sentó frente a mí en un escritorio metálico. El otro soldado se quedó en la puerta haciendo guardia. El hombre del escritorio me miró fríamente, sosteniendo la cámara en sus manos.

—¿Por qué está usted tomando fotos? —reclamó.

—Es una hermosa mañana, y estaba tomando fotos de Beirut y del mar.

—Está prohibido —dijo, y enseguida abrió la cámara y sacó el rollo. Con la cámara aún en sus manos, preguntó:

—¿Qué hace usted aquí en la montaña?

—Estoy en casa de unos amigos.

—¿Quiénes son ellos?

—Lucien. Él y su familia viven muy cerca de aquí.

—¿Cuánto lleva con ellos?

—Llegué hace cuatro días.

—¿De dónde?

—Vivo en Holanda.

Los soldados hablaron un momento en árabe, y entonces el del escritorio dijo:

—Venga conmigo.

Nos subimos a un jeep, y empezamos a bajar la montaña camino a Beirut, hasta que llegamos a lo que parecía ser un cuartel general. Allí me puse en manos de otro interrogador, quien me preguntó dónde me estaba hospedando y qué hacía en el Líbano.

—Estoy visitando a líderes de iglesias.

El hombre pareció confundirse.

—¿Cuáles iglesias?

—Trabajo con la Sociedad Bíblica del Líbano, que a su vez trabaja con muchas iglesias.

—¿Dónde queda esa Sociedad Bíblica?

Cuando le expliqué dónde estaba, consultó algo en árabe con un colega. Me preocupó entonces que este hombre quisiera saber con quiénes me había reunido, pues no sabía con certeza a qué facción pertenecían estos soldados. *Señor, protégeme, por favor. Permite que pueda contestar honestamente a cada una de sus preguntas, pero que solo hagan preguntas que pueda responder sin poner en riesgo a las personas con quienes trabajo.* No era una oración muy coherente, pero una sensación de paz me cobijó.

—¿Ha estado antes aquí?

—Sí, viajo a Beirut dos veces al año.

—¿Solo a Beirut?

—No, señor. Viajo a otras ciudades. Hablo en distintas iglesias, y visito a obreros cristianos. Trato de ir a cualquier parte en donde haya cristianos para darles ánimo.

—Dígame a qué sitios ha viajado.

Le nombré varios sitios a donde había ido en viajes recientes, incluyendo Hammana. Cuando mencioné a Hammana, mi interlocutor levantó la vista de los papeles que tenía frente a él y dejó de escribir.

—¿Adónde fue usted en Hammana? —preguntó.

—Fui al hospital Hamlin.

—¿Por qué?

—Conozco a una enfermera holandesa que trabaja en ese

lugar —dije, y mencioné su nombre—. Quería traerle saludos de Holanda y animarla.

—¡La conozco! —dijo el hombre—. ¿A quién más conoce en el hospital?

Nombré a un médico.

—Lo conozco también. —Puso entonces el bolígrafo sobre el escritorio, y se recostó en la silla—. Yo soy de Hammana.

Enseguida llamó a un soldado y le ordenó que nos trajera café.

Mientras disfrutábamos el espeso café árabe, di un suspiro de alivio. Aunque jamás ofrecía información voluntariamente, había tomado la decisión de no mentir cuando se me hicieran preguntas directas. Y esta ocasión me confirmaba la sabiduría de esa política. Pero ¿qué me indujo a nombrar Hammana entre todos los sitios en los que había estado? ¡La única respuesta posible era que Dios estaba a cargo!

Después de terminar el café, el interrogador se puso de pie, me apretó la mano y me dijo que me podía marchar. Incluso, ordenó a uno de sus soldados que me llevara de regreso a la montaña.

A la mañana siguiente me senté en el balcón en la agujereada silla naranja y oré, preparándome para dejar la casa de Lucien para irme a estar con un pastor en Beirut. Un amigo mutuo me iba a recoger en una hora.

—¡Andrés, tienes que ver esto! —Lucien estaba parado en la puerta, y agitaba un sobre con un cheque.

—¡Es algo increíble, viene de un hermano jordano! Déjame leerte parte de la carta: «El Señor me habló y me dijo que las ganancias que acababa de recibir de un negocio debían ir a mi amigo Lucien para su casa». ¡Hay suficiente para reparar casi o todo el daño de la casa!

Me puse de pie y le di un abrazo.

—Esto nunca me había sucedido —dijo, mientras entrábamos a la casa—. La primera vez que alguien me ha enviado dinero para mi casa es después de que tú has llegado, cuando ya había perdido la esperanza; pero tú has creído en Dios y has orado por mí. ¡Él es en verdad el Señor de nuestras necesidades!

La familia de Lucien se había reunido en el comedor para celebrar la respuesta a esta oración. Mientras los observaba, mi amigo me dio otra palabra de aliento:

—Mi hijo, Matthieu, está aquí, en parte, debido a ti.

Debo haberlo mirado de forma muy extraña, porque le causó risa.

—¿No recuerdas? Hace tres años nos planteaste el reto a los líderes de las iglesias a crear hogares de paz. Pues eso fue lo que hicimos. ¿En qué otra parte hubiera encontrado este buen muchacho paz y amor cristianos, además de la esperanza de una vida productiva?

Al bajar la montaña hacia la zona de guerra que era ahora Beirut, pensaba en todo el sufrimiento del Líbano que me desgarraba el corazón. Después de escuchar los devastadores relatos, y de ver los templos bombardeados y abandonados, no podía hacerme a un lado sin al menos intentar ofrecer una solución. Pensé en amigos como Naji, Pedro y Felipe, quienes pastoreaban bajo severas circunstancias. Eran ellos quienes me habían dado motivos para tratar de ser un catalizador para la paz. Quizá mis esfuerzos no habían logrado mucho pero, hoy, al ver la alegría de Lucien y de Matthieu, me sentí extremadamente agradecido de haber hecho el intento.

10

No tengo ningún poder

Beirut, 1989

—Lucien, ¿qué ha ocurrido? —le pregunté a mi amigo en las oficinas de la Sociedad Bíblica de Beirut—. Aparte de ti, ¿alguien más ha tratado de participar en este plan de paz?

Recostándose en su silla, me miró por encima de sus lentes para leer.

—No muchos —admitió—. Imprimimos los folletos, pero la mayoría de ellos aun están almacenados en la bodega.

—A nadie parece interesarle. ¿Qué es lo que nos detiene?

Lucien se quitó los lentes y se inclinó hacia adelante para tomar un sorbo de café antes de continuar.

—No, a la gente sí le interesa. Pero pienso que el problema radica en nosotros, en la iglesia del Líbano. Si no hay paz entre nosotros mismos, ¿cómo pretendemos ser una luz para la paz de nuestro país? —Suspiró profundo y continuó—. Aun entre nuestro pequeño grupo de evangélicos hay divisiones. Una iglesia enseña que una mujer que no luce el pañuelo en su cabeza no es «nacida de nuevo». En otra, los carismáticos están en conflicto con los que no lo son. Tenemos que luchar para que nuestras propias congregaciones no se dividan a raíz de diferencias en música. Los mayores prefieren los himnos acompañados de un piano, mientras que los más jóvenes quieren cantar coros acompañados de guitarras y baterías. La única razón por la que no nos hemos separado debido a esto es porque nuestros jóvenes demostraron más madurez, y decidieron reducir la cantidad de música «ruidosa» —para beneficio del cuerpo.

Yo entendía este problema porque lo había visto muchas veces. Justo antes de presentar mi plan de paz, fui invitado a predicar en una iglesia bautista en un pueblo al norte de Beirut. Dos mujeres llegaron a la reunión sin el pañuelo en la cabeza, y uno de los ancianos las señaló y me susurró al oído, «a lo mejor no son nacidas de nuevo». En otra ocasión prediqué en una nutrida reunión de carismáticos maronitas, a la que había invitado a algunos amigos evangélicos de mentalidad muy conservadora —en sí algo milagroso. Y aunque disfrutaron la reunión, después me dijeron: «Qué buen culto. Qué lástima que no sean nacidos de nuevo». Obviamente, algunos cristianos se habían dado a la tarea de juzgar los corazones de hombres y mujeres. ¿Cómo podrían personas así ser agentes de paz?

Recordé entonces la reunión que tuve con un pastor nazareno. Me contó que su iglesia había sido destruida, y que la congregación no tenía dónde reunirse.

—¿Qué podemos hacer? —preguntó.

—¿Por qué no los envía a otras iglesias evangélicas?

Mirándome con una expresión de asombro, como si nunca se le hubiera ocurrido, dijo:

—¿Cree usted que debemos hacer eso?

No pude dejar de preguntarme si los muros entre las denominaciones eran tan altos, que ni aun en las situaciones más difíciles podíamos ayudarnos unos a otros.

—¿Por qué no podemos hacer de lado nuestras diferencias teológicas por el bien de la iglesia en general? —le pregunté a Lucien—. Si no hacemos nada, entonces no habrá ninguna esperanza.

—Yo estoy de acuerdo con tu plan. Tú lo sabes. He hecho lo que he podido, pero hay muchos que prefieren no seguirnos.

Cerré mis ojos para tratar de comprender qué significaba esto.

—Yo lucho con esta pregunta: ¿Puede Dios usar a los cristianos para traer la paz, sin que se dejen influenciar por la política? Pienso que sí. Si lo negamos, reconocemos entonces que somos impotentes en manos de cualquier manipulador cruel, ya sea religioso o político. —Me vino una idea a la cabeza—. Lucien, cuando venía de Lárnaca en barco, pensé en las dos milicias que ahora pelean cerca de tu casa. ¿Me dijiste que sus líderes son cristianos?

—Sí, el general Aoun y el Dr. Geagea son maronitas.

—Entonces deberíamos apelar a los dos, con base en su fe mutua.

Lucien se rió para sus adentros.

—Andrés, ¿qué te hace pensar que su fe va más allá de ser algo netamente cultural?

—Sí, lo sé. Pero, ¿qué *podemos hacer*? El patriarca maronita —¿no tiene autoridad? ¿No puede conseguir que estos dos hombres dejen de pelearse?

Para entonces mi amigo sonreía.

—Yo conozco al patriarca. Permíteme concertar una cita.

Las raíces de la iglesia Maronita se remontan a la iglesia de Antioquía, donde a los discípulos se les llamó cristianos por primera vez (Hechos 11:26). Un sacerdote llamado Maron, que murió en 410 d.C., ejerció gran influencia sobre un grupo de estos cristianos. Más adelante, los seguidores de Maron sufrieron persecución y tuvieron que escapar a las montañas del Líbano. Ellos acostumbraban celebrar una liturgia ortodoxa oriental, pero desde la época de las Cruzadas han estado sujetos a la autoridad de la iglesia Católica.

Con la ayuda de los franceses, los maronitas habían mantenido el poder político desde 1920, y más tarde, bajo el Pacto Nacional de 1943, los maronitas siempre habían ocupado la presidencia debido a su supuesta mayoría entre la población. Pero a mediados de la década de los 70, los musulmanes, que ya los superaban en número, exigieron una reforma del sistema. Los maronitas la rehusaron, convirtiéndose, en parte, responsables de la guerra civil. Durante la conflagración se ganaron una reputación de barbarie, dando así una connotación indeseable a la palabra cristiano. Algunos veían esta guerra como una de «los maronitas contra todos los demás».

Los maronitas ahora se peleaban unos con otros. Y me preguntaba, ¿podría yo apelar al líder de esta iglesia para que se obligara a los dos combatientes a buscar una reconciliación?

El patriarcado de la iglesia Maronita estaba en Bkerke, en las faldas de la montaña entre Yunie y la famosa estatua de la Virgen María en Harisa. Hasta el momento, el complejo había sostenido muy pocos daños en los combates. En su interior, los sacerdotes y las secretarias se desplazaban en un tranquilo ajetreo, atendiendo los asuntos de la iglesia. Su Reverencia Mar Nasrallah Boutros Sfeir nos recibió a Lucien y a mí a la entrada del gran salón, un claro recinto de paredes doradas, alfombra oriental roja y sillas tapizadas en rojo colocadas a lo largo de las paredes. Tres grandes candelabros alumbraban el aposento, el que fácilmente acomodaba a un público de cien o más personas. Se sentía extraño sostener una audiencia tan pequeña en un salón de tal tamaño.

Tomamos nuestros asientos al final del salón, el patriarca sentado en su trono, bajo un retrato del Papa Juan Pablo II, y Lucien y yo a su derecha. Un equipo de televisión, que esperaba una entrevista con el patriarca, entró también para filmar unas cuantas secuencias de reserva.

El patriarca era un hombre de corta estatura, calvo y con una barba blanca como la nieve. Vestía una sotana negra, con un cinto de color rojo vivo alrededor de su cintura. Hablaba inglés relativamente bien, y por lo tanto, no hubo necesidad de intérprete; pero su voz era tan baja que me obligaba a hacer un esfuerzo para poder escucharle.

Yo sabía que teníamos el tiempo muy limitado. El hombre parecía ser muy amable, de modo que fui directo al grano, explicándole quién era yo y el trabajo que había realizado a través de los años, primero en los países comunistas y luego en el Medio Oriente. Después de obsequiarle una copia en árabe de *El contrabandista de Dios*, hice un comentario sobre cómo, en mis viajes recientes, veía a muchos jóvenes en el trasbordador a Chipre, quienes me decían que se marchaban del Líbano para siempre.

—Todos quieren irse del Líbano —le conté—. Le decía a muchos de ellos que deberían quedarse o regresar, porque necesitaban reconstruir su país. Supongo que esto también le preocupa a usted. Sé de decenas de miles de la iglesia Maronita que han abandonado el país.

El patriarca Sfeir asintió con la cabeza, y dijo:

—Yo comparto su opinión. Como iglesia, animamos a la gente a que se quede. Pero a muchos no les es posible porque tienen que trabajar, tienen que comer.

Durante los minutos siguientes hablamos del entorno político. Era evidente que este hombre conocía a fondo la situación, pues aludía a resoluciones de las Naciones Unidas y a varios otros grupos que estaban en conflicto con el Líbano. Pero a la vez repetía frases que ya había escuchado en otras partes, de que el verdadero problema eran los de afuera—Siria, Israel y otras naciones que suplían las armas a las milicias.

—Detengan las armas —me dijo—, y se acaba del todo. Sin las armas, tendrán que dejar de pelear.

Como este no era el principal motivo de mi visita, cambié la dirección de la conversación:

—Vengo como un hermano en Cristo, preocupado porque los cristianos se están peleando entre ellos.

El patriarca asintió con la cabeza.

—He propuesto un reto a los pastores que conozco para que se conviertan en agentes de la paz —saqué una copia del plan de paz y se la entregué— Pienso que puede haber un plan de paz para el Líbano, y quiero que usted lo lea. Un buen número de denominaciones, de iglesias y de organizaciones cristianas, como la Sociedad Bíblica, quieren proclamar la paz que Jesucristo vino a darnos, y opino que debemos tomar la iniciativa. Pero, le planteo una pregunta: ¿Cómo puede ser alguien parte de la solución, si todavía es parte del problema? Concretamente, ¿cómo se puede tomar seriamente a los cristianos como pacificadores, cuando continúan peleándose entre ellos? Permítame darle un ejemplo específico: el general Aoun y el Dr. Geagea. Los dos son maronitas, ¿no es así?

El patriarca dio un profundo suspiro y admitió:

—Sí, lo son.

—Mi amigo aquí presente —dije, señalando a Lucien—, está atrapado en medio de sus combates. Hace muy poco su casa fue alcanzada por una de las bombas y estuvo a punto de ser destruida. Mucha gente ha sufrido y muerto a raíz de esa guerra. ¿No podemos hacer algo para detenerla?

El anciano parecía estar sinceramente afectado:

—Sé que es algo muy grave. He pensado incluso en excomulgarlos a los dos. Pero no creo que sirva de nada.

Yo estaba resuelto a insistir sobre este punto:

—Usted es su obispo. Podría citarlos aquí, a este recinto. Podría hacerlos arrodillarse aquí mismo y arrepentirse de su pecado y dejar de pelearse. ¡Sin duda usted tiene la autoridad para hacerlo!

Me detuve y esperé a que respondiera. Pero solo miraba en silencio el tapete rojo. Entonces suspiró de nuevo y dijo:

—Andrés, usted no entiende.

Había tristeza en su mirada cuando levantó sus dos palmas y añadió:

—No tengo ningún poder sobre este asunto. No hay nada que yo pueda hacer.

Lucien y yo nos marchamos del palacio profundamente atribulados. Qué trágico era saber que los cristianos se peleaban entre ellos, y el líder de su denominación no tenía ningún poder para detenerlos. Este país necesitaba gente dispuesta a arriesgar el pellejo y *hacer* algo. Pero yo no estaba dispuesto a aceptar que no hubiera nada que pudiéramos hacer. Con la ayuda de Dios, les íbamos a demostrar a los cristianos que no éramos impotentes.

11

Reunión con un ayatollah

Beirut, 1990

El sueño profundo o apacible era algo muy efímero para el hombre de mediana edad, acostado en un colchón en la estrecha celda del sótano. Al darse vuelta, sintió el tirón de la cadena que ataba su tobillo al radiador, y que le impedía encontrar una posición cómoda. Se puso una mano en la frente, y la sintió sudorosa. El dolor en sus músculos le decía que tenía fiebre.

El ruido del tráfico que se filtraba por las paredes le indicaba el alba de otro día, otro día en cautiverio, otro día en que conductores y peatones en la calle ignoraban que un reconocido rehén languidecía muy cerca de ellos.

El sonido de una llave en la cerradura lo sacó bruscamente de su letargo. Con un rápido movimiento agarró la venda y se la puso sobre los ojos. Una y otra vez sus captores le habían recordado:

—Cúbrase los ojos cuando entremos; de otra manera lo tendremos que matar.

Alcanzaba a ver los zapatos del carcelero que se acercaba.

—¿Tiene hambre? —preguntó una voz. Sin esperar respuesta, colocó un plato y una taza junto al colchón. El desayuno consistía de una taza de té tibio y un pedazo de pan árabe del día anterior, relleno de una tajada de queso.

Cuando el carcelero salió del cuarto y lo cerró con llave, el prisionero se preguntó: *¿Cuánto tiempo llevo ya en esta rutina?* Había perdido la cuenta de los días y las semanas. Calculando, según las estaciones, habrían pasado tres años; y el fin aún no se vislumbraba. Más por hábito que por otra cosa, inclinó su cabeza y oró: «Señor, te doy gracias por el pan y el queso y el té». Se detuvo: ¿En verdad lo creía? ¿Estaba realmente agradecido por su pan diario? De qué manera más digna le había dado gracias a Dios durante sus años de abundancia; ahora solo podía depender de la misericordia de sus captores. Y apoyarse en la gracia de su Dios. Hacía meses que la esperanza se había desvanecido. Pero aun así, él oraba. No tenía otra opción. Si no oraba, perdería la razón.[1]

Viajar a Beirut, desde hacía mucho tiempo, era peligroso. A finales de la década de los ochenta, sin embargo, las advertencias de mis amigos antes de cada viaje iban en aumento: «No es seguro para personas de Occidente. Tú podrías convertirte en el próximo rehén. Deberías esperar hasta que las cosas se calmen». Pero las cosas no se habían calmado por años, y yo, haciendo caso omiso de las advertencias, viajaba una y otra vez al Líbano. No se trataba de un deseo de morir de parte mía. Estaba convencido de que Dios me había llamado a ayudar a mis hermanos que vivían en medio de la guerra, y una de las mejores maneras de hacerlo era *estando* allí con ellos.

Los primeros rehenes fueron capturados en 1984; y una gran parte de estos secuestros habían ocurrido en el occidente de Beirut. Generalmente se llevaban a cabo a través de una emboscada que se le hacía a un extranjero, cuando este se desplazaba solo cerca de su residencia. Los plagios se daban con frecuencia a plena luz del día, debido a que nadie se atrevía a interferir con los secuestradores.

La identidad de los grupos que habían capturado a decenas de ciudadanos estadounidenses, británicos y franceses era habitualmente turbia. A menudo, un grupo llamado Yijad Islámica se reivindicaba estos secuestros, pero nadie parecía saber quiénes eran en realidad. Se llevaban por igual a eruditos, reporteros, hombres de negocios y religiosos. Y aunque hasta el momento no habían capturado a ningún holandés, era ingenuo pensar que yo no podría convertirme en blanco, y por eso me aseguraba de no andar solo en ciertas áreas de la ciudad. Por lo general mis anfitriones me acompañaban a mis citas e invitaciones a predicar.

Obviamente, yo deseaba evitar ser capturado, pero me preocupaba lo que sucedía y me preguntaba cuáles eran los motivos de los secuestradores. ¿Qué esperaban obtener a cambio de estos rehenes? ¿Dinero? ¿Ventajas políticas? ¿Un intercambio de prisioneros? Muchos de los rehenes habían permanecido en cautiverio por varios años, y nadie sabía dónde los escondían. Como si fuera poco, estaba el hecho de que más y más libaneses ahora corrían la misma suerte. Musulmanes chiítas eran prisioneros de Israel en el sur del Líbano, pero la prensa rara vez reportaba al respecto. No eran considerados más que simples víctimas de la interminable guerra civil.

Empecé a preguntarme si debía hacer algo. Pero, ¿qué podría hacer? No conocía personalmente a ningún rehén, pero sí sabía de personas que los conocían y me dolía ver cómo sufrían. Alguien me contó que oraba sin cesar por un amigo que había sido secuestrado hacía más de tres años. «Tenemos muy pocas noticias», me dijo, «pero se dice que no está muy bien. No quiero que muera en ese encierro en el que lo deben tener».

Los líderes de las iglesias de Beirut se sentían impotentes. Si trataban de intervenir, ponían en riesgo sus vidas y, aun peor, la seguridad de sus congregaciones. Pero yo me preguntaba si sería diferente si fuera yo quien lo hiciera. No era de allí, y no era norteamericano ni británico. Quizás yo podría traer un poco de luz a esta oscura situación. El reporte de mi amigo sobre el sufrimiento de un rehén me dio una idea. Posiblemente yo podría ofrecerme a cambio. Mis hijos ya se habían independizado y todos mis asuntos estaban en orden; por eso estaba dispuesto a tomar el lugar de alguien. Y aunque sabía que con esto no resolvería el problema de los plagiados, podría al menos ser un comienzo. Pero, ¿a quién acudiría con esta idea?

La mezquita en el suburbio del sur de Beirut estaba repleta para el culto de oración de aquel viernes. La mayoría de los asistentes eran hombres jóvenes, muchos de ellos de turbante blanco, y se sentaban con las piernas cruzadas sobre los tapetes; una cuantas mujeres de velo negro observaban desde un balcón. En otro balcón más pequeño frente a la concurrencia había un hombre de aspecto distinguido, con turbante negro, túnica plateada y capa negra. Una larga barba plateada muy bien arreglada enmarcaba su cara ovalada. Hablaba por el micrófono sosegadamente, pero con una autoridad que demandaba la total atención del auditorio. Bajo el balcón del orador, respetuosamente plantados, seis hombres de seguridad de barba negra y vestidos a la usanza de Occidente, hacían guardia. De espaldas al orador, sus ojos examinaban el público incesantemente para asegurarse de que nadie intentara hacerle daño a su venerado imán. Todos recordaban el ataque de años atrás, cuando unos hombres armados habían acribillado a tiros el coche del imán. Y aunque había escapado ileso, una bala logró incrustarse en su turbante.

Para muchos en la multitud, este culto era el plato fuerte de la semana. Por varios años el ayatolá Sayyid Mohamad Hussein Fadlala[2] predicaba un mensaje de islamismo revolucionario. Los casetes de sus sermones se vendían por decenas de miles en las calles de Beirut, pues en ellos encontraban expresión los anhelos de los chiítas, quienes durante años rezagaban políticamente a los maronitas y a los sunnitas. Al expresar sus frustraciones, el jeque Fadlala les proporcionaba la inspiración para una nueva fuerza política y militar en el Líbano, el Hezbollah, o «partido de Dios».

Este poderoso clérigo había nacido en Najaf, la ciudad chiíta más sagrada de Irak, donde fue sepultado Alí, el primo y yerno de Mahoma. Alí fue el fundador de una secta del Islam conocida como Chiísmo, y Fadlala se había destacado en este centro de la enseñanza chiíta.[3] Al finalizar su educación, eligió uno de los campos de refugiados palestinos más pobres como su campo de ministerio en Beirut. Y a través de los años, su influencia iba en aumento debido a una combinación de obras sociales —clínicas, clubes para jóvenes y una escuela de estudios islámicos— con su poderosa retórica. Había capturado la imaginación de aquellos jóvenes frustrados, y la había reemplazado con una visión para el Islam —una fe que trascendía el nacionalismo árabe, y que otorgaba una postura nueva al conflicto palestino con Israel como una guerra de repercusiones mundiales—. Para Fadlala y sus miles de seguidores, el conflicto en el que se hallaban involucrados se reducía a una guerra entre el Islam y los infieles.

La visión que tenía Fadlala para el Líbano consistía en un país libre de influencia extranjera, con todos los grupos religiosos conviviendo en armonía bajo el dominio del Islam. Creía que ya era hora de que el islamismo se alzara y recobrara el esplendor del que había gozado en siglos anteriores. Los pobres y marginados que conformaban gran parte de la población chiíta devoraban sus palabras. En la mezquita, el auditorio escuchaba su llamado a una fe personal y profunda dedicada a la causa: «El individuo que empuñe la pistola, comandará el avión. Díganme, por Dios, ¿cómo podrá un individuo avanzar esta causa profética, a menos que abrigue una fe profunda y la fortaleza moral para no ceder a la tentación?»[4]

Moviendo mi pie nerviosamente, esperaba en el vestíbulo del Hotel Jardín en el oeste de Beirut. Sobre mis piernas sostenía una Biblia grande de bordes dorados, envuelta en papel, que había obtenido de mis amigos en la Sociedad Bíblica. Había estado haciendo averiguaciones sobre el origen de los secuestros, y me había enterado que detrás del turbio grupo llamado Yihad Islámica, estaba el bien organizado movimiento Hezbollah, inspirado por el carismático predicador islámico, el Ayatollah Fadlala. Yo deseaba reunirme con él, y el hombre que había concertado la cita, que irónicamente se llamaba Yihad, iba también a ser mi intérprete.

¿Qué le impediría a Hezbollah añadirme a su colección de rehenes? Meditando y orando al respecto, había concluido que no temía unirme a los demás cautivos; pero prefería hacerlo en mis propios términos. De repente varios hombres entraron al vestíbulo del hotel. El recepcionista nos miraba atentamente, y otras personas que se reunían en el recinto lo abandonaron apresuradamente. Me puse de pie enseguida, y el hombre a cargo, después de dar un rápido vistazo, se acercó y me dijo:

—¿Es usted Andrés?

—Sí, soy el Hermano Andrés.

—¿Tiene automóvil?

—Sí, está estacionado frente al hotel

—Entonces, síganos.

Uno de los hombres abrió la puerta y otros cuatro me rodearon mientras salíamos del hotel. Esperando, frente al hotel, había una camioneta transformada en un rudimentario vehículo de transporte blindado. De sus ventanillas veía que apuntaban los cañones de sus armas. Algunos curiosos que observaban desde el otro lado de la calle, se preguntaban si no se trataba de otro secuestro.

Yihad y yo nos subimos al auto y arrancamos detrás de la camioneta. Frente a ella iba un auto abriendo paso con las luces y las sirenas, y a nuestras espaldas nos seguía de cerca otro lleno de hombres curtidos. La caravana avanzaba velozmente a casi 100 kilómetros por hora, y el carro del frente se adelantaba para asegurarse de que todas las esquinas estuvieran despejadas. Debido a que nadie se atrevía a desafiarnos, conducíamos sin obstáculos, pasando todos los semáforos (muchos de los cuales no funcionaban) sin detenernos. No podía dejar de reír de lo absurdo de la situación, sobre todo cuando las ruedas de los carros rechinaban por entre las estrechas calles, y luego, cuando tomamos la principal avenida hacia el aeropuerto. Me sentía como si estuviera en medio de una escena de persecución de una película de James Bond.

La «persecución» continuó por otros 30 minutos. Luego pasamos por un retén fuertemente custodiado y nos detuvimos en un estacionamiento, donde un cordón de hombres armados hasta los dientes, cercaba el área. Uno de ellos me quitó el paquete, lo revisó por debajo del empaque y lo palpó por los bordes para cerciorarse de que fuera en verdad un libro y no una bomba. Sonriendo, le dije al hombre:

—¡Qué medidas de seguridad tan extremas con un holandés desarmado!

Dos de los hombres sonrieron y asintieron con la cabeza, probablemente sin haber entendido una palabra de lo que acababa de decir. Enseguida me escoltaron a un pequeño salón de entrada, donde un hombre de barba negra muy corta, camisa blanca de manga larga y pantalones, pero sin corbata, me dio la bienvenida.

—El jeque le espera, y lo recibirá en unos minutos. ¿Desea usted una taza de café?

Si no fuera por los despreocupados soldados que se veían por doquier, hubiera podido tratarse de cualquier oficina de Occidente: los teléfonos timbraban, un joven usaba una fotocopiadora. La única anomalía era que ninguna mujer trabajaba allí. Un soldado, con el rifle colgado de su hombro, se acercó y me sirvió una taza pequeñita de un café exquisito.

Mientras saboreaba el café, oraba: *Señor, dame las palabras exactas que debo hablar con este hombre. Tú te entregaste a la cruz por mí. Ahora yo estoy dispuesto a darme a cambio de uno de mis hermanos. Permite que sea esto una luz en la oscuridad.*

El teléfono timbró, y el recepcionista lo contestó y asintió con la cabeza.

—Puede pasar ahora con el jeque.

Dos soldados me escoltaron a través de un patio adoquinado a otro edificio, y luego a un segundo piso. Allí entramos a una espaciosa antesala con sillas a lo largo de las paredes.

Uno de los asistentes del jeque me saludó, estrechando mi mano, y me enseñó una grabadora manual.

—Espero que no le moleste si grabamos esta conversación. El jeque quiere que grabemos todas sus reuniones.

—Por supuesto que no es molestia —respondí.

—Entonces, ya estamos listos.

Un par de puertas que se abrieron nos condujeron a otro salón, también con sillas a lo largo de las paredes. Y de pie, frente a su sillón en la pared del fondo, estaba Mohamad Hussein Fadlala, luciendo un caftán gris, una túnica en forma de capa y un turbante negro sobre su cabeza.

Me presenté y nos dimos un apretón de manos.

—Le he traído un regalo —dije, a la vez que desempacaba la Biblia y se la presentaba con mis manos. Oí el clic de una cámara cuando recibía el libro, y su respuesta en voz baja:

—*Shukran.*[5]

Hizo un gesto, indicando que debería sentarme a su izquierda. Yihad se sentó a mi izquierda y dos de los asistentes de Fadlala frente a mí.

Las paredes del salón estaban cubiertas de un papel fino de tono gris. Unas cortinas grises que coordinaban con el caftán del jeque cubrían la amplia ventana a la derecha de Fadlala. El resto de las sillas del salón estaban vacías, pero suponía que con frecuencia este recinto se llenaba de clérigos musulmanes y líderes políticos. El único indicio de arte en el salón era un cuadro del ayatollah Khomeini, mirándonos con severidad. El clérigo iraní, aunque había muerto el año anterior, era la inspiración espiritual y política de un movimiento islámico radical a través del mundo árabe. Según mi interpretación, el jeque Fadlala declaraba así su posición.

—Le agradezco mucho su gentileza en recibirme —le dije—, y enseguida Yihad lo tradujo al árabe. He estado viajando al Líbano por muchos años. Soy cristiano, y estoy aquí representando al Señor Jesucristo, e intentando hacer lo que pueda para ayudar a traer la paz a este país.

El jeque asintió con la cabeza. Su mano derecha jugueteaba con su túnica negra, y entre los dedos de la mano izquierda pasaba una cadena de cuentas de oración.

—Es por eso que quiero obsequiarle una copia de la Biblia. No sé qué dice el Corán en cuanto a la toma de rehenes, pero sí sé lo que dice la Biblia, y Dios está en contra de ello. Por eso espero que lea usted este libro. Es un regalo que le doy.

Sonrió, y mientras un asistente entraba y nos ofrecía a cada uno una taza de café, me respondió:

—Somos amigos de los cristianos. Los cristianos son nuestros hermanos. Si los musulmanes y los cristianos leyeran sus libros sagrados se entenderían mejor.

Tomé un sorbo del café, y comencé a explicar la razón esencial de mi visita:

—Es en ese espíritu de cooperación que creo que Dios quiere que usted permita que sus rehenes salgan todos en libertad.

No respondió inmediatamente, y yo contuve la respiración. Entonces, con voz moderada y profunda, dijo:

—No veo cómo le puedo ayudar.

—Usted es la cabeza de Hezbollah. Sin duda, usted puede ordenar la libertad de los rehenes.

Su rostro esbozó una sonrisa sardónica.

—Usted puede reunirse con los líderes de Hezbollah. Yo no represento a Hezbollah.

Podría asegurar que mi expresión reveló mi sorpresa.

—Me dijeron que usted era la persona con quien debía hablar si quería ponerme en contacto con Hezbollah.

—La aseveración de que soy el líder de Hezbollah es falsa. No soy líder de ningún partido u organización.

—Entonces, ¿quién representa a Hezbollah?

—Hezbollah tiene sus líderes. Usted puede reunirse y hablar con ellos.

El inglés de mi traductor era un poco deficiente y por eso no estaba seguro de que se me entendiera. Pero de algo sí estaba seguro —el jeque Fadlala era la inspiración espiritual detrás del movimiento de Hezbollah. Quizás no dirigiera las operaciones diarias de la organización en su manejo cotidiano, pero indiscutiblemente ejercía mucha influencia sobre ella. Si hubiera un mensaje que debieran oír, Fadlala sin duda podía llevarlo.

¿Cuál era mi mensaje? Entre los rehenes, había un hombre, un cristiano devoto. Había sido capturado hacía ya tres años, y se decía que no estaba bien.

—Vengo totalmente preparado para quedarme aquí y ocupar el lugar de ese hombre —dije—, y le di el nombre del rehén.

Esto causó la primera reacción visible del ayatollah. Se volvió a mirarme con expresión de consternación—una expresión que insinuaba «¿está usted loco?».

—Este hombre ha sufrido suficiente —continué—. Permítanle regresar a su esposa y a sus hijos. He puesto todas mis cosas en orden, y quiero tomar su lugar. Átenme al radiador. Enciérrenme en ese oscuro sótano. Pero déjenlo en libertad.

Por un momento no hubo respuesta. Yo lo observaba, tratando de descifrar su rostro y su lenguaje corporal; pero a semejanza de un campeón de póker en pleno juego, no dejaba entrever nada. Al cabo de un rato, preguntó en voz baja:

—¿Cómo puede usted decir tal cosa?

—Este es el espíritu de Jesús —repliqué, mi respuesta preparada con anterioridad—. Él murió en la cruz para permitirnos salir en libertad. Él murió para que nosotros pudiéramos vivir. Y ahora yo estoy listo para darme a mí mismo para que mi amigo pueda ser libre. De eso se trata el cristianismo.

—Nunca he escuchado de un cristianismo así —dijo Fadlala.

Y así transcurrió nuestra conversación. Le expliqué que nuestro papel como evangelistas era predicar el evangelio, las buenas nuevas de que Dios ha pagado el precio por nuestros pecados por medio de la muerte de Jesús en la cruz. Yo sabía que los musulmanes no creían que Jesús había muerto, sino que Judas había ocupado su lugar en la cruz, y que Jesús había sido llevado al cielo. Pero las consecuencias de esa creencia era que los musulmanes no sabían nada sobre la libertad. Los ayatollahs Fadlala y Khomeini lo sabían todo acerca de la ley, pero nada sobre la gracia. Por lo tanto, este mensaje era una novedad para mi anfitrión.

Nuestra hora pasó rápidamente. Uno de los asistentes se puso de pie para recordarle al jeque que otro grupo le esperaba en la antesala. Fadlala también se puso de pie, y un fotógrafo nos tomó algunas fotos. Cuando las puertas dobles del recinto se abrieron, se volvió a mí y me dijo:

—Gracias por su visita. Siento no poder aceptar su oferta. Pero, por favor, vuelva a verme cuando quiera, cada vez que venga al Líbano.

¿Esperaba realmente que el jeque Fadlala negociara este intercambio mío por el de otro rehén? Se trataba de una oferta sincera, y pienso que él sabía que mis intenciones eran genuinas. Pero ahora comprendía que se había distanciado intencionalmente de las bases de Hezbollah, que eran las responsables de la insurrección y de los secuestros de occidentales.

Con seguridad que él hubiera podido comunicar mi oferta e influido sobre la decisión. Pero, entonces, quizás el propósito de esta visita no era por los rehenes. Quizás era por el alma misma del ayatollah.

12

Veamos levantarse al Hijo de la Justicia

Mansouriye, El Líbano, 1990

Una fresca brisa proveniente del occidente soplaba sobre el patio y las 700 sillas organizadas frente a la tarima, y entraba luego por la ventana abierta de la biblioteca del Seminario Árabe Bautista, donde me encontraba descansando antes de predicar en la última de cuatro noches de la campaña de evangelización.

Más de trescientas personas habían asistido la primera noche, y el grupo se había incrementado en cien personas cada noche. Estaba motivado con la respuesta. Muchas iglesias se encontraban representadas y la gente había traído a sus amigos y vecinos.

Miré hacia el jardín y oré por todas las personas que pronto estarían ocupando aquellas sillas. Luego me di vuelta y entré al salón. ¡Cuántas veces había visitado esta escuela! Era importante, porque era uno de los pocos seminarios de lengua árabe en la región, y los estudiantes provenían de muchos países. Para fortalecer la iglesia del Medio Oriente, yo creía que era necesario proveer entrenamiento sólido a los pastores y a los líderes. Por esta razón, le daba a la escuela todo el apoyo posible, y Puertas Abiertas le proporciobaba apoyo financiero. Desdichadamente, la guerra civil impedía que muchos estudiantes pudieran desplazarse hasta aquí; pero mi amigo y presidente de la escuela, Ghasaan Khalaf, trabajaba incansablemente para mantenerla abierta, de tal modo que cuando los conflictos terminaran, estuviera lista para recibir a los estudiantes de varios países árabes.

De súbito, una serie de ligeros estallidos interrumpieron mis pensamientos.

La brisa traía más que aire refrescante; también traía los ruidos de los disparos de la ciudad de Beirut. Pensé en cada persona que apretaba el gatillo de su arma, dándole salida a su frustración y su odio. Luego pensé en las balas dando en su blanco, explotando, produciendo miedo, dolor, heridas y muerte. Me imaginaba a las personas gritando y corriendo, las ambulancias veloces con las sirenas sonando. ¿Tendría fin alguna vez esto?

Mis ojos recorrieron la estantería de libros, buscando un tomo en particular. No lo encontré, pero no tenía necesidad de hacerlo. Hacía muchos años este librito me había planteado un reto cuando me preparaba para hablar a los estudiantes del seminario en uno de los cultos en la capilla. El título era: *¿Qué tal si este fuera tu último sermón?* Esta era una pregunta que todo pastor debía hacerse, y por eso me acechaba. ¿Qué tal si este culto evangelístico fuera el último mensaje que iba a dar en mi vida? ¿Cambiaría lo que tenía planeado decir? ¿Qué oraría si supiera que esta iba a ser mi última oración? ¿Adónde iría si supiera que sería mi último viaje?

Levanté mis manos al cielo y le agradecí a Dios por darme el privilegio de servirle aquí, en el Líbano. *Señor, dame tu mensaje esta noche para este público numeroso,* oré en voz alta.

Un conjunto de música de alabanza empezó a tocar, mientras ríos de gente entraban al jardín. Los jóvenes dominaban la audiencia y la música era más animada y alegre que la que se escuchaba en muchas iglesias —más a su gusto. A pesar de que transcurriría más de una hora antes de que yo hablara, entré a la asamblea absorbiendo los entusiastas cantos. No entendía las letras de sus canciones, pero podía sentir sus corazones llenos de amor para el Señor, a quien alababan.

Elegí una silla a unas cuantas filas del frente y miré a mi alrededor. Mis ojos se detuvieron en un hombre joven de unos veinticinco años. Su nombre era Jorge, y dos noches antes se había puesto de pie cuando les presenté un reto, y consagró de nuevo su vida a Cristo. Las balas lo habían herido gravemente durante la guerra, y la parte izquierda de su cuerpo se encontraba parcialmente paralizada. Él me vio, y sonrió. Cuando lo miré a los ojos, traté de recordar cuál de ellos era su ojo bueno. Al iniciar la siguiente canción de alabanza, noté los zapatos que el joven lucía —unas zapatillas de deporte de buena calidad, con rayas azules y cuadros verdes, y en letras grandes en el talón tenían escritas, en cada sandalia, la palabra ¡SALTA! ¡Qué ironía! ¡Jorge nunca podría volver a saltar en su vida.

Durante un descanso entre los cantos, Jorge se me acercó y me dio un gran abrazo.

—Hermano Andrés, lo he extrañado.

—¡Pero solo ha pasado un día desde que te vi! —le respondí, riendo—. Pero, ¿sabes?, yo también te he extrañado.

Esa noche mi mensaje estuvo basado en el corto libro de Jonás. Era una historia que a todos les encantaba, y me dio los medios para resaltar varios puntos.

El problema de Jonás era que no quería obedecer la voluntad de Dios. El problema de Nínive era que sus habitantes se encontraban irremediablemente perdidos. Y solamente Jonás conocía la respuesta. Dios también tenía un problema: no tenía más mensajeros. Desdichadamente, Jonás se había gastado el dinero de Dios en un crucero por el Mediterráneo, y huía de él en la dirección equivocada. Se escondía. Dormía. Roncaba.

Mi intérprete no tuvo necesidad de traducir mi sonoro ronquido en el micrófono. La multitud rió con asombro.

Ellos disfrutaban la historia, pero mi propósito no era entretenerlos. Les conté cómo Jonás, de manera voluntaria, se ofreció a morir para salvar de la tormenta a los navegantes, y cómo Dios suministró un pez para rescatar a Jonás.

—Dios todavía amaba a Nínive —les dije—. Después de un viaje submarino, Jonás llegó, proclamó el mensaje de Dios, y presenció el más grande avivamiento. Piensen en esto—la ciudad *entera*, incluyendo al rey, se arrepintió. Pero, ¿hacía esto feliz a Jonás? Él no sentía amor por la ciudad que Dios amaba. Jonás los veía como enemigos, no como a personas que se encontraban perdidas. Él quería que se condenaran, mientras que Dios quería su salvación.

Me di vuelta y señalé a la ciudad debajo de nosotros.

—Sé, que probablemente, muchos de ustedes sienten lo mismo que Jonás. Ustedes ven y escuchan la lucha día a día y quisieran escapar. Sienten que no hay esperanza, que esta ciudad nunca será alcanzada para Cristo. Si ustedes se sienten de esta manera, recuerden que Jonás le falló al Señor la primera vez, pero que Dios le dio una segunda oportunidad. Algunas veces nosotros le hemos fallado al Señor. Nos deprimimos y tal vez renegamos de él, pero aun así Dios nos da una segunda oportunidad. «La palabra del SEÑOR vino por segunda vez a Jonás: "Anda, vé a la gran ciudad de Nínive, y proclámale el mensaje que te voy a dar"». Dios no dijo: «Jonás, tú eres un inútil». Él le dijo a Jonás que se levantara y empezara de nuevo.

Como lo había hecho cada noche, le di la oportunidad a la gente de conocer a Jesucristo, y muchos en la audiencia se pusieron de pie. Pero también tenía un reto para los creyentes. Había una ciudad que Dios amaba, que estaba justo abajo de nosotros. ¿Quién le llevaría las Buenas Nuevas a Beirut? Más personas se pusieron de pie, muchas de ellas con lágrimas rodando por sus mejillas. Muy pronto la congregación entera estaba de pie, comprometiéndose a ser agentes personales de Dios para la paz en una ciudad que pedía esperanza a gritos.

Les recordé que Jonás se sentaba al oriente de Nínive.

—¿Por qué al oriente? Porque desde allí podía ver caer el sol sobre Nínive. Aquí nos encontramos en las montañas del lado oriental de Beirut, el lado cristiano. El occidente es la parte musulmana de la ciudad. ¿Queremos ver a aquellas personas destruidas? ¿No sería mejor sentarse al occidente de la ciudad y ver al sol levantarse? Lo digo, porque el Hijo de la Justicia se levantará sobre los infieles, sobre el mundo, sobre las naciones. Por eso, no nos sentemos al oriente para presenciar la caída de la ciudad. Cambiemos posiciones. Movámonos hacia el lado occidental y veamos al Hijo de la Justicia de Dios levantarse. ¡No se rindan! ¡No caigan en el pesimismo!

Sí, estas personas podrían causar la diferencia, si permitieran que Dios las usara, si rehusaran comportarse como Jonás que dio la espalda y huyó. Pensé en mi amigo Naji y en cómo le rogué que me ayudara a organizar una campaña evangelística en el occidente de Beirut. Pero aquello no era posible, y ahora comprendía que quizás nunca vería ese sueño hacerse realidad. Pero en otro aspecto, estos hombres y mujeres que estaban frente a mí podrían hacer mucho más con sus vidas que lo que yo jamás lograría en una sola campaña. Ellos eran el Ejército de Luz, comisionados para proclamar la esperanza y la paz a Beirut y al Líbano.

Ghassam Khalaf era uno de aquellos siervos fieles de Dios que había decidido quedarse durante la guerra, y que había puesto sus ambiciones académicas en espera —por diez años había podido trabajar muy poco en la tesis para su doctorado— para dedicarse a pastorear una iglesia y proporcionar estabilidad al seminario Bautista Árabe, asentado en las colinas arriba de Beirut. Al concluir la última noche de la cruzada, me invitó a cenar. Ghassam se veía satisfecho con los resultados de la campaña, con unas seiscientas personas asistiendo a la reunión final. Pero también había una expresión de cansancio en su rostro. Quince años viviendo y ministrando en medio de lo que él llamaba «el infierno abierto» lo habían envejecido.

El seminario a duras penas sobrevivía. Para ilustrar, Ghassam colocó un libro en el borde de la mesa donde cenábamos.

—He vivido todo el tiempo así. Como puedes ver, el libro está a punto de caer al piso. Si le hago la más mínima presión, caerá. Te conocí en 1979, y para ese entonces ya Puertas Abiertas estaba apoyando al seminario. Ahora puedes ver por qué agradecemos tanto cada dólar que tu ministerio aporta al seminario. Nos mantiene vivos. No caemos. Pregúntame, «Ghassam, ¿cómo es tu fe?» y yo te diré: «¡Dios es fiel!». Mi fe ha crecido a través de todos estos años.

Le pedí que me contara cómo sobrellevaba su congregación tanta zozobra . Por unos instantes cerró los ojos, y me contó entonces un incidente que ocurrió cuando fue a visitar a una joven mujer que había perdido a su esposo en una escaramuza reciente, dejándola con tres niños pequeños.

—Había muchos amigos allí, tratando de consolarla. Cuando ella me vio, me gritó: «¡No creo en Dios! ¡No me hable de él! ¡Nosotros no le importamos! ¡Él solamente nos mira y nos deja morir!» Andrés, sentí una oleada de compasión por ella, pues solo repetía lo que miles de personas en el Líbano están sintiendo.

—¿Qué se le puede decir entonces a todas estas personas? —pregunté.

—Después de que se tranquilizó, le dije: «Mi querida señora, todo lo que has dicho de Dios podría ser verdad, si Él mismo no se hubiera hecho carne y hubiera muerto en la cruz para redimirnos. Eso te demuestra que Dios sí se conduele. Dios, en Cristo, estuvo involucrado en nuestra situación. Porque él ha sufrido, está en condiciones de ayudar a quienes sufren. ¿Puedes creer en eso?» Ella asintió con la cabeza. Sé que sí lo cree, pero le resulta muy difícil.

—Tienes que ministrarle a personas como esta mujer, pero tú estás sufriendo de la misma manera.

Mi amigo estuvo de acuerdo:

—Recuerdo una época nefasta cuando, día tras día, llovían proyectiles y misiles del cielo. No había un lugar que se salvara de la artillería. Todos corrían el peligro de que sus casas fueran quemadas, o de perder su dinero, su carro, sus posesiones e incluso sus vidas.

Aquellos eran días llenos de angustia. Recuerdo días de confusión, y le pedía a Dios victoria sobre aquella sensación de ansiedad.

—¿Y él te dio paz?

Ghassam sonrió al tiempo que respondía:

—Una noche soñé que mi carro había sido robado. Me atacaron sentimientos de resentimiento. En mi alma se desató una lucha entre quejas y complacencia. Al cabo de un cruento forcejeo, me rendí a Dios totalmente y acepté la pérdida. Luego me desperté. Me alegró que solamente hubiera sido un sueño, pero entonces pensé: *Es hermoso salir victorioso en un sueño, pero es más glorioso tener victoria sobre la ansiedad en la vida real, mientras estoy despierto.*

—Cuando Dios te da esa paz, entonces tú puedes transmitírsela a otros.

—Hay algunas personas —les conocemos como «los ricos de la guerra»—que sacan provecho de ella. Pero, para los hijos de Dios, esta ha sido una oportunidad para probar la autenticidad de nuestra fe. Nosotros nos hemos convertido en «los ricos de la guerra», pero en un plano espiritual.

Yo quedé profundamente conmovido con el respetuoso testimonio de este hombre sobre la fidelidad de Dios.

Luego, con sobriedad, añadió:

—¿Sabes? hace años ya que casi todos los misioneros y las agencias misioneras extranjeras han abandonado el país. Se han ido a Chipre, a Atenas, a Estambul, a Ammán. Lo que permanece aquí son las iglesias locales y nacionales. Nos sentimos olvidados. Nos sentimos desarraigados de nuestra familia cristiana. Ningún líder evangélico de Occidente viene a preguntarnos: «¿Cómo están? ¿Qué sienten? ¿Qué necesitan?» —De pronto se echó a reír—. ¡Y entonces, tú llegaste! ¿Sabes lo que significa cuando el Hermano Andrés viene al Líbano y vive con nosotros en medio de los tiroteos, de los bombardeos y las dificultades? Ese es el mérito de tus visitas. Cada vez que vienes, hay un espíritu de avivamiento en mi corazón.

Harderwijk, octubre de 1991

La Guerra había terminado. Aunque anteriormente había habido promesas, esta vez la paz parecía sostenerse. En Octubre de 1989, la Asamblea Nacional Libanesa había suscrito un acuerdo en Taif, Arabia Saudita, que dividía el poder por partes iguales entre los musulmanes y los cristianos maronitas, y pedía el desarme de las milicias. El general Aoun no aceptaba el acuerdo, pero la mayoría de los otros líderes, tal vez cansados de la guerra, lo firmaron. Los cambios habían sido lentos pero, gradualmente, los combates por fin cesaron.

Después de escuchar un reporte sobre el acuerdo de Taif en la BBC, apagué el televisor y reflexioné sobre lo que se había logrado con quince años de una sangrienta guerra civil. La OLP había sido desterrada por los israelíes. Los Sirios habían invadido y todavía mantenían su presencia en el país, y sin evidencia de que planearan salir pronto. Israel mantenía una zona de protección para su seguridad en la parte sur del Líbano. Un nuevo poder fundamentalista musulmán había surgido bajo el nombre de Hezbollah, o partido de Dios. Y la estructura política se mantenía esencialmente sin cambios, si bien con una mayor representación del pueblo. Solamente el tiempo diría si esta era una paz real que perduraría.

Y, ¿qué pasaba con la iglesia del Líbano? No había duda que miles de cristianos de todas las denominaciones habían muerto. Muchos mas habían huido y tal parecía que nunca regresarían a su tierra natal. Además, según mi opinión, la iglesia casi no había tenido impacto alguno en el proceso de paz. La iglesia, sencillamente, había sobrevivido y no estaba seguro si tenía ahora mas fortaleza o más debilidad.

Ciertamente, había un grupo de fervorosos siervos de Dios que perseveraron y fueron sus instrumentos durante el conflicto. Además, había reuniones evangelizadoras donde la gente, sedienta de paz en sus atribulados corazones, venían a conocer al Príncipe de Paz. La presencia de Dios se mantuvo en el Líbano, pero, ¿era la iglesia todo lo que debía ser?

Y ¿qué acerca de mi aporte personal? Yo había realizado en promedio dos viajes al año al Líbano durante los últimos quince años, tratando de fortalecer a los líderes de la iglesia. Había entregado miles de tratados y Biblias. Había predicado dondequiera que se me invitaba. Había planteado un desafío a la iglesia, urgiéndole de manera especial que fuera proactiva en el proceso de paz. Había también adelantado gestiones, intentando hacer lo que quizá los cristianos locales no podían hacer, hablando con políticos, militares y líderes religiosos —como la OLP, los drusos, Hezbollah, los maronitas y algunos más. Había muchas cosas que yo podía suscribir que había hecho. Pero, ¿con qué propósito?

Leí de nuevo una carta manuscrita que había recibido de mi amigo e intérprete Yihad, después de nuestra reunión con el Ayatollah Fadlala.

«Estimado Hermano Andrés: Jamás olvidaré a aquel hombre de cabellos grises y ojos azules que vino del Occidente libre a este complicado Medio Oriente, con el propósito de asegurar la libertad de sus hermanos, y los nuestros a la vez, que se encontraban en cautiverio, presentándose a sí mismo como sacrificio. Nunca lo olvidaré, Hermano Andrés. Con afecto, Yihad».

Había allí al menos un musulmán a quien mi vida había tocado. Eso estaba bien. Pero mi trabajo primordial estaba dirigido a la comunidad cristiana local. ¿Habían servido mis esfuerzos para lograr una iglesia mejor? ¿Estaba preparada para ser una herramienta de Dios en el nuevo Líbano? Realmente no podía responderme esas preguntas. Solo sabía que podía ver pocos resultados.

«Señor, ¿hay una mejor manera?», le pregunté en voz alta en el silencio de mi oficina, tarde en la noche. «He estado trabajando en el Oriente Medio hace ya más de veinte años. Puedo señalar a muchas personas que he conocido y actividades que he realizado. Pero, ¿eran ellas las personas correctas, las actividades apropiadas? Quiero hacer cosas que tengan significado».

Había algo de lo que sí estaba absolutamente seguro. *Tenía* que existir una iglesia vibrante en el Oriente Medio. Si permitiéramos que la iglesia desapareciera, estaríamos entonces deshaciéndonos de los cristianos tan efectivamente como cualquier fundamentalista islámico esperaría que ocurriera. Entonces, ¿qué esperanza quedaría para la región? Los conflictos no terminarían. Quizá los cristianos no podían terminar con la guerra, pero ciertamente sí podían ser una luz en la oscuridad.

Mis pensamientos deambularon hacia el sur, a una tierra que yo amaba, la nación de Israel. La había visitado en varias ocasiones desde mi primer viaje en 1968. Como en el Líbano, había visitado a los líderes religiosos. Posteriormente el conflicto entre palestinos y judíos se había incrementado, y eso había ocasionado problemas a los cristianos. Podría haber tranquilidad en el Líbano, pero había una intifada en Tierra Santa. Sentí que era el momento de prestar más atención a esa región. *Señor, señálame qué debo hacer*, oré.

TERCERA PARTE

Cisjordania y la Franja de Gaza
¿Quién les llega a los terroristas?
Jerusalén, finales de la década de 1970

Siempre me había gustado predicar en Israel. Las congregaciones respondían de manera entusiasta a los relatos de la obra de Puertas Abiertas en la Unión Soviética y Europa Oriental. Algunas de las iglesias estaban compuestas de trabajadores extranjeros, lo que me permitía predicar en inglés sin necesidad de un intérprete. En ocasiones, yo predicaba en una de la media docena de congregaciones de creyentes mesiánicos, y disfrutaba plenamente su estilo de adoración. Sin embargo, la mayor parte de mi tiempo la pasaba aprendiendo y escuchando. Viajaba a lo largo y ancho del país, visitando misiones y kibbutz, y dando ánimo en campañas de evangelización, como aquella en la playa de Eilat (densamente poblada de drogadictos).

A través de los años fui varias veces a la iglesia Bautista de la Calle Narkis en Jerusalén. El pastor principal, Roberto

L. Lindsey, un especialista de renombre en textos bíblicos, me había invitado a predicar y a contar mis historias de la iglesia Sufriente en la Unión Soviética. Después de uno de los cultos, una entusiasta jovencita se acercó a saludarme. A la vez que me miraba a los ojos sin soltar mi mano, me dijo:

—Me alegra que hable usted sobre la iglesia Sufriente en Europa Oriental. ¡Pero también tenemos una iglesia sufriente aquí!

—No entiendo —le respondí, mientras intentaba soltarme de su firme apretón—. ¿Es la iglesia de la Calle Narkis una iglesia sufriente?

—No, no esta iglesia en particular.

—¿Quiere usted decir, las congregaciones mesiánicas? —porque yo sabía que había unas cuantas iglesias judías en el país, y de vez en cuando eran hostigadas por algunos judíos ortodoxos.

—¡No, soy palestina! —anunció—. Amo al Señor Jesucristo, y no soy la única. Somos miles y nos toca luchar mucho por nuestra supervivencia.

Ahora que tenía toda mi atención, me soltó la mano.

—Explíqueme, por favor —le dije—, animándola a que continuara.

—En 1948, quizás el quince por ciento de los palestinos eran cristianos. Pero muchos de ellos huyeron cuando Israel conquistó nuestros pueblos y nuestras aldeas.[1] Muchos más se han marchado porque es muy difícil sobrevivir aquí, ganarse la vida decentemente, y poder practicar nuestra fe. Ahora solo somos un tres por ciento cristiano, si no menos.

—Por favor, indíqueme dónde puedo encontrar a estos cristianos.

—Hay una pequeña Iglesia Bautista en Gaza —me explicó—. Hay cristianos en Nazaret. Hay congregaciones esparcidas a través de Israel y Cisjordania. Las iglesias más concurridas están en Belén y los dos pueblos a los lados, Beit Jala y Beit Sahour.

Durante años había tratado de comprender la carga que había sentido por primera vez en Yad Vashem. A pesar de que predicaba en iglesias y me reunía con rabinos y otros líderes religiosos, no tenía un entendimiento claro de lo que debía estar haciendo. Las vehementes palabras de esta mujer parecían indicarme la dirección a seguir. Hasta ese momento no había pensado seriamente en todas las partes de la iglesia en Tierra Santa. Mi labor era buscar a mis hermanos. Si había una iglesia entre los palestinos, entonces tenía que conocerla, saber en qué condición se encontraba, y ver si podría ayudarla.

¿Cómo podría empezar? Primero, tenía que averiguar dónde se encontraban estas iglesias. ¿Por qué no había oído nunca de estos cristianos? Sabía de todos los sitios turísticos, los edificios —las piedras muertas. Pensé en las excursiones cristianas que viajaban con gran interés a Israel y otros lugares de Tierra Santa, pero que en domingo generalmente celebraban los cultos religiosos en sus hoteles. Rara vez asistían a una congregación mesiánica local, y mucho menos a una iglesia árabe. Ya me había llegado la hora de emprender una búsqueda seria de mis hermanos y hermanas, las piedras vivas de Tierra Santa.[2]

Un hombre en particular se convertiría en mi mentor. Su historia comienza durante la primera guerra entre Israel y los países árabes, justo antes de que Israel declarara su categoría de estado en 1948.

13

Una pedrada certera

Jerusalén, mayo de 1948

La lucha había sido incesante por casi una semana. A veces se podía escuchar en la distancia, otras veces se arremolinaba en la misma vecindad. Hoy la balacera estaba en la calle de su casa.

El niño de 9 años se encontraba agachado en un rincón, lejos de la ventana de la sala, y se encogía cada vez que oía una nueva ráfaga de disparos. Su hermanita de solo cuatro meses lloraba en el cuarto contiguo. Desde los apartamentos vecinos se escuchaban gritos. Y aunque el sol se ponía, la experiencia le indicaba que la oscuridad no traería alivio del ruido aterrador. La confusión constante era más de lo que Bishara Awad y sus seis hermanos podían resistir.

De pronto, un grito desgarrador llenó la casa. Huda, la madre de Bishara, con la mano en la boca, atravesó corriendo la sala y salió a la calle, seguida de cerca por Nicola, el hermano mayor.

—¡Regresa a la casa! —le gritó su madre, a la vez que llegaba a donde estaba el cuerpo de su esposo en medio de la calle. Agarrándolo de los brazos, lo arrastró hasta la casa. Tan pronto como cruzaron el umbral de la puerta, Nicola y Bishara le ayudaron a llevar el cuerpo hasta el comedor, y entre todos lo subieron a la mesa. Bishara miró el rostro de su padre, y enseguida se dio cuenta de que estaba muerto. Una gran mancha roja en su frente era la única huella que había dejado la bala. Elias Nicola Awad, atrapado en el fuego cruzado entre el ejército jordano y soldados de Haganah (una fuerza paramilitar anterior a la creación del estado de Israel en 1948), era la víctima más reciente de la guerra árabe-israelí.

A la mañana siguiente, cuando el fuego se había aplacado momentáneamente, los vecinos se reunieron en el pequeño apartamento. Algunos hombres de la vecindad vinieron y consultaron algo con la madre de Bishara. Debido a que no había modo de conseguir a un pastor o a un sacerdote, los hombres cavaron un hoyo en el patio posterior del edificio. De la Biblia, Huda Awad leyó algunas palabras de consuelo y juntos, con lágrimas cayéndoles por el rostro, los niños se unieron a su madre recitando el Padre Nuestro. Los hombres entonces depositaron el cuerpo en esa sepultura improvisada.

Un feroz combate arreció aquella tarde, pero cesó antes del anochecer. A la media noche un soldado tocó a la puerta de la casa, y le ordenó a la familia que evacuara:

—¡Váyanse pronto! Esperamos que el ejército israelí regrese en cualquier momento. Cuando sea seguro regresar les avisaremos.

Ellen, la hermana de Bishara de siete años, se puso seis vestidos bajo su camisón. El resto de la familia, sin siquiera una maleta, tuvo que marcharse con lo que tenía puesto y unirse a la procesión que se dirigía a la Ciudad Antigua de Jerusalén. Huda cargaba a Diana, la bebecita, tratando de mantenerla en calma mientras pasaban por la Puerta de Damasco. Apenas pasaron al otro lado del antiguo muro, una familia musulmana les brindó albergue, les dio comida y unas cobijas, y les permitió quedarse en un cuartucho donde almacenaban queroseno.

La familia Awad nunca vio su casa otra vez.

Beit Jala, primavera de 1974

Bishara Awad se levantó sigilosamente para no despertar a su esposa y se dirigió a su oficina. Una vez allí, exasperado por la frustración que acumulaba por semanas, caminaba de un lado a otro de la habitación. Bishara era ahora director del Colegio Esperanza y amaba su trabajo, pero necesitaba ver resultados. Había unos 100 muchachos a su cuidado, y cada vez que los observaba, sentía como si se mirara al espejo: sus historias eran similares a la suya. A menudo Bishara pensaba en su niñez. Después de perder su casa en 1948, la familia Awad se había quedado en la antigua ciudadela amurallada de Jerusalén. Su madre había encontrado trabajo como enfermera por el equivalente de $25 dólares estadounidenses por mes, pero no era suficiente para alimentar y suplir las necesidades de siete hijos. Para asegurarse de que sus hijos recibieran una educación los colocó a todos, menos al mayor, en orfanatos. Las niñas fueron matriculadas en la escuela Dar Al-Tifl, mientras que Bishara, Alex y Mubarak fueron enviados a la escuela y orfanato Dar Al-Awlad, a unas escasas cuadras en las afueras de la ciudad amurallada. Fue una vida muy desdichada. Muchas noches los niños se iban con hambre a la cama, y en una oportunidad los hermanos promovieron una protesta debido a la falta de alimentos. Como consecuencia, la directora aceptó aumentar un huevo por mes a la comida de cada estudiante; pero esa promesa solo la mantuvo por dos meses.

A los muchachos se les permitía visitar a su madre en casa una vez al mes. Para Bishara, estos momentos eran algo preciado. La fe de ella tuvo una gran influencia sobre él y sobre cada uno de sus hermanos. «Enséñenle siempre al Señor a todo el mundo», les decía. «Nunca es bueno vengarse». Esa fue una lección que nunca olvidó, incluso después de irse a Estados Unidos a seguir sus estudios. Su madre, por supuesto, no tenía dinero con qué enviarlo a la universidad, pero ella oró, y milagrosamente obtuvo una beca para asistir a la Universidad Wesleyana de Dakota en Mitchell, Dakota del Sur.

Mientras cursaba un doctorado en pedagogía, la guerra conmocionó su vida de nuevo. La Guerra de los Seis Días de 1967 le permitió a Israel tomar dominio de la franja de Gaza, Cisjordania, los Altos de Golán y Jerusalén Este Árabe. Por decreto, a aquellos palestinos que no estuvieran físicamente presentes al momento de la conquista se les prohibía regresar a su tierra. Por consiguiente, Bishara fue separado de su familia y de su patria. La única manera en que podría regresar sería si adquiriera la ciudadanía estadounidense.

Finalmente, con un pasaporte americano en mano, Bishara regresó a Tierra Santa bajo el auspicio del Comité Central Menonita, como director del Colegio Esperanza, localizado en Beit Jala, un pueblo contiguo a Belén.[1]

Junto con su madre intentaron visitar el hogar de su niñez, pero el edificio había sido destruido y una nueva carretera había sido construida, de modo que ni siquiera pudieron dar con el sitio exacto.

—Después de la guerra de 1967, yo le escribí al alcalde de Jerusalén —Huda le contó a su hijo—. Le pedí que me permitiera mover los restos de tu padre, pero me negó el permiso.

Por tal razón ni siquiera contaban con una sepultura donde poder conmemorar la vida de su padre. Sin embargo una cosa permanecía. Su padre y su madre les habían inculcado fuertes principios cristianos, los cuales Bishara ahora buscaba impartir a sus estudiantes. Lo que había observado entre los niños del Colegio Esperanza le había perturbado enormemente. El conflicto entre israelíes y palestinos dejaba hondas cicatrices en estos muchachos. Muchos de ellos habían perdido a uno de sus padres o a los dos. Otros habían sido separados de ellos durante la confusión de la guerra del 67 y no sabían si aun vivían. Muchos de los adolescentes se orinaban de noche en la cama, y tanto los estudiantes internos como los externos demostraban una conducta irascible y violenta.

Como director, Bishara intentaba impartir a sus atribulados estudiantes el mensaje que su madre con frecuencia predicaba: Amar a Dios, amar a tu prójimo y amar a tus enemigos. Pero los muchachos no respondían. Asistían a las sesiones bíblicas en la capilla y escuchaban los mensajes de Bishara, pero ninguno de ellos le había entregado su corazón a Dios. En el patio de recreo podía ver claramente el odio que sentían cuando jugaban a vengarse de los soldados judíos. «¿Por qué, Señor?» clamaba Bishara en voz alta. «¿Por qué no veo resultados? ¿Por qué me traes de regreso a mi patria y no me usas?»

El silencio parecía acusarlo. Caminando tarde en la noche por los corredores de los dormitorios de los muchachos, notaba que muchos daban vueltas en la cama inquietamente, quejándose o hablando dormidos. Se preguntaba sobre los sueños que tendrían, pues era evidente que reflejaban sus penas más íntimas. Todos ellos habían sido hostigados por los soldados israelíes. No era extraño que ordenaran a los niños a que vaciaran sus mochilas, les tiraran los textos escolares en la calle y los obligaran a recogerlos. Humillados e impotentes para hacer algo que surtiera efecto, muchos estudiantes lanzaban piedras a los soldados, y luego transferían esa actitud de desafío a la autoridad contra los maestros del colegio.

Bishara salió por la puerta trasera del edificio y se detuvo bajo el cielo nocturno. Una luna casi llena iluminaba el valle de Elah abajo, donde, según muchos eruditos bíblicos, David se había enfrentado a Goliat. En su mente, Bishara podía visualizar los dos ejércitos —los filisteos, acantonados en los cerros occidentales, los israelitas en el oriente— y el gigante de tres metros avanzando para mofarse de las tropas bajo el mando del rey Saúl. Y podía también ver al pequeño David enfrentándosele con valentía.

Desdichadamente, Bishara comprendía que se encontraba en el lado equivocado. Al «oír» las burlas del gigante, reconocía su propia voz. El filisteo expresaba con palabras las emociones que por tantos años había reprimido. El odio inundaba su ser al oír a Goliat maldecir a los judíos. Bishara culpó a los israelitas por la muerte de su padre y por la pérdida de su hogar en 1948. Los culpó también por los doce años que había tenido que vivir en un orfanato, separado de su madre. Los culpó por los años de exilio en Estados Unidos. Ese odio se había estado fermentando durante mucho tiempo por debajo de la superficie de su conciencia. Y ahora reconocía el mismo odio en los muchachos a su cuidado. Los destruía, y él se sentía impotente para ayudarlos, a menos que él, su director, venciera su propia ira y amargura.

Los ojos se le llenaron de lágrimas. ¿Cómo podría él, un hombre que había entregado su vida a Jesucristo hacía mas de doce años, que se había comprometido a ser un instrumento de Dios en Tierra Santa, ayudar a estos atormentados muchachos? Solo había una respuesta. Su voz rompió el silencio de la noche: «Señor, te suplico. Perdóname por odiar a los judíos y por permitir que ese odio controle mi vida».

Con todas las fuerzas de su ser, Bishara elevó esa plegaria. Mirando de nuevo hacia el valle, ahora podía imaginarse a David, el valiente pastor, arremetiendo contra Goliat, honda en mano, y derribando al gigante de una certera pedrada. La oración de Bishara fue, igualmente, una certera pedrada. De hecho, parecía demasiado fácil que el gigante del odio cayera así, frente a él. Sintió entonces que la presencia de Dios lo envolvía, y la frustración, la desesperanza y el odio eran purgados de su vida, y reemplazados por amor.

14

Quiero ver piedras vivas

Beit Jala, 1981

Nos conocimos al final de un culto en Jerusalén. Bishara tenía un rostro amable y una sonrisa cordial que invitaban a confiarle. Me contó un poco sobre su labor en el Colegio Esperanza y, pensando en el reto planteado por la mujer palestina, exclamé:

—Me gustaría visitarte.

Dos días después, Bishara estacionó su auto frente a la pequeña YMCA en Jerusalén Este Árabe, donde me hospedaba. El viaje desde allí hasta las afueras de Beit Jala, donde quedaba el colegio, era corto. El edificio principal estaba construido en piedra, su entrada era arqueada, y estaba coronada por una rústica cruz que la formaban dos palos. Sobre el techo había un aviso con un dibujo de dos manos en oración y las palabras «Colegio Esperanza» en árabe y en inglés. A un lado del edificio había una cancha de fútbol pequeña y polvorienta. Detrás de ésta había una granero.

—Criamos pollos —me explicó Bishara, cuando me daba un recorrido—. Tenemos unas mil gallinas que nos suplen huevos para los niños, y los sobrantes los vendemos para ayudar a sostener el colegio.

—¿De qué otra manera se sostiene el colegio? —le pregunté.

—La iglesia menonita de los Estados Unidos nos da un poco de ayuda económica. Además la gente puede patrocinar a un niño y pagar así sus estudios y sus necesidades.

—¿Cuánto cuesta sostener a un niño por un año?

—Mil dólares por año. El patrocinador también puede establecer una relación con el niño.

—Entonces yo quiero patrocinar a un niño. ¿Tienes niños musulmanes que necesiten apoyo?

—Sí, tenemos varios —respondió, y después de pensar por un minuto, mencionó a Sharaf—. Es huérfano, o sea que vive aquí como interno.

—Me encantará patrocinar a Sharaf y orar por él.

Después de recorrer los salones de clase, los dormitorios y el comedor, Bishara me invitó a su apartamento a tomar un café. Tenía un timbre de voz muy amable, y me imaginaba que ayudaba a calmar a los hiperactivos muchachos. Me infundía confianza, y sentía que era alguien en quien podía confiar.

—Por favor, dime por qué vienes a Palestina —preguntó.

—¡A buscar a mis hermanos! —repliqué—. Me indigna saber que millones de turistas cristianos vienen cada año de Europa Occidental y de América a ver piedras muertas. Yo quiero ver las piedras *vivas*.

Mientras servía el café y le ponía azúcar y crema al mío, Bishara me preguntó:

—Y una vez que encuentres a estas piedras vivas, ¿qué vas a hacer?

—Hago preguntas. Escucho. Visito los lugares donde la iglesia tiene dificultades. Quiero saber cuáles son sus luchas y si están sufriendo. Quiero conocer sus necesidades, y donde pueda ayudar, ayudo. En la Unión Soviética y en Europa

Oriental entregamos Biblias, porque a la iglesia le queda muy difícil obtenerlas legítimamente.

—¿Y qué sabes de la iglesia palestina?

—Hace un par de años una mujer me dijo que hay una iglesia Sufriente aquí entre los palestinos. Y al poco tiempo estaba viajando con Víctor Hashweh.

Bishara asintió con la cabeza, pues conocía al evangelista de Jordania.

—Hablábamos de los refugiados palestinos, y le pregunté por qué los gobiernos árabes les habían instado a que se marcharan en 1948, hasta que la guerra terminara y fuera seguro regresar. —Mi nuevo amigo hizo una mueca de dolor, y rápidamente añadí: —Eso es lo que muchos cristianos en Occidente creen. Víctor comenzó a llorar, y me dijo: «Andrés, yo estaba allí. Mi familia estaba allí. Nos *sacaron* a punta de pistola».

—¿Has oído hablar de Deir Yassin? —preguntó Bishara en voz baja.

—He escuchado mencionar algo vagamente, pero no sé mucho al respecto.

—En 1948 una aldea completa, Deir Yassin, fue destruida —señaló hacia Jerusalén y añadió—. Justo allá, donde ahora se encuentra el suburbio de Har Nof, doscientos cincuenta hombres, mujeres, niños y algunos bebés fueron masacrados por la Irgun. —Se refería a los paramilitares israelíes, también conocidos como Haganah, en 1948—. Esto ocurrió solo tres años después del Holocausto. A unos cuantos hombres se les permitió vivir, y los llevaron a otros pueblos a contar la historia; luego los mataron también. El resultado fue el pánico. Es por eso que tantos palestinos huyeron. Poblaciones enteras fueron abandonadas, que era precisamente lo que los israelitas querían. Y entonces se apropiaron de las casas de esas gentes.[1]

Bishara guardó silencio por un momento, mientras yo reflexionaba sobre esta horrible historia. Podía imaginar un poco lo que los palestinos sentían. Aun recuerdo cuando los alemanes destruyeron la ciudad holandesa de Rotterdam durante la Segunda Guerra Mundial, con el único propósito de intimidarnos y obligarnos así a ceder a su autoridad. Aunque no era más que un adolescente, no sentía otra cosa que desprecio y rebeldía contra la ocupación alemana de Holanda.

—En verdad, entre tú y Víctor, esta es la primera vez que escucho tal cosa sobre los refugiados, desde una perspectiva palestina.

Con voz baja, Bishara dijo:

—Has empezado a descubrir la verdad.

Me moví inquieto en la silla, muy dudoso de querer conocer la verdad sobre este conflicto de décadas. Yo sabía que amaba al pueblo judío. ¡Cómo no podría amar al pueblo elegido de Dios! Pero también amaba a la iglesia de Jesucristo, dondequiera que ella se encontrara. ¿Qué podría hacer ahora con esta información?

—Trato de comprender la situación —le dije a Bishara—. Sé que hay un profundo abismo entre los judíos y los palestinos, pero me preocupa en particular cómo pueden afectar a la iglesia esas diferencias. Quiero conocer a los creyentes palestinos. Quiero ver cómo viven, escuchar sus inquietudes, saber cómo ministran y cuáles son sus sueños para el futuro de la iglesia. Es evidente que tú estás muy compenetrado con la iglesia palestina. Me encantaría si me pudieras enseñar.

Me sorprendió la rapidez con la que había manifestado mis intenciones, pero sentía que era hora de tomar acción, y necesitaba que alguien me guiara.

Bishara se levantó, y yo supuse que quería llevarme de regreso a Jerusalén; pero, de eso, me pidió que lo siguiera a otra habitación cerca de la entrada del colegio. Parecía ser otro salón de clase, aunque estaba empapelado de mapas bíblicos, alfabetos hebreos y griegos y afiches de Tierra Santa.

—Quizás la mejor manera de comenzar es contándote mi visión —dijo—. Este salón es la sede del Colegio Bíblico de Belén.

—¡Magnífico! —le respondí—. Quiero que me cuentes todo al respecto.

—Vamos a dar un paseo.

Nos subimos a su carro, y manejamos a Beit Jala, pasando por las iglesias ortodoxa griega, católica y luterana, todas ellas con imponentes edificios. Bishara hablaba mientras conducía:

—Preguntas por las condiciones de la iglesia. La necesidad más apremiante es por líderes. Puedes ver hermosas edificaciones aquí, pero los edificios no son suficientes. La iglesia se muere porque cada vez hay menos pastores.

De Beit Jala fuimos a Belén, cruzando la carretera Jerusalén-Hebron, y seguimos camino rumbo a la Plaza del Pesebre y la Basílica de la Natividad. Aunque era casi el final de la tarde, una multitud de turistas aún se agachaban para pasar a través de la Puerta de la Humildad, de casi metro y medio de altura, y la única entrada a la iglesia.

—Los cristianos aquí necesitan una visión —dijo Bishara contemplando la escena—. Tú hablabas de piedras vivas y piedras muertas. Se cree que este es el templo más antiguo del mundo, construido sobre el sitio donde se supone que nació Jesús. Cientos de miles de turistas vienen cada año, especialmente en tiempos de navidad —se dio vuelta, indicándome hacer lo mismo—. Ahora mira más allá de este paseo y dime qué ves.

Justo enfrente de la Basílica de la Natividad, en el lado opuesto de la Plaza del Pesebre, había una mezquita con un alminar alto, y encima de este una media luna.

—Una mezquita —respondí.

—Cuando los arquitectos construyeron aquella mezquita, la midieron cuidadosamente para asegurarse de que fuera varios centímetros más alta que las torres de las campanas de la Basílica de la Natividad. Hermano Andrés, aquí se libra una batalla espiritual por los corazones y las almas de la gente, y estos dos edificios son el símbolo de ello. Ahora, sígueme, por favor.

Yo dudé por un instante. Había algo en este sitio que me hablaba tan profundamente, algo que yo había sospechado, pero que era incapaz de precisar.

Me apuré para alcanzar a Bishara. Descendimos por unas antiguas y desgastadas escaleras de piedra hasta la calle Pastor, dimos vuelta a la izquierda y caminamos hasta la calle Pesebre, a solo una cuadra de distancia. En esta parte todo era antiguo. Las calles adoquinadas parecían querer contar historias de siglos que habían pasado por ellas.

Bishara continuaba instruyéndome:

—Aproximadamente dos tercios de todos los cristianos palestinos viven en esta área de Belén, Beit Jala y Beit Sahour. Esta área era prácticamente toda cristiana, pero después de la guerra de 1948, muchos cristianos comenzaron a emigrar. Muchos, como yo, se marcharon a otros países a estudiar, pero la mayoría nunca regresaron; otros cerraron sus negocios y se mudaron. Y en su lugar llegaron los refugiados —tenemos varios campos de refugiados en esta zona. Belén es ahora sesenta por ciento musulmán y cuarenta por ciento cristiano, pero el número de cristianos sigue decreciendo.

Dos cuadras más abajo nos detuvimos frente a un edificio de tres pisos, de piedra blanca.

—Este edificio está disponible para alquilar. Aquí es donde me gustaría mudar el Colegio Bíblico de Belén. —dándose media vuelta, me confrontó—. Mi sueño es ver crecer la iglesia. Para poder lograrlo, debemos comenzar por capacitar líderes y, para conseguirlo, debemos contar con un instituto bíblico. Necesitamos pastores, líderes de jóvenes y líderes de ministerios. Necesitamos maestros con un buen conocimiento de la Biblia para darles capacitación, y necesitamos que las clases se den en árabe, no en inglés. Mi sueño es ver a docenas de palestinos de todas las denominaciones llegar hasta aquí para estudiar la Biblia.

—¡Fantástico! —le dije—. ¿Has compartido tu sueño con los líderes de las iglesias aquí? ¿Qué piensan ellos al respecto?

—Le he presentado esta visión a catorce líderes de iglesias, pastores y sacerdotes, y todos me han animado a que siga adelante —respondió, y se rió un poco—. Uno de ellos me dio $20 dólares estadounidenses. ¡Ese dinero era su semilla para el instituto!

—¡Vas a necesitar mucho más de $20 dólares! Dime, ¿cuánto te valdría mudarte a este edificio? ¿Cómo podría ayudarte Puertas Abiertas?

Regresamos al Colegio Esperanza y hablamos hasta tarde aquella noche, y luego cenamos con un plato de pollo que Salwa, su esposa, nos preparó. Bishara me presentó su presupuesto para la mudanza del joven instituto y los costos administrativos para el siguiente año.

Aquel día comenzó una amistad especial. En viajes posteriores, Bishara me abría los ojos a una cara nueva del conflicto entre Israel y los palestinos. Hasta ese momento solo conocía un lado del conflicto. Yo admiraba y apoyaba a Israel porque creía que era el pueblo elegido de Dios, pero no me había detenido a pensar que el pueblo elegido de Dios no era perfecto, y que podría a la misma vez amarlo y criticar sus acciones.

Bishara, incluso, me dijo sinceramente apesadumbrado:

—En verdad no odio a Israel, pero creo que ha perdido su alma, y por eso debemos ayudarle a encontrarla.

Más tarde reflexioné sobre esas palabras. ¿Habría Israel en verdad perdido su alma? ¿Se refería de una manera política? ¿O querría decir que Dios se había retirado del país? Fuera lo que fuera, Bishara no lo decía para condenar sino, por el contrario, para ofrecer sanidad. Lo que sí era particularmente inquietante era que había muchos más cristianos entre los palestinos que entre los israelitas. O sea, que la responsabilidad de demostrar que sí había una diferencia recaía más sobre el lado palestino, y por tanto ellos necesitarían que se les diera más estímulo en este esfuerzo. Pero era un reto. La mayoría de cristianos árabe-palestinos, si no todos, tenían raíces en esa tierra, que se remontaban a siglos atrás. Muchos de ellos, como Bishara, habían perdido sus hogares en la guerra de 1948, y se sentían enfadados y dolidos, y luchaban por comprender el significado de sus propias vidas. Escuchaban que los judíos eran el pueblo elegido de Dios, pero los cristianos palestinos tenían mucha dificultad amando a los judíos cuando tantos de ellos habían perdido sus hogares a manos de los israelíes, y sus sembrados habían sido arrasados para construir asentamientos judíos en sus propias tierras. Bishara me llevó a caminar cerca del Colegio Esperanza, y me mostró unas edificaciones que se construían en la colina opuesta.

—Aquella es Gilo —dijo—. Israel la ha anexado. Dicen que es ahora parte de Jerusalén.

Luego señaló la ciudad de Beit Jala, que se esparcía debajo de nosotros. —Pero esa gente acostumbraba sembrar sus olivos y llevar sus ovejas a pastar donde se encuentra Gilo ahora. Sencillamente se adueñaron de la tierra, sin reparar siquiera que había pertenecido a mis vecinos por siglos.

—¿No la compraron?

—Que yo sepa, no pagaron un centavo, aunque se rumora que algunos palestinos sí vendieron. Pero si eso fuera cierto nunca lo admitirían, pues se les consideraría como traidores y los matarían.

Harderwijk, finales de 1981

Por primera vez empezaba a comprender por qué los palestinos sentían tanta rabia y dolor. A diario sentían el impacto del sionismo, y esto perturbaba enormemente a los cristianos de Cisjordania. Y aunque no restaba importancia a su perspectiva, había algo más grande que llamaba mi atención. Al tratar de entender por qué me sentía tan atraído por la visión de Bishara del instituto, pensé en la mezquita y la iglesia en lados opuestos de la Plaza del Pesebre. Había un asunto mucho mayor que lo convertía en un proyecto de crucial importancia para que Puertas Abiertas le diera su apoyo.

Mi equipo de líderes no parecía muy dispuesto a aceptar mis conclusiones. Sentados en mi oficina, me confrontaban con las realidades prácticas de nuestro ministerio.

—Tenemos las manos llenas con el mundo comunista —dijo Johan Companjen, mi asistente personal, un holandés alto y rubio. Johan y su esposa Anneke habían sido misioneros en Vietnam, pero habían tenido que escapar cuando el país cayó en 1975. Desde entonces Johan me había acompañado en muchos de mis viajes, y había aportado un decisivo liderazgo a nuestro ministerio. De hecho, acababa de rendir informes sobre los costos restantes del Proyecto Perla, una misión gigantesca que a comienzos del año había entrado clandestinamente un millón de Biblias a la China en una sola noche.

El informe de otro líder reportaba cómo un equipo de Puertas Abiertas había logrado introducir clandestinamente una imprenta en Europa Oriental.

—Ahora estamos equipando a nuestros hermanos para que ellos tengan los medios de imprimir sus propios materiales.

Me encantaba esa noticia.

—¡Debemos seguir así hasta que todo marche tan bien que no nos necesiten más! —les dije—. Tenemos que equiparlos para que puedan ellos hacer su propia obra sin depender tanto de nosotros.

—De acuerdo —dijo Johan—. Pero si vamos a entrar a un nuevo campo en nuestro trabajo, mi pregunta es, ¿cómo encaja en nuestra misión este instituto en Belén? Nuestro objetivo es fortalecer la iglesia en lugares donde ella sufre persecución, y tal no es el caso en el Medio Oriente. Por supuesto que la iglesia afronta muchos retos allá, pero, ¿cuál es la razón para tanta urgencia?

Comprendí que Johan pensaba en la iglesia en un entorno comunista; pero yo estaba convencido de que se avecinaba una batalla mucho más grande.

—El comunismo está por morir —exclamé, y varios de los hombres en la oficina quedaron desconcertados al oír mi afirmación—. Le está llegando su hora. El comunismo es un tigre sin colmillos, y va a caer con seguridad. *Tiene* que caer.

—¿Cómo puedes decir tal cosa? —protestó uno de los hombres—. Estamos hablando de una de las dos superpotencias.

—Porque en esencia, el comunismo es una perspectiva fallida del mundo. Dice que no hay Dios y que tú puedes cambiar a la gente si cambias su entorno. Como cristianos, sabemos que eso es un disparate. ¿Cuál es nuestra perspectiva del mundo?

Johan respondió:

—La Biblia dice que el hombre debe cambiar, y entonces él puede cambiar su entorno.

—¡Exacto! Es por eso que el comunismo no puede tener éxito. Ha durado sesenta años, pero no creo que llegue a los cien. Ya ha empezado a derrumbarse.

Por primera vez iba a expresarles mis observaciones a los líderes del ministerio.

—Hay otra amenaza que debemos tomar muy en serio.

Ha existido muchísimo más tiempo que el comunismo, y va a desafiar a la iglesia. Quizás algunos de ustedes recuerden cuando viajé a Asia hace unos años. ¿Saben qué vi? Mezquitas vacías y escuelas vacías que los musulmanes llaman *madrasas*. El Islam ha sufrido tanto como el cristianismo bajo el sistema soviético, pero su estructura todavía esta allí. El Islam puede permanecer dormido por décadas, incluso por siglos, pero no va a desaparecer. Es un gigante dormido, y empezó a despertarse hace dos años bajo el ayatollah Khomeini. Pienso que el modelo fundamentalista de Islam que predica Khomeini va a crecer y se va a volver muy poderoso en los años siguientes. La iglesia necesita estar preparada para afrontar este reto.

—¿Cómo se diferenciará el reto del Islam del reto del comunismo? —preguntó uno de los líderes.

—El comunismo hizo una declaración: «¡Dios no existe!» El Islam nos reta con una pregunta: «¿Quién es Dios?» Pero ellos tienen una respuesta, y creen en ella tan apasionadamente que están dispuestos a llevarla al mundo y hasta morir si es necesario.

Mi equipo escuchaba atentamente. Me incliné hacia delante para darles tres razones por las que yo creía que el Islam iba en aumento:

—Primero, cuentan con una escatología bien desarrollada. Ellos creen que al final conquistarán y gobernarán el mundo Segundo, algo pasó en 1973 que no debemos olvidar.

—¿El embargo petrolero? —preguntó alguien.

—¡Correcto! Fue allí cuando los musulmanes comenzaron a darse cuenta del poder que tenían. Ellos creen que Alá puso todo ese petróleo debajo de sus arenales por una razón —para darles riquezas inmensas para poder propagar el Islam por todo el mundo.

—¿Y cuál es la tercera razón? —preguntó Johan.

—El colapso de la moralidad en el mundo de Occidente. Los musulmanes lo ven como un fracaso del cristianismo. Cuando caiga el comunismo, ellos proclamarán al mundo: «¡El Islam es la respuesta!». Y opino que con eso habrán de ir más lejos de lo que la iglesia lo haya hecho jamás con la Gran Comisión. Nosotros tratamos de ganar almas aquí y allá. Pero ellos confrontarán al mundo con un sistema total, y pagarán el precio que sea, incluso con sus vidas.

Mi equipo me había visto así de vehemente en otras ocasiones, y a veces cuestionaban mis perspectivas proféticas. Esta vez, sin embargo, nadie quiso discrepar:

—Quizás tengas razón, pero ¿qué tiene que ver esto con Israel? ¿No es aquello un conflicto entre palestinos y judíos?

—Eso es solo parte del problema. Hay otro conflicto, y Jerusalén es un punto neurálgico para los musulmanes. El Islam cree que una tierra a la cual haya gobernado alguna vez, le pertenece siempre al Islam, y debe ser recapturada. Por eso nunca harán de lado su convicción de que toda la Tierra Santa debe quedar bajo el Islam. *Ese* es el reto que afronta la iglesia.

Durante unos instantes hubo silencio en el cuarto. Finalmente Johan dijo:

—Entonces, ¿qué debemos hacer?

—Fortalecer lo que permanece, que se encuentra a punto de ser vencido. La iglesia en Tierra Santa está muriendo. Está a punto de ser vencida en varios frentes. El sionismo, es un factor, pero también lo es la presión económica causada por el problema de los refugiados y la inmigración de judíos de todo el mundo. Sin embargo, el factor más grande es el aumento del fundamentalismo islámico, el cual, creo, se va a levantar y a rebelar contra Israel. Por eso es que *debemos* apoyar al Colegio Bíblico de Belén, pues estará a cargo de capacitar los líderes que se necesitan urgentemente para dirigir un movimiento de resistencia espiritual.

Después hablamos unos minutos en cuanto a asuntos prácticos, y vimos que había muy poco que pudiéramos hacer económicamente en ese momento. Todavía estábamos pagando las cuentas del Proyecto Perla, además de muchos otros compromisos que teníamos que cumplir. Pero sí podríamos donar libros para su biblioteca. Podríamos también estimular a Bishara y promover su obra. Y a su tiempo —quizá dentro de algunos años—podríamos comenzar a reasignar parte de nuestros recursos del mundo comunista a esta nueva arena.

Cuando la reunión estaba por terminar, yo concluí con esta declaración:

—En el Islam se concentrará el conflicto principal durante los próximos cien años. Y el resultado decidirá cómo se verá este mundo en los próximos mil años.

—¡Hasta que el Señor regrese! —dijo uno de los concurrentes.

Enseguida, de manera casi automática, enderecé mi espalda. ¡Cuán profundamente había calado esta veta fatalista en el pensamiento y la teología de muchos cristianos! Olvidamos que casi todas las profecías que tienen que ver con eventos futuros están ligadas a ciertas condiciones.

—Sí, seguro —dije con impaciencia—. Hasta que el Señor regrese. Pero él dijo que, primero, el evangelio debía ser predicado a todas las naciones, y *entonces* vendría el fin. El rendirse sin luchar realmente significa que Jesús nunca regresará. Por lo tanto, seamos fieles. ¡Tenemos que mantenernos cautelosos, alertas y activos!

15

¿Qué es lo que podemos hacer?

Gaza, 1987

El jovencito, casi todavía en su adolescencia, se hallaba bastante agitado:

—Debemos perdonar a nuestros opresores. Ese es el mensaje del cristianismo.

—¿De dónde estás sacando estas ideas locas? —preguntaba su padre, igualmente agitado.

—De la Biblia. . .

—¿Quieres decir, de la iglesia bautista a la que asistes? Ahora andas por ahí dándotelas de ser un supercristiano.

Hanna Massad y su padre habían peleado por años a raíz de la iglesia de Hanna. Durante generaciones, la familia Massad había pertenecido a la iglesia ortodoxa griega, pero Hanna luchaba con la fe tradicional de sus padres. Desde su adolescencia, empezó a asistir a la iglesia Bautista de Gaza, la única iglesia evangélica de Gaza. Su padre se había aguantado la rebeldía de su hijo hasta que este anunció que iba a ser bautizado. A su modo de ver, tal cosa era un acto de traición y una humillación. Si en sí era difícil vivir como una pequeñísima minoría entre millones de musulmanes, más ahora que tu propio hijo rechazaba tu fe.

—¡No rechazo tu fe! —protestaba Hanna—.

Sencillamente respondo a las enseñanzas de la Biblia. Tu iglesia practica una serie de ritos, pero no predica el evangelio. Yo salí de esa iglesia porque había un vacío en mi vida. Quiero la realidad de Cristo, y la encontré en la iglesia bautista. —Hanna sabía que provocaba a su padre, pero ya no podía detenerse—. Creo que debemos tomar muy en serio las palabras de Jesús, de amar a nuestros enemigos, de poner la otra mejilla, de bendecir a quienes nos persiguen.

El viejo hervía de indignación escuchando a su hijo.

—¿Te has vuelto loco? ¿Te olvidas de dónde vienes? Tu madre fue obligada a salir de su hogar en Jaffa en 1948. Su familia llegó aquí a Gaza con solo lo que traía puesto. Lo perdieron todo.

Hanna había escuchado esto antes. Pero esta vez su padre quería hacerle entender de una vez por todas.

—¡Ven conmigo!

El hijo siguió a su padre a un escondite secreto. De allí sacó una caja, la abrió y extrajo unos papeles y algunas llaves.

—¡Mira esto! —exigió—. Se trata de una escritura de propiedad de cien *dunams* de tierra.[1] Nos pertenece a tu tío, a tu tía y a mí. Y estas son las llaves de la casa que los israelitas nos robaron. Los judíos, a los que quieres perdonar, nos robaron nuestras propiedades. ¡Se robaron *tu* herencia!

La violencia explotó a principios de diciembre de 1987. El 6 de diciembre, un israelita fue asesinado a puñal en Gaza. Al día siguiente, cuatro palestinos del campo de refugiados de Jabalya murieron en un accidente de tránsito, y los rumores de que no había sido un accidente se propagaron rápidamente, y que en verdad habían sido asesinados por israelíes para vengar la muerte del que había muerto apuñalado. Esto produjo la chispa que suscitó concentraciones masivas y disturbios en Jerusalén, Gaza y Cisjordania a manos de los palestinos. La rebelión, o intifada, ya venía oficialmente en camino.[2]

La naturaleza de este conflicto era muy distinta a los que había observado anteriormente—no se trataba de unos cuantos bandidos obrando por su cuenta, sino de un levantamiento sostenido que no cedería. Miles de muchachos, muchos aun en su niñez, se abalanzaban a las calles día tras día, y lanzaban piedras a los soldados israelíes. Al principio, los soldados no sabían cómo responder, y los palestinos creían que tenían el sartén por el mango con las fotos de la prensa que mostraban a numerosos y pequeños Davides enfrentándose al fuertemente armado Goliat de las fuerzas de defensa israelí (FDI). Pero su ira la expresaban también de otras maneras. Hubo paros generalizados; los negocios se vieron obligados a cerrar. Los empleados se negaban a ir a trabajar en las empresas israelitas. Los palestinos se rehusaban a comprar productos israelitas. Y en Beit Sahour, los residentes se rehusaban a pagar impuestos a Israel.

La explosión había estado concentrándose por años. Aunque las condiciones económicas habían mejorado en Cisjordania y Gaza bajo el control israelí, aun permanecían muy por debajo del nivel de los judíos. La franja de Gaza era una de las tierras más densamente pobladas del mundo. En 1982, dos mil quinientos colonos ocuparon el 28 por ciento de la franja de 11 por 48 kilómetros, mientras que cerca de un millón de personas permanecía apretujado en el setenta y dos por ciento restante, en campos de refugiados y poblaciones a lo largo de la costa del Mediterráneo.[3] En Cisjordania se reportaba que la cantidad de agua que se le permitía usar a los colonos judíos era doce veces mayor que la que se les permitía a los palestinos.[4]

Pero la fuerza principal detrás de la intifada, según mis amigos palestinos, era una sensación omnipresente de humillación. Año tras año, los residentes de Cisjordania y Gaza habían vivido bajo restricciones, toques de queda que a veces duraban varios días, el cierre permanente (y a veces la destrucción) de los hogares de los sospechosos de rebeldía, allanamientos en medio de la noche en los que les registraban las casas de arriba a abajo, la detención de miles de jóvenes sin ningún motivo, aparte de las interminables revisiones de los documentos de identidad, los cacheos y la restricción de movimiento dentro de Cisjordania y Gaza y entre los territorios de Israel. Los palestinos generalmente sentían que no tenían derechos y, después de años de humillación, había en muchos de ellos una profunda sed de cambio o deseos de escapar.

Israel, por supuesto, tenía fuertes contraargumentos para justificar sus métodos, que se referían a la necesidad de seguridad y a su derecho a existir. El cierre permanente y destrucción de casas tenía como fin disuadir a la resistencia a que reconsideraran sus acciones, si sabían que estos iban a perjudicar a sus familias. Los terroristas en potencia tenían que ser detenidos y un palestino encarcelado era uno que no podría hacerle daño a Israel. Yo comprendía estas razones, pero a veces me preguntaba si los métodos de Israel los hacía *menos* seguros como raza. Cisjordania y Gaza parecían ser un caldo de cultivo para la resistencia.

En medio de los levantamientos, se encontraban los cristianos palestinos. ¿Cómo respondían ellos a esto?

Beit Sahour, 1998

Nawal Qumsieh sirvió la mesa con humus, dos ensaladas, un plato fuerte de pollo con arroz y pan fresco. Después que su esposo pidió a Dios que bendijera los alimentos y empezaron a cenar, ella le preguntó a sus hijos cómo había transcurrido su día. Los dos estudiantes de secundaria estaban un poco callados, y los instintos de madre le decían que había algo que no estaba nada bien.

—Cuéntenme. ¿Qué sucede?

El mayor finalmente admitió:

—Nuestros compañeros quieren que lancemos piedras con ellos a los soldados.

El menor se unió a la conversación.

—Nos llaman cobardes. . .

—Traidores —añadió el mayor.

—¿Qué es lo que podemos hacer? No creemos que esté bien que vayamos a lanzar piedras. Pero nos presionan y nos golpean si no lo hacemos.

—Podemos darles a conocer nuestros puntos de vista pacíficamente. Así es la manera cristiana —respondió la madre con mucha convicción.

—Sí, mamá, lo sabemos —dijo el más pequeño—. Pero la mayoría de los muchachos no están de acuerdo. ¿Qué podemos hacer?

El hijo mayor estaba por terminar su educación secundaria en aquella primavera.

—He decidido que me tengo que marchar —anunció—. Iré a la universidad en Canadá o los Estados Unidos. Y no pienso regresar; esto no es vida. No hay buenos empleos. Quiero casarme y tener una familia, pero, ¿qué futuro le espera aquí a mis hijos?

Nawal suspiró. Ella sabía que lo que su hijo decía era la verdad. Después de la cena se escabulló a un sitio tranquilo al que con frecuencia acudía a orar y a meditar. No podía menos que analizar con tristeza la situación. Su familia había vivido en esa área por unos cien años. Habían vivido en cuevas al principio, cuando cuidaban de sus rebaños. Finalmente habían construido casas y plantado sus huertos. Su casa actual había sido parte de la familia por más de un siglo.

Muchos de los más de mil miembros de la numerosa familia de los Qumsieh se habían marchado. El éxodo había comenzado con la guerra de 1948, y otros se habían ido a raíz de las guerras de 1956 y 1967, cuando Israel conquistó la región de Cisjordania.[5] Algunos se habían establecido en los Estados Unidos, otros en Canadá. Y eran esos parientes los que ofrecían opciones para sus hijos. Los muchachos no tenían que quedarse en Beit Sahour, ¿y qué otra cosa podría ella hacer para que cambiaran de parecer? En Norteamérica ellos obtendrían una excelente educación y un brillante futuro. Aquí, en Cisjordania nadie sabía por cuánto tiempo se libraría la intifada. Muchos de los muchachos que arrojaban piedras quedaban lisiados o morían a diario. ¿Qué futuro tendrían así?

¿Deberían también emigrar ella y su esposo? En menos de dos años el último de sus cinco hijos se marcharía; ¿por qué no irse con ellos? ¿Qué los ataba a esta tierra? Si los israelitas de verdad querían que se marcharan, ¿por qué no darles ese gusto?

Entonces Nawal pensó en las mujeres a su alrededor que se hallaban en medio de la desesperación —musulmanas o cristianas, daba lo mismo. La depresión impregnaba sus vidas cuando compraban verduras en el mercado, cuando colgaban la ropa en los balcones para secarla y, para las cristianas, cuando se congregaban para adorar juntas en la iglesia ortodoxa griega. Nawal comprendía esa profunda depresión, ella misma la había sufrido durante años, y podía ser a veces tan fuerte, que había contemplado la posibilidad de suicidarse. Claro está, hasta aquella noche maravillosa en 1982 cuando unos estudiantes del Colegio Bíblico de Belén, acompañados por uno de sus maestros, la habían visitado en su casa. Nawal y su esposo habían escuchado los testimonios de cómo Jesús vivía en sus vidas, y ella se había burlado de los jóvenes, y les bromeaba por ese entusiasmo tan ingenuo, diciéndoles:

—No creo nada de lo que dicen.

Cuando le preguntaron por qué, les explicó:

—He estado enferma de la espalda por más de doce años. A veces el dolor no me deja dormir. Los médicos me han dicho que pasaré el resto de mi vida en una silla de ruedas. La verdad es que he perdido las esperanzas y no quiero seguir viviendo.

Los estudiantes y el maestro le preguntaron si podrían orar por ella. Lo hicieron, y nada ocurrió. Sin embargo, a la mañana siguiente, después de 12 horas de un sueño maravilloso, se había levantado sin ningún dolor. Sin pensarlo dos veces llamó al Colegio Bíblico a reportarles:

—¡El Señor me ha sanado!

Aquella experiencia lo había cambiado todo. Su fe dejó de ser una mera expresión cultural, algo que la familia Qumsieh siempre había practicado. Ahora, cuando asistía a la liturgia, las palabras tenían vida. Ahora celebraba al Señor resucitado que vivía en su corazón, al igual que en el de su esposo y de sus hijos. Jesús era quien había sanado su cuerpo y su depresión—algo que ni los médicos ni la medicina habían podido hacer. Cuando abrió la Biblia, notó que las palabras de ella entraron a lo profundo de su alma. Ahora ansiaba entenderla, quería vivirla. Con el permiso de su esposo se había inscrito en el Colegio Bíblico de Belén, donde había estudiado vorazmente, sacando las mejores calificaciones en cada curso y se había graduado como la mejor estudiante de su clase.

Nawal pensó de nuevo en la conversación de aquella noche a la mesa. Muy pronto su nido quedaría vacío. ¿Qué se pondría a hacer ella entonces? ¿Debería seguir a sus hijos a la libertad de Occidente?

De nuevo pensó en sus vecinas, tanto en las musulmanas como en las cristianas. Ella comprendía su ansiedad y desesperanza. Se sentían terriblemente solas, y no tenían con quien descargar el peso de su corazón. ¿Y si alguien les diera la oportunidad de hablar? Muchos esposos nunca permitirían que sus mujeres hablaran, pero había otros que sí. Y aunque fuera para unas pocas, ella podría representar la diferencia. De inmediato sus pensamientos se convirtieron en una oración: *Dime, Señor, ¿hay alguna esperanza para la gente aquí?* Pensó en las misiones de la zona de Belén. Muchas se iban a consecuencia de la intifada. ¿Regresarían algún día? *Señor, si hay alguna esperanza para estas mujeres, mis vecinas, yo quiero ser parte de ella. Quiero que lleguen a tener la misma experiencia contigo que tengo yo.*

En ese momento supo que no se iría de Cisjordania con sus hijos. El Señor tenía trabajo para ella allí.

Jerusalén, 1988

La intifada estaba en pleno desarrollo, cuando llegué invitado como orador a una conferencia médica cristiana. Bishara me recogió durante un receso en el programa, y me llevó hasta el hospital Al-Maqassed en el Monte de los Olivos. Yo había pedido con anterioridad que a los delegados médicos se les permitiera visitar este hospital, pero el Ministerio de Turismo, que había ayudado a organizar la conferencia, había negado todas las solicitudes. Por eso decidí que algunos de nosotros fuéramos por cuenta propia, sin permiso. Mientras ascendíamos la montaña, no podía dejar de pensar en mis primeros viajes a Israel, cuando me albergaba en una casa cerca de aquí que contaba con una vista extraordinaria de Jerusalén. La mujer era una cristiana devota que había comprado aquella casa para poder tener una vista de primera fila del regreso de Cristo. Ella había fallecido hacia varios años—sin presenciar el fin de los siglos.

El hospital que visitábamos era una institución privada, de propiedad musulmana, pero Bishara había explicado que estaba abierto para musulmanes y cristianos. Muchos de los jóvenes que recibían heridas en la intifada eran tratados allí. Todas las habitaciones estaban ocupadas, incluso, había pacientes acostados en camillas en los corredores. Casi todas las camas de los enfermos estaban rodeadas de sus familiares, y varias veces vi a madres llorando sobre sus hijos.

Las noticias informaban que los soldados usaban solo balas de goma, y que tenían órdenes de disparar por debajo de las rodillas. Sin embargo, muchas de las heridas eran horripilantes. Me detuve junto a una cama en la que había un muchacho paralizado debido a una bala que se había incrustado en su cuello. Su madre solo hablaba árabe, y Bishara tradujo.

—No le pueden remover la bala —dijo muy bajito—. Los médicos dicen que nunca volverá a caminar.

—¿Cuántos años tiene? —pregunté.

—Once años —respondió la madre, a la vez que se echaba a llorar.

No podía pensar otra cosa: *¿Dónde está Dios en todo esto?* La mujer lucía un velo tradicional que indicaba que era musulmana. Yo quería respetar su fe, pero mi corazón sentía mucha lástima por su dolor.

—¿Me permite orar por su muchacho?

Ella asintió con la cabeza. Poniendo mi mano en el hombro del niño, le pedí a Jesús, a quien los musulmanes reconocen como el Sanador, que sanara a este niño de sus heridas, y a su familia del dolor emocional.

En otra habitación encontré a una mujer de edad que lucía un collar con una sencilla cruz, sentada junto a un adolescente cuya pierna estaba enyesada y elevada en tracción. La mujer hablaba inglés, de modo que le pregunté:

—Veo que luce una cruz. ¿Es usted cristiana?

—Sí —respondió—. Soy católica.

—¿Y es él su hijo?

—Mi nieto.

—¿Puedo preguntarle qué le sucedió?

—Tiene dos balas en su pierna. Una de ellas le destrozó la cadera. Los médicos no creen que pueda caminar otra vez.

—Lo siento tanto...

—Yo le pedí que no fuera. Sus padres le dijeron que no fuera. Pero hay tanta presión. Los jóvenes creen que deben ir y demostrar que son buenos palestinos. Tiene suerte que no lo mataron.

—¿Dónde vive usted? —le pregunté.

—En Jerusalén Este (Árabe).

—¿Puede usted mantener su fe en medio de estos tiempos tan difíciles?

La mujer me miró a los ojos, quizá preguntándose cuán sincera podía ser con este extraño.

—El cristianismo es un compromiso diario —respondió con voz firme—. Pero el perdonar a nuestros enemigos es una lucha diaria. ¿Cómo puedo perdonar a quienes quieren matarnos y nos niegan nuestra patria? Pero yo *debo* perdonar. Cada vez que oro el Padre Nuestro, lucho con las palabras «Perdona nuestras deudas como también nosotros hemos perdonado a nuestros deudores». Yo quiero decirle: «Dios, perdono a mis enemigos». Me los imagino. Veo lo que hacen día tras día. Veo los cuerpos muertos, el sufrimiento, la sangre. Trato de perdonar, pero no puedo. Y entonces oro: «¡Dios, tienes que ayudarme a perdonar, porque yo no puedo!»

La sinceridad de esta mujer me conmovió profundamente. Cuando Bishara y yo caminábamos de regreso a su carro, le dije:

—Pienso que a Dios le impresiona más la oración de esta mujer, que las tonterías con las que la gente trata de cubrir todas sus bases con una oración colectiva: «Dios, bendice a nuestros familiares y amigos. Amén». Esta mujer enfrenta situaciones que la mayoría de nosotros en Occidente nunca podríamos siquiera imaginar.

Bishara estaba de acuerdo:

—Ella toma el perdón muy seriamente. Yo entiendo su lucha. He pasado por lo mismo y continúo haciéndolo.

Mi amigo me había contado de aquella oración de años atrás, en la que le había pedido a Dios que le quitara el odio por los judíos. Ahora aseguraba que Dios le había respondido aquella súplica, pues no sentía animosidad por los judíos. Pero el conflicto entre los palestinos e Israel le causaba serios problemas. A comienzos del año se le ordenó cerrar el Colegio Bíblico de Belén —Israel había clausurado casi todas las instituciones educativas en Cisjordania y Gaza, aduciendo que eran un foco de rebeldía. Sin embargo, con las escuelas cerradas, los jóvenes no tenían otra cosa que hacer que lanzar más piedras.

Antes de la erupción de la intifada, yo había hecho arreglos para que el coro de Colegio Bíblico de Belén cantara en la conferencia en la que yo era el orador.

—Siento mucho que el coro no pueda cantar en la conferencia —le dije cuando regresamos al hotel.

—No te des por vencido todavía —respondió Bishara con una sonrisa—. Me he puesto en contacto con todos los estudiantes del coro. ¡Vamos a tratar de entrarlos a escondidas al hotel mañana!

—¿Por cuánto tiempo va a permanecer cerrado el instituto? —le pregunté antes de bajarme del carro.

—Las noticias no son buenas —admitió—. Mientras continúe la intifada, no creo que se nos permita reabrir. Hemos tratado de dictar las clases en hogares, pero no está funcionando muy bien. He cancelado las ceremonias de graduación de este año porque los estudiantes no han podido terminar sus cursos. Sinceramente, si esto se extiende, no creo que el instituto pueda sobrevivir.

—¡No debes darte por vencido! —le dije a mi amigo—. Yo te ayudaré. Puertas Abiertas te va a ayudar. Tu misión es demasiado importante. Estás capacitando a los futuros líderes de las iglesias, y me rehúso a creer que es la voluntad de Dios que este esfuerzo no se dé.

—Entonces debemos mantenernos orando —dijo con resignación.

—¡Es por eso que debemos mantener el Colegio Bíblico de Belén funcionando! Los estudiantes tienen que aprender las Escrituras y cómo aplicarlas, pues esto le demostrará a los cristianos y a la comunidad palestina que existe otro camino. ¡Un camino mejor!

A la noche siguiente nos sorprendimos cuando Bishara llegó con el coro del Colegio Bíblico de Belén, al igual que con artesanías de madera de olivo para vender. Los gerentes del hotel estaban molestos, porque las artesanías del Colegio Bíblico de Belén se vendían a la mitad del precio que las mismas piezas que vendía el hotel a sus huéspedes en la tienda de regalos. Los jóvenes nos presentaron un emotivo programa de música y testimonios.

Hubo algo más que se destacó aquella noche. Sharaf, el estudiante del Colegio Esperanza que yo había patrocinado por varios años, llegó a verme. Durante nuestra conversación, esta naturalmente, se encaminó a la intifada. Le conté de los muchachos que había visto en el hospital. De pronto me dijo:

—Hermano Andrés, nunca he lanzado piedras a los soldados israelíes mientras he asistido al Colegio Esperanza.

—¿Y sabes por qué? —le respondí—. ¡Porque alguien ha estado orando por ti!

¿Cuál era la respuesta adecuada al conflicto? Lo que vi en Sharaf no era más que una pequeña solución. Él no era cristiano, pero había aprendido los caminos de Dios en la Biblia al asistir al Colegio Esperanza. Lo que necesitábamos eran miles y miles de estas pequeñas soluciones. En vez de maldecir la oscuridad de la tierra, necesitábamos encender muchas otras luces.

Gaza, 1988

Hanna Massad parecía muy joven para ser pastor de la iglesia Bautista de Gaza. De hecho, él era el primer pastor nativo de la congregación que los misioneros bautistas del sur habían fundado, al igual que un hospital, en 1954. Hasta ese momento todos los pastores habían venido de Egipto o del Líbano. Hanna estaba aprendiendo sobre la marcha, asistiendo al Colegio Bíblico de Belén durante la semana, y viajando a Gaza los fines de semana para predicar en los cultos dominicales.

Mientras la intifada se libraba, Gaza no era en verdad el sitio más seguro adonde ir. Pero aun así, sentí muchos deseos de visitar esta congregación, la única iglesia evangélica en la congestionada calle. Quería brindar mi apoyo a Hanna y a esa iglesia, que con valentía se congregaba en el centro de la ciudad de Gaza.

Durante años la iglesia había celebrado sus cultos en la iglesia de San Felipe, en el mismo lote del hospital Cristiano, cuyo control los bautistas habían cedido a la iglesia anglicana, en 1982. Ahora se reunían en un nuevo local que alquilaban en el centro de la ciudad de Gaza. Cuando Hanna me dio la bienvenida para el culto matutino del domingo, me explicó:

—Cuando empezó el levantamiento, las ambulancias llegaban constantemente a la sala de urgencias del hospital.

Como el ruido perturbaba el desarrollo de los cultos, decidimos que era hora de mudarnos.

Yo conocía a la propietaria del local donde la iglesia se congregaba.

—Ella no quiere venderlo por ahora, pero dice que lo podemos usar por el tiempo que lo necesitemos. Algún día podremos comprar nuestro propio edificio.

Hanna me sirvió de intérprete cuando le prediqué a aquella congregación de unas setenta y cinco personas. Después del culto almorzamos juntos y pudimos conversar un buen rato. Por la tarde él regresaría a Belén a continuar con sus estudios.

—Estoy muy limitado en lo que puedo hacer por ahora —me dijo—. Pero hay mucho potencial en esta iglesia. Quiero comenzar un ministerio para los niños y otro para los jóvenes, e involucrar más a las mujeres. Pero, lo más importante, quiero tener reuniones de evangelización.

Yo le reafirmé esa visión:

—A su debido tiempo tendrás la oportunidad de hacer todas estas cosas. Pero aún no estás preparado. En este momento debes concentrarte en tu capacitación.

Hanna se rió.

—¡En este momento! ¡Tan pronto como aprendo algo nuevo, tengo enseguida la oportunidad de ponerlo en práctica aquí mismo en Gaza!

16

Juntando ambas partes

Belén, 1988

Salim Munayer irradiaba energía, incluso mientras esperaba hablar conmigo después de una reunión en el Colegio Bíblico de Belén. En su cargo de director académico del instituto, Salim establecía el programa de clases, y a la vez, enseñaba varias materias. Bishara dependía mucho de él. Yo me preguntaba cuál era el secreto de su entusiasmo, y se me ocurría que quizá se debía a su crianza en una comunidad que mezclaba árabes y judíos, donde los niños se peleaban a diario por el solo derecho de jugar en las calles. Yo sabía también que hablaba hebreo, árabe e inglés con fluidez. A pesar de ser palestino, ayudó a plantar dos congregaciones mesiánicas, y daba clases a estudiantes universitarios palestinos e israelíes. Se desenvolvía con sorprendente facilidad entre musulmanes, judíos y cristianos.

Cuando me volví para darle toda mi atención, Salim me dijo:

—Hermano Andrés, quisiera proponerle un proyecto a Puertas Abiertas.

Lo seguí a su despacho en el edificio administrativo, y tan pronto nos sentamos, empezó a hablar:

—Quiero compartir contigo un sueño que tengo. Como sabes, yo ministro a creyentes judíos y palestinos. En el Colegio Bíblico de Belén me paso un buen tiempo explicándoles a Bishara y a los demás cómo piensan los israelitas. Y cuando enseño en Jaffa, me paso un buen tiempo explicándoles a los creyentes judíos cómo piensan los palestinos. Ahora sé que, en vez de tratar de explicarle a un grupo acerca del otro, sería mejor si se pudiera juntar a los dos.

—¿Te refieres a los cristianos de ambos lados?

—Para comenzar, sí. Creo que es hora de que los creyentes de ambos lados empiecen a hablar entre sí. ¿Sabes? Tengo estudiantes que me preguntan qué haría Cristo en medio de esta intifada. Ellos quieren saber cómo deben comportarse en los retenes. Los judíos mesiánicos quieren saber si deben prestar servicio militar. Los palestinos quieren saber si deben hacer algo por el asentamiento vecino. Los estudiantes del Colegio Bíblico de Belén dicen que ellos saben que las enseñanzas de Jesús les prohíbe que se involucren en actos de violencia, pero si no se involucran de alguna manera sienten que están traicionando a su gente. Tienen una gran lucha interior con la Biblia, cuando dice que su patrimonio espiritual proviene de los judíos. Nuestro Mesías era judío, pero ahora estamos en guerra con los judíos. Estos son asuntos muy difíciles, tanto espiritual como teológicamente.

—¿Crees que hay una respuesta?

—Creo que debe haber un proceso de reconciliación de parte y parte.

—De acuerdo. Pero, ¿cómo se logra?

—Se comienza por desarrollar una relación. La mayoría de las personas con quienes trabajo nunca han pasado un minuto con alguien del otro lado. Me gustaría empezar a llevar gente de ambos lados al desierto por tres días. Creo que cuando se encuentren lejos de su entorno, en una situación en la que deben trabajar unidos, podemos empezar a derribar barreras y a construir una relación basada en la confianza.

—¿Nunca se ha intentado algo así? ¿Por qué sería distinto este proyecto en particular?

—Sí, se han realizado reuniones entre judíos y palestinos, pero se han concentrado en asuntos relacionados con política. Y por eso han sido negativas. Existe la necesidad de desarrollar relaciones antes de empezar a hablar de estos asuntos. Pero para poder tener relaciones, necesitamos afrontar nuestros prejuicios y la deshumanización de cada lado. Creo que un entorno como el desierto es el mejor lugar para derribar estos prejuicios y construir relaciones que permitan afrontar los demás asuntos.

Me incliné hacia adelante y tomé a Salim del brazo.

—¡Tienes mucha pasión, y eso me gusta! Pero, ¿de verdad crees que esto funcione?

Salim me entregó varias hojas con bosquejos del plan y los costos iniciales para el primer año. Mientras les daba una mirada, me dijo:

—La realidad de nuestra situación es que los israelitas y los palestinos parecemos vivir en una sola casa. Y viviendo tan cerca, la interacción es inevitable, e incluso necesaria. Como no tenemos otra alternativa que convivir unos con otros, la reconciliación y el desarrollo de buenas relaciones son esenciales.

Lo miré y, pensando en su propuesta, le pregunté:

—¿Intentas establecer un modelo entre los cristianos de ambos lados?

—Andrés, los creyentes pueden desempeñar un papel muy importante en la solución de este conflicto, pues a razón de nuestra fe mutua en el Mesías, somos un cuerpo. Se nos han dado las herramientas necesarias para la transformación del corazón. Podemos hacerle frente al odio y a la amargura con el mensaje de perdón y amor. Quizás podamos ser ejemplos y modelos, demostrando que sí es posible vivir juntos, libres de la esclavitud del odio.

—Estoy convencido de que sí debemos intentarlo —le dije—. Voy a llevar esta propuesta a mi equipo de trabajo para ver qué podemos hacer.

De regreso en Puertas Abiertas, les presenté la propuesta a los líderes, y estuvieron de acuerdo en hacerse cargo de parte del presupuesto que necesitaba Salim.

—Veamos los resultados y quizá podamos hacer algo más —dijo Johan.

Salim le dio el nombre de *Musalaha* al proyecto, que en árabe significa «Perdón y Reconciliación». Yo era consciente de que, a escala mundial, esta era un parte muy pequeña de nuestra obra; pero aun así, tenía una gran trascendencia. Se trataba de un proyecto muy peculiar, concebido por la comunidad cristiana de la zona, y que intentaba lidiar con las causas fundamentales del conflicto en el Medio Oriente. Estaba muy ansioso de ver los resultados.

Desierto del Negev, primavera de 1992

Era algo más fuerte que él.[1] A Yitzhak le habían enseñado a odiar a los árabes. A su modo de ver, el único buen árabe que había era un árabe muerto. Pero de todos modos aquí estaba, sentado en tapetes en el interior de una carpa beduina, con algunos amigos judíos y árabes, y todo debido a la amable insistencia de su esposa de que, como creyente mesiánico en Yeshua, tenía que conocer a creyentes del otro lado.

—¡Es ridículo! —había explotado la primera vez que ella le había propuesto que participaran en este encuentro en el desierto—. ¡En los árabes no se puede confiar!

Al otro lado de la carpa, en otro grupo, Wa'el se preguntaba por qué tenía que participar en esta reunión con judíos mesiánicos.

—Si son creyentes en el Mesías —le decía el palestino convertido del Islam a su amigo Salim Munayer—, entonces no tenemos necesidad de reconciliación. Ya estamos reconciliados.

El Hermano Andrés posa para una foto con niños en un campamento de refugiados de Gaza. Al y Andrés no notaron la pistola de juguete en la mano de uno de los niños, hasta que observaron la foto más tarde (Ver capítulo 34).

Bishara Awad, el presidente del Colegio Bíblico de Belén.

El Hermano Andrés, cargando bolsas de Biblias y otros materiales, entra a Gaza a través del retén de Eretz.

El Hermano Andrés se ha reunido en varias ocasiones con Yasser Arafat. Aquí, Andrés le enseña al presidente de la OLP algunos libros publicados por la Sociedad Bíblica Palestina (Ver capítulo 25).

A sólo un poco más de un kilómetro del Colegio Bíblico de Belén, un edificio que servía de sede al gobierno palestino fue arrasado por un avión de guerra F-16 en abril de 2002.

El Hermano Andrés ora en las ruinas de una iglesia bautista, una entre las muchas destruidas por la guerra en el sur del Líbano (Ver el capítulo 4).

Al Jenssen (de cara a la congregación) y el Hermano Andrés oran por el pastor Hanna y su esposa Suhad, durante un culto en la Iglesia Bautista de Gaza.

La Iglesia Bautista de Gaza

Una reunión histórica en la Ciudad de Gaza: Unos cuatrocientos miembros de Hamas asistieron a una comida y a oír predicar al Hermano Andrés (Ver el capítulo 22).

El Hermano Andrés le obsequia una Biblia en árabe al fallecido jeque Yasín, fundador de Hamas (Ver el capítulo 26).

Un grupo de palestinos deportados en el campamento de Marj Al-Zohour se aglutina alrededor del Hermano Andrés, para escuchar noticias de sus familiares (Ver capítulos 19 y 20).

El Hermano Andrés lee su Biblia en el balcón de la casa de Lucien en el Líbano. Nótese el daño causado por la artillería, tanto en la silla como en la pared posterior (Ver capítulos 8 y 9).

Pero él sabía que esta verdad teológica no guardaba relación con las realidades cotidianas de la vida en Cisjordania. Le molestaba mucho que los judíos, creyentes o no, insistieran en usar la historia para reclamar la tierra en la que vivía, devorándose los derechos de los palestinos que habían poblado esta tierra por cientos de años.

También le ofendía el concepto de judaísmo mesiánico.

—Son judíos cristianos, ¿no? —alegaba—. ¿Debemos entonces los creyentes cristianos de origen musulmán crear un movimiento musulmán-mesiánico?

Pero de todos modos quería mantener una mentalidad abierta. Estaba dispuesto a dialogar con islamistas que lo retaran por su conversión a Cristo, al igual que con judíos humanistas trabajando por la paz. Por eso había aceptado el ofrecimiento de Salim de reunirse y dialogar con estos judíos mesiánicos.

El cauteloso grupo de treinta participantes —igual número de palestinos que de judíos— formaba un círculo alrededor de unas bandejas comunes de pollo y arroz, y comían usando el pan árabe a modo de cuchara. Debido a que era la semana de Pascua, algunos de los creyentes mesiánicos usaban pan sin levadura en vez del pan árabe. En un círculo, Wa'el estaba sentado junto a una mujer palestina, que observaba a Evan Thomas, copastor de una iglesia mesiánica en Natanya, y miembro de la junta de Musalaha. La joven mujer, mirando el pan sin levadura en la mano de Evan, le preguntó:

—¿Por qué está usted todavía atado a la ley?

La pregunta se hizo con curiosidad sincera, y Evan la respondió de la misma manera, diciendo tranquilamente:

—Una forma que he escogido de expresar mi fe en Yeshua es celebrando las festividades judías. La celebración de la Pascua marca el sacrificio final de Yeshua por el mundo, de una, vez por todas.

La mujer, que asistía a una iglesia ortodoxa griega, no se veía muy convencida. Wa'el, que escuchaba la conversación, se preguntaba si un abismo tan grande —de idioma, cultura y prácticas religiosas— podría ser cruzado en tres días.

Temprano por la mañana al día siguiente, el grupo se encaminó a explorar la antigua Ruta de las Especias, que iba del sur de Arabia hasta la costa mediterránea. Los camellos fueron cargados con más de cincuenta kilos de víveres cada uno, agua y equipos, y un jinete palestino o israelí. Una persona del lado contrario cabestreaba al animal. Yitzhak tomó el primer turno montando el camello, mientras que Wa'el, su pareja, caminaba. Cuando salió el sol, la caravana se dirigió al sur hacia el valle de Timna, una jornada de tres días y tres noches hasta el sitio de las minas de cobre del Rey Salomón.

A lo largo del día, Wa'el y Yitzhak se tomaban turnos. No hablaban mucho, pero trabajaban bien en equipo, especialmente convenciendo al terco camello de bajar por un desfiladero rocoso hasta el lugar del primer campamento. Agotados por la jornada del día, todos se durmieron pronto bajo las estrellas. A la madrugada. los despertaron los destellos de rayos y truenos que iluminaban el cielo, y al rato estaban todos empapados por la tormenta que se desató. Al poco tiempo el cielo se despejó, y el calor volvió a sentirse mientras el grupo continuaba la jornada, y los viajeros caían en cuenta de otro fenómeno —todos ellos, incluyendo los camellos, compartían el mismo olor.

Ese día Wa'el y Yitzhak, que habían notado que sus defensas empezaban a bajar, comenzaron a hablar. Yitzhak meciéndose al ritmo del camello, escuchaba a Wa'el, que caminaba al lado del animal, contar las historias de su niñez y de su vida en un campo de refugiados en Cisjordania. Cuando era niño, su casa había sufrido graves daños por la explosión de la casa contigua, cuyos residentes estaban siendo castigados por la participación de uno de ellos en un ataque contra colonos israelitas.

—No teníamos adónde ir —dijo Wa'el—. Una familia vecina nos ofreció albergue hasta que logramos reparar la casa. Dos años más tarde mi madre enfermó gravemente, y aunque mis hermanos, mis hermanas y yo oramos por su recuperación, ella murió. Yo estaba seguro de que mi madre era la mejor persona sobre la tierra, y no lograba entender por qué Dios no la había sanado. Fue una gran desilusión para mí.

—¿Vienes de familia musulmana?

—Sí, éramos musulmanes pero no devotos. Cuando era adolescente, mis tíos me empezaron a llevar a la mezquita a orar. Pero no veía por qué debíamos adorar a Dios, si él no nos daba ninguna ayuda para nuestros problemas. Empecé entonces a leer filosofía —los clásicos griegos, a Lenín, a Marx.

»Me pasé muchas horas en discusiones con los islamistas. No podía adherir a aquellos que decían que Dios no existía. Yo creía que sí había un Dios, pero no estaba seguro de que fuera el Dios del que habla el Corán.

Wa'el caminó en silencio por unos minutos, hasta que Yitzhak le preguntó:

—¿Qué te hizo buscar a Cristo?

El joven palestino se echó a reír al acordarse:

—Cuando era adolescente, empecé a leer la enciclopedia. Me proporcionaba información muy práctica de muchos temas, incluyendo el cristianismo. Luego me inscribí en un curso bíblico de dos años por correspondencia, y finalmente, deduje que Jesucristo era el camino a Dios. Y eso fue como una luz que Dios prendió en mi corazón. Creí en Cristo, y desde entonces, quería saber más de él y madurar en él.

Una súbita revelación asombró a Yitzhak mientras escuchaba a su nuevo amigo. Tenía más en común, cultural y espiritualmente, con este palestino, que lo que tenía con muchos creyentes judíos que habían inmigrado a Israel desde

América, Rusia y Europa. Le maravillaban los paralelos que había entre su propio testimonio y el de Wa'el.

—Nací en el seno de una familia judía tradicional —dijo—. Mis padres llegaron del norte de África en 1948. Cuando terminé los tres años de servicio militar en el ejército israelí, me consideraba un agnóstico. Entonces decidí ir a viajar por Europa por unos meses, y un amigo me regaló una Biblia antes de partir. No podía dejar de leerla. Cuando regresé a Israel ya era creyente.

—¿Qué pensaba tu familia de todo eso? —preguntó Wa'el, sabiendo que, al igual que muchas familias musulmanas, las judías también podían dividirse a causa de la profesión de fe en Jesucristo de uno de sus miembros.

—Mi madre se hizo creyente, aunque mi padre se oponía rotundamente al principio. Pero, por la gracia de Dios, se ha vuelto más receptivo al ver lo que ocurría con mi madre y conmigo, y no podía negar que era bueno. Todavía no es creyente, pero ahora nos acepta y en ocasiones asiste a los cultos con nosotros.

Lo que Yitzhak no podía contarle a Wa'el —todavía era muy temprano en su amistad— era que a su regreso a Tel Aviv, se había involucrado de lleno en una congregación mesiánica que celebraba la creencia en Jesús como el Mesías en el contexto del judaísmo, la nación de Israel y el sionismo. Al igual que sus correligionarios, Yitzhak había decidido ignorar por completo a los árabes hasta el año anterior, cuando había contraído matrimonio con otra judía mesiánica. Ella trabajaba con árabes en un hospital y lo había sorprendido cuando le dijo: «¡No me caen mal!»

En la última noche juntos, Evan Thomas pidió a dos hombres que construyeran una mesa de piedra, y luego la cubrió con un *kaffiye* limpio.[2] Como miembro fundador de la junta de Musalaha, Evan había compartido con Bishara la visión de lo que ahora pasaba en el desierto. Él y su esposa Maala, habían inmigrado a Israel en 1983, provenientes de Nueva Zelanda. Allí se asociaron con David y Lisa Loden para liderar una congregación mesiánica, Beit Asaf, en Natanya.

Evan pudo ver por primera vez el potencial de Musalaha durante una campaña de evangelización en Haifa, donde quince cristianos palestinos se unieron a un grupo de creyentes mesiánicos. Evan sonrió al recordar el evento de tres días. Ocho israelitas aceptaron a Jesús como su Mesías, y siete de ellos fueron guiados al Señor por cristianos palestinos. Eso hizo que empezara a visitar iglesias árabes en Galilea, donde se halló compaginando con aquellas comunidades. Por eso pensó que era solo lógico que tratara de desarrollar un ministerio activo de reconciliación entre ambos grupos.

Los participantes estaban ahora congregados alrededor de la mesa de piedra, sobre tapetes beduinos, y Evan colocaba una pieza de pan sin levadura y vino sobre la mesa.

—Esta es la última noche de Pascua —dijo dando comienzo al culto. Enseguida les explicó brevemente los orígenes del sacramento de la Comunión dentro de la tradición de la cena de Pascua.

Luego leyó lentamente de Efesios 2. Wa'el sentía las palabras golpeando en su mente con un nuevo impacto:

«Por lo tanto, recuerden ustedes los gentiles de nacimiento —los que son llamados "incircuncisos" por aquellos que se llaman "de la circuncisión" . . . recuerden que en ese entonces ustedes estaban separados de Cristo, excluidos de la ciudadanía de Israel y ajenos a los pactos de la promesa, sin esperanza y sin Dios en el mundo. Pero ahora en Cristo Jesús, a ustedes que antes estaban lejos, Dios los ha acercado mediante la sangre de Cristo».

Yitzhak también sentía el impacto, a medida que Evan leía las palabras de Pablo: «Porque Cristo es nuestra paz: de los dos pueblos ha hecho uno solo, derribando mediante su sacrificio el muro de enemistad que nos separaba, pues anuló la ley con sus mandamientos y requisitos. Esto lo hizo para crear en sí mismo de los dos pueblos una nueva humanidad al hacer la paz, para reconciliar con Dios a ambos en un solo cuerpo mediante la cruz, por la que dio muerte a la enemistad».

Al oír esas palabras, Yitzhak tuvo que admitir ante Dios que sí odiaba a los árabes, y que eso contradecía lo que Dios había dicho. Dios había traído la paz entre árabe y judío. Y después de haber escuchado el testimonio de Wa'el, tenía que reconocer que Dios estaba obrando entre los palestinos como lo hacía con el pueblo judío.

Evan tomó en sus manos un pedazo grande del pan sin levadura y lo partió.

—Este es el cuerpo de Cristo, quebrado por ustedes —y entonces levantó la copa de vino—. Esta es la sangre de Cristo que fue derramada por ustedes.

Ahora quiero pedirle a todos que pasen al frente y tomen los elementos, pero no los consuman todavía. Asimismo, les pido que los sirvan a otro hermano o hermana, a quien el Señor les indique.

Durante los minutos siguientes hubo un silencio que era intensificado por el árido paisaje que les rodeaba. No había brisa, ni ruido de insectos que interrumpiera aquel silencio; solo el ronquido de un camello a unos cuantos metros del campamento. Evan comenzaba a dudar de la sabiduría de sus instrucciones. Sabía que ellos nunca habían compartido la Cena del Señor de esta manera, pero no podía pensar en una mejor que traspasara las barreras y les ayudara a ver que eran uno en Cristo.

Wa'el y Yitzhak se levantaron al mismo tiempo, y pasaron adelante a recibir los elementos; entonces se pararon frente a frente. Muchos en el grupo tenían lágrimas en los ojos al ver a estos dos servirse la Comunión el uno al otro. El poder de esta imagen eliminaba la necesidad de cualquier palabra. Todos podían verlo: Por medio de Cristo, tanto el palestino como el judío tenían acceso al Padre por un Espíritu. Pronto el resto del grupo siguió su ejemplo, y en el proceso se cumplía la visión que Evan y Salim tenían para Musalaha. Un abismo enorme se había salvado; la verdadera reconciliación había comenzado. Si Dios podía unir a un judío y a un palestino, ¿por qué no podría hacerlo con un millón de judíos y un millón de palestinos?

17

¿Qué se logrará con este sufrimiento?

Cisjordania y Gaza, diciembre de 1992

Dos ataques armados habían dejado como resultado seis soldados israelíes muertos, y al Sargento Mayor Nissim Toledano secuestrado. El grupo fundamentalista islámico Hamas había reivindicado los ataques, y exigían que, a cambio de Toledano, Israel dejara en libertad al jeque Ahmed Yasín, fundador y líder espiritual de Hamas.

Prefiriendo no capitular ante las exigencias del rescate, el Primer Ministro Yitzhak Rabin ordenó una operación masiva de búsqueda y rescate a través de Israel. Tres días después, el cuerpo de Toledano fue encontrado cerca de la carretera entre Jerusalén y Jericó.

La represalia no se hizo esperar. Se creó una lista de nombres, y a los soldados se les dieron sus asignaciones. La operación iba a ser tan contundente como un rayo.

—Esto les va a cortar la cabeza —dijo uno de los oficiales a cargo de la maniobra— y le dará fin a Hamas.

Abd al-Fattah al-Awaisi descansaba en la sala, y revisaba

las notas para la clase de historia que dictaría al día siguiente en la Universidad de Hebrón. De súbito, unos soldados irrumpieron en la casa derribando la puerta. Mientras dos de ellos lo paraban a la fuerza de la silla, los otros encañonaban a su esposa y a sus hijos, y les ordenaban que se fueran para la parte posterior de la casa.

—¡Prepárese! ¡Usted sigue! —gritó un soldado con voz amenazante a la esposa de al-Awaisi, que en ese momento retrocedía con las manos levantadas—. Bruscamente le taparon los ojos a al-Awaisi con una venda, y le ataron las manos a su espalda con una cuerda plástica delgada. En menos de un minuto se lo llevaron de la casa.

A la mañana siguiente, el jeque Abdul Asis Kajuk esperaba su tratamiento en un salón del Hospital de Shefa, cuando los soldados llegaron por él. Le vendaron los ojos también, le ataron las manos y se lo llevaron.

Al medio día, Taher Lulu, un pediatra del Hospital Nasser de Gaza, se alistaba para almorzar, cuando fue interrumpido por soldados israelíes. Pasarían dos días antes de que volviera a comer.

Adly Rifaat Yaish, un hombre de negocios, recibió una llamada aquella tarde.

—¿Podría venir a la estación de policía, por favor? —le preguntaron cortésmente—. Tenemos un par de preguntas que hacerle. Solo se tardará unos minutos.

Yaish pensó que era extraño. Como palestino, contaba con libertad poco común para realizar sus viajes de negocios a Jerusalén y a Jordania. Nunca había sido detenido ni interrogado. Agarrando su abrigo, le dijo a la secretaria que estaría por fuera un rato, y se dirigió en su auto a la estación, donde de inmediato fue atado de pies y manos con cuerda plástica, vendado y abordado en un bus.

Yaish sentía que había otro hombre sentado junto a él en la dura banca.

—¿Qué está pasando? —preguntó.

—¡Silencio! —le ordenaron con severidad, seguido de un golpe en la espalda con un palo—. ¡Ni una palabra en este bus!

Al cabo de unos minutos, Yaish escuchó que se cerraba la puerta del bus, y que encendían el motor de diesel. «¿Por qué?» se preguntó. «¿Adónde nos llevan? ¿Qué he hecho para merecer este trato?»

Nadie hablaba. Nadie daba ninguna explicación. Al menos se sentía agradecido de haber agarrado el abrigo—era lo único que lo protegía del frío viento que entraba por las ventanas del desvencijado bus.

Las horas pasaban. No hacían ninguna parada para ir al baño, ni para comer, ni siquiera para tomar agua. Por la oscuridad, al-Awaisi deducía que ya había anochecido. Trató de adormilarse, pero obligado a mantener la cabeza agachada detrás de la silla anterior, y con las manos atadas atrás, le quedaba imposible encontrar una posición cómoda. Todavía sentía los efectos de una noche de encierro en una fría celda. Los músculos de la espalda se le encalambraban, y se preguntaba cuánto tiempo resistiría su débil salud estas condiciones.

En algún momento, a eso de la medianoche, el bus se detuvo brevemente. Al-Awaisi oyó voces afuera, pero entonces la puerta se cerró de nuevo y continuaron la marcha. A la mañana siguiente, cuando notaba a través de su venda que ya aclaraba, al-Awaisi sintió que el bus se esforzaba cuesta arriba. Evidentemente se dirigían hacia las montañas.

Aún, no se ofrecía ninguna explicación. Necesitaba con urgencia ir al baño, pero las necesidades fisiológicas no eran razón para detenerse.

Finalmente, no sabiendo si se trataba de unos minutos o

de unas horas más tarde al-Awasi sintió una ráfaga de viento frío cuando se abrió la puerta del bus. Un soldado cortó las cuerdas que le ataban los tobillos.

—¡Todo el mundo de pie! —se les ordenó—. ¡Rápido, rápido!

Los quejidos de los demás hombres expresaban el mismo malestar que al-Awaisi sentía, pues sus acalambrados músculos se resistían a moverse. Tenía las muñecas hinchadas a causa de las cuerdas de plástico, y se le dificultaba mantener el equilibrio cuando trataba de caminar por el pasillo. Estuvo a punto de caerse apenas se apeó del bus.

De un tirón le quitaron la venda. Un soldado lo agarró por los brazos y de un tajo le cortó las cuerdas que le apretaban las muñecas, cortando a al-Awaisi en el brazo izquierdo. Luego, lo empujaron hacia un grupo de hombres que se apretujaban a unos cuantos metros del bus.

Le tomó un minuto para ajustar sus ojos a la luz, a pesar de que era un día gris, con nubes que cubrían las montañas aledañas. El terreno estaba lleno de rocas afiladas e irregulares, y no veía vestigio de vegetación por ninguna parte. Otro hombre que chocó contra él al recibir el empellón de un soldado, ni siquiera se percató de su presencia, pues se masajeaba los brazos para restaurarles la circulación. Avergonzado, al-Awaisi intentaba cubrir con las manos un manchón en sus pantalones —la evidencia de que no había logrado controlar la vejiga por más tiempo.

—¡Escuchen con atención! —les gritó un soldado en árabe chapurreado—. Ustedes han sido deportados por un período de dos años. Quizá se puedan quedar con uno de sus vecinos árabes. De otra manera, es aquí donde habrán de permanecer.

El soldado abordó el bus nuevamente. Al arrancar a andar, una lluvia de piedrecillas les cayó encima, dio la vuelta y desapareció.

—¿Dónde estamos? —preguntó uno de los hombres.

—¡Me estoy congelando! —dijo otro de los deportados—. Y no me puedo imaginar otro sitio más miserable, más desolado que este.

—Dos años —masculló al-Awaisi—. ¿Cómo podré sobrevivir aquí por dos años?

Holanda, diciembre de 1992

Me encontraba tomando un descanso en el salón de conferencias del Centro Internacional de Exhibiciones en Utrech, Holanda. Aunque agotador, el reto de hablarles a siete mil jóvenes en la conferencia de Misiones de 1993, era emocionante. Una hora antes había dado una charla sobre cómo, a partir de la caída de la Cortina de Hierro, el Islam se alzaba como el más grande desafío que afrontarían el cristianismo y el mundo de Occidente.

—Lo que el comunismo representó para el siglo XX, el Islam lo será por los próximos cien años —les dije a los estudiantes que evaluaban su llamado al campo misionero.

Iba a empezar a revisar mis notas para la siguiente sesión, cuando sonó el teléfono.

—Andrés, te habla Len Rodgers.

—¡Len, qué sorpresa! —Rogers era un viejo amigo del Líbano que dirigía un grupo llamado Operación Medio Oriente. Me pregunté cómo me habría localizado.

—¿De dónde me llamas?

—Estoy en Beirut. ¿Has oído las noticias de aquí?

—¿Sobre los deportados?

—Sí. Voy a visitarlos el día de Año Nuevo —dos días más tarde—. Según entiendo, se encuentran en terribles condiciones. ¿Por qué no vas conmigo, y veremos qué puede hacer Cristo por ellos?

A través de un noticiero de la BBC me había enterado de algunos detalles de la situación. Un total de 415 palestinos, muchos de ellos médicos, abogados, profesores universitarios, hombres de negocios y otros profesionales, habían sido detenidos en una redada en Cisjordania y Gaza —arrancados de sus hogares y sitios de trabajo, algunos incluso de la cárcel— y cruzando la frontera del Líbano, los habían abandonado en la ladera de una montaña. El gobierno israelí había declarado que estos hombres eran el cerebro de Hamas, el grupo que había reivindicado el asesinato de seis soldados israelíes. Sin embargo, la comunidad mundial había alzado la voz de protesta por las deportaciones, alegando que estaban en violación de la Convención de Ginebra. Las Naciones Unidas había pasado la Resolución 799, condenando la acción y exigiendo el regreso de los palestinos a sus hogares.

Sin saber por qué, sentí que este era un viaje que debía hacer.

—Me gustaría mucho ir contigo —le dije a Len—. Pero mañana por la noche estoy a cargo de un concierto de oración de Año Nuevo para siete mil jóvenes. Voy a pedirles que oren por ellos, y esta misma semana viajaré al Líbano.

Cuando colgué el teléfono, traté de entender el porqué de la compulsión que sentía por visitar a estos hombres en particular. En años recientes me había reunido con líderes de Hezbollah, el grupo radical más conocido por los secuestros de personalidades extranjeras. Y aunque sabía que sus acciones eran aberrantes, me impresionó la devoción que sentían tanto por su fe como por la causa; contaban con una disciplina que rara vez se encontraba entre los cristianos de Occidente. Y más sorprendente aún, era que estos hombres estaban dispuestos a dialogar. De hecho, el jeque Fadlala me había invitado a debatir abiertamente el cristianismo con él. Me pregunté entonces si Hamas estaría tan abierto como ellos.

Algo había aprendido yo de Hamas a través de mis amigos en Gaza en 1988. El fundador del grupo, el jeque Ahmed Yasín, languidecía en una prisión israelí, implicado en varios hechos de violencia en Israel, incluyendo el asesinato de dos soldados. En la década de los 70 había instituido un brazo de la Sociedad de Hermanos Musulmanes (el primer grupo fundamentalista islámico, creado en Egipto en 1920) en Gaza para instar a los palestinos a regresar a sus principios islámicos básicos. Su método era establecer un centro islámico, por medio del cual se ofrecían varios tipos de servicios médicos y de ayuda social en la ciudad de Gaza y por toda la franja. De esta manera había solidificado una base que finalmente obligaría a Israel a considerarla como una alternativa más viable que la Organización para la Liberación de Palestina (OLP) de Yasser Arafat. Incluso, había oído que Israel había suplido fondos para la obra en sus años iniciales, hasta que comenzaron a comprender la agenda política radical de Yasín.[1] En 1987 el grupo se dio a conocer como el Movimiento de Resistencia Islámica (o Hamas, según una sigla árabe que significa «entusiasmo» o «valor»)[2], con el objetivo declarado de confrontar y destruir a Israel.

Un amigo de la iglesia bautista de Gaza me explicó la trascendencia de este grupo: «Han reclutado a miles de jóvenes por medio de la universidad y las mezquitas. Se sienten atraídos por un Islam ardiente y radical, y la asistencia a las oraciones ha incrementado dramáticamente. Han logrado imponer reformas morales en muchos pueblos de Gaza, cerrando salas de cine y expendios de bebidas alcohólicas. Y entonces, en marzo pasado, realizaron la primera ofensiva militar. Nos preocupa, porque están totalmente comprometidos con el Islam, y creen que el alzamiento es una expresión de su fe».

Me enteré también por mi amigo que hacía poco tiempo Hamas había emitido una proclama. Busqué una copia de ella, y la leí. Se trataba de un documento ostensiblemente antisemítico, que declaraba como objetivo «Levantar el estandarte de Alán en cada palmo de Palestina», rechazaba todas las conferencias de paz y otras soluciones pacíficas y manifestaba que la solución del problema palestino era por medio del «yihad».[3]

En aquel tiempo los diálogos de paz se llevaban a cabo en Madrid, pero Hamas declaraba que tales diálogos eran infructuosos.

Mi amigo de la Iglesia Bautista de Gaza tenía razones para estar inquieto. Había cientos de miles de musulmanes en la franja de Gaza, en comparación con un par de miles de cristianos, y solo una parte muy pequeña de ellos eran evangélicos. ¿Qué podría hacer la iglesia para contrarrestar tan abrumador panorama, si los musulmanes estaban así de organizados y resueltos? Me había reunido con dos sacerdotes de iglesias tradicionales de Gaza, e incluso ellos eran tan abiertamente anti-Israel que temía que no estaban ayudando a sus rebaños a encontrar una respuesta cristiana genuina.

¿Por qué debería yo, como cristiano y amigo de Israel, siquiera pensar en hablar con musulmanes tan fanáticos? Me levanté y empecé a caminar de lado a lado de la habitación. Algo me molestaba. ¿Era correcto, incluso legal, expulsar a estos hombres de su tierra? Yo podía comprender el temor de Israel. Al atacar al ejército de Israel, Hamas indudablemente representaba un peligro para la seguridad del país, pero a estos hombres en particular no se les había acusado de nada; incluso funcionarios israelíes admitían que los deportados no eran cómplices de los asesinatos. No habían cometido ningún crimen ni se habían presentado ante un juez; y aun así los habían descargado en la ladera de una escabrosa montaña en un país extranjero que no los quería, y los abandonaron a su suerte para que sobrevivieran como pudieran en medio de terribles circunstancias. Eso no estaba bien. ¡Eso no era justicia!

Pero, más importante, yo sentía que si visitara a estos hombres, quizás podría abrir una puerta a nombre de la iglesia de Gaza. No cabía duda de que Hamas ya representaba una influencia considerable. Pero, ¿cómo debía responder la iglesia? Podrían ignorar a estos hombres, pero el Islam fundamentalista no tenía planes de marcharse —más bien, ofrecía una mejor alternativa que la OLP y una «respuesta» potencial a la presencia israelí. No, la iglesia debía dar un paso al frente y proponer una alternativa a la violencia. El primer paso era ir con Hamas y permitirles ver el cristianismo verdadero. Eso, pensaba yo, era lo que Dios me pedía que hiciera.

La noche siguiente dirigí a estudiantes de todo Europa en un prolongado tiempo de oración. Cuando se acercaba la medianoche, les anuncié:

—Ayer recibí una llamada del Medio Oriente. Era una petición urgente de ir a pasar el Año Nuevo con 415 palestinos que se estremecen de frío en la ladera de una montaña en el Líbano. Pero preferí quedarme aquí con ustedes y pedirles que oremos por estos hombres. —Un silencio insólito llenó el auditorio. Algunos de los estudiantes habían estado agitando distintas banderas, a modo de oración por varios países, y yo alcanzaba a distinguir una que otra bandera azul y blanca israelí entre ellas—. Ir a visitar a estos hombres no quiere decir que yo apoye sus políticas. No lo hago. Pero son personas, y a la gente no se le debería tratar de esa manera. Por eso los voy a visitar y a llevarles el amor de Jesucristo.

Cuando terminó la sesión de oración, varios estudiantes se me acercaron con lágrimas en sus ojos, y admitieron:

—Hermano Andrés, que Dios me perdone. Jamás había orado por un árabe o un palestino.

Había también unos jóvenes que estaban molestos:

—¿Por qué ama usted a los palestinos? —reclamaban—. ¿No sabe usted que Israel le pertenece a los judíos?

Miré a una joven que me gritaba desde lejos y agitaba una bandera israelí. Sacudiendo mi cabeza, le pregunté:

—¿Es tan malo orar por los palestinos?

No creo que me haya escuchado.

Marj al-Zohour, el Líbano, diciembre de 1992

Abd al-Fattah al-Awaisi se dio por vencido; le costaba trabajo respirar debido a la altitud. Cuando las nubes se dispersaron brevemente, pudo divisar el Monte Hermon al oriente, cubierto de nieve. Pero la mayor parte de las montañas donde él y sus compañeros habían sido abandonados, permanecían forradas por la nubes, formando una neblina espeluznante. Los hombres estaban agitados, ansiosos de escapar de este desierto-prisión; pero, ¿adónde podrían ir? El ejército libanés les impedía el paso por el norte, y montañas infranqueables los rodeaban al oriente y al occidente. A unos cinco kilómetros al sur, el ejército israelí patrullaba la frontera.

Los líderes, en especial el Dr. Abul Asis Rantisi, trataban de poner la situación en orden. Organizados según su tierra natal, los hombres se dividieron en unas cuarenta carpas. Había once médicos en el campamento que se mantenían ocupados curando las laceraciones de las muñecas y los tobillos, y enseñándoles procedimientos de curación. La Cruz Roja Internacional, que había donado las carpas, les suplía pequeñas cantidades de agua y alimentos. Ninguna otra agencia de ayuda humanitaria había ido al campamento.

A los cuatro días de su arribo, al-Awaisi se despertó sobresaltado. Se había levantado temprano para las oraciones, pero se había quedado dormido.

—¡Todo el mundo afuera! —les gritaron con brusquedad en árabe.

Los hombres salieron rápidamente de sus carpas, para encontrarse con soldados del ejército libanés encañonándoles con sus armas automáticas.

—¡A marchar! —les ordenaron.

Los hombres, acosados por los soldados, caminaban penosamente por un camino de piedra hacia la frontera israelí.

Al-Awaisi luchaba por mantenerse a la par del grupo; respiraba con dificultad y el pecho le dolía. Pero a medida que se acercaban a la frontera, una oleada de gran emoción lo invadía—¡regresaban a casa! ¡Esta misma noche estarían durmiendo en sus propias camas!

Una ráfaga de disparos echó por tierra esas esperanzas. Las balas volaban sobre sus cabezas cuando se abalanzaron sobre la tierra mojada. Los soldados libaneses retrocedían, a la vez que disparaban hacia el ejército israelí. Las balas abrían huecos alrededor de los aterrorizados hombres, mientras cañonazos retumbaban en la distancia. La polvareda que levantaban las explosiones empezaba a cubrirlos.

De pronto hubo calma. Los soldados libaneses habían desaparecido. Con una fuerte voz, el Dr. Rantisi le ordenó a los hombres replegarse al campamento. En el difícil camino de regreso, al-Awaisi vio a uno de sus compañeros con una herida en el brazo, aparentemente a causa de una bala o de las esquirlas. Otro hombre joven sangraba por la mejilla y el mentón. Cuando finalmente se refugió en su carpa, agotado por la marcha, cayó presa de la desesperación. Sufría por no poder estar con su esposa y con sus ocho hijos, y no sabía si los vería otra vez. Y se preguntaba: *¿Para qué tanto sufrimiento? ¿Qué se logrará con él?*

18

Cada carpa es una mezquita

El Líbano, enero del 1993

Incluido el paso por un par de retenes del ejército, nos tomó tres horas de manejo bajo la lluvia desde el aeropuerto de Beirut hasta las desoladas montañas de Marj al-Zohour, al extremo sur del Líbano. La luz de la aurora intentaba abrirse camino entre la gruesa capa de nubes, cuando pasábamos por una aldea y nos detuvimos en otro retén que bloqueaba la carretera hacia el campamento. Me alegró el hecho de que una cadena de televisión llamada EO (*Omroep* Evangélico) me había facilitado cámara y camarógrafo, lo cual me daba una figura periodística.

Después de chequear nuestros pasaportes, un soldado examinó minuciosamente el auto, buscando alimentos y otras provisiones.

—¿Qué son estos libros? —preguntó en inglés chapuceado.

—Son Biblias —le respondí a la vez que le enseñaba copias de mi libro *El Contrabandista de Dios* en árabe, y *El Escondite*, de Corrie ten Boom.

El soldado se fue a hablar con su superior y luego regresó en compañía de él.

—No puede pasar todos estos libros —me dijeron y agarrando un montón, añadieron —recójalos a la salida.

Qué extraño, pensé, que hubieran confiscado solo una parte de los libros. ¿Por qué no todos? ¿Por qué confiscaban aunque fuera uno? Decidí que no iba a recoger ninguno a la salida —quizás algunos soldados los leerían.

Seguimos manejando unos seis kilómetros por una carretera de curvas muy pronunciadas, hasta llegar al sombrío campamento, que tenía de carpas verdes similares a las militares, que a la vez proporcionaban el único cambio de color en medio de las ásperas y grises rocas. Me bajé del carro, me envolví la bufanda y ajusté el abrigo para enfrentar el frío y la lluvia penetrantes.

Había muy pocas señales de actividad —la mayoría de los hombres se apretujaban en sus carpas. Había unos cuantos botellones desparramados por el suelo, y trozos de plástico se arremolinaban con el viento. En el exterior de una de las carpas había ropa lavada, colgada en un tendedero temporal.

Al momento, dos hombres en impermeables verdes salieron a saludarnos. Con más arrojo del que sentía, les dije:

—Soy el Hermano Andrés, y vengo desde Holanda a visitarlos.

El líder del campamento estiró su mano derecha para saludarme, mientras que con su izquierda trataba de mantener cerrado el abrigo.

—¡Bienvenido! —dijo—. Soy el Dr. Abdul Asis Rantisi.

De mis lecturas, pude reconocer el nombre. Era el segundo al mando de Hamas después de su fundador, el jeque Yasín.

A Rantisi lo acompañaba el imán del campamento[1], y los dos se ofrecieron a darme un recorrido.

Caminamos con dificultad por una senda de barro, con riachuelos a los lados formados por la lluvia. El frío era penetrante, y me preguntaba incluso si caería nieve. El imán se detuvo una vez, se quitó las botas y les sacó el agua. Mis zapatos se llenaban de agua también, pero sabía que era inútil sacarles el agua.

¿Cómo empieza uno una conversación con extraños, fríos y mojados, que podrían también ser terroristas?

—¿Sabe algo? En Holanda hacemos esto en días festivos —dije—. Recogemos leña, y vivimos en carpas, y caminamos bajo la lluvia. Supongo que hay algo en el hombre que le hace querer regresar a una vida primitiva.

El Dr. Rantisi me dio una mirada, quizá preguntándose sobre mi cordura, y entonces se rió.

—Bueno, ustedes lo hacen por su propia voluntad. Pero a nosotros nos obligan, y en medio del invierno.

—No sé cómo resisten en semejantes condiciones —dije con un suspiro—. Pero si no se tiene sentido del humor, no sobrevivirían.

El líder del campamento asintió con su cabeza y sonrió, lo que me indicó que el hielo empezaba a resquebrajarse.

—Nos sentimos agradecidos porque no ha nevado —dijo el imán—. Nos han dicho que puede caer hasta un metro y medio de nieve. Si eso sucede, llegaría a cubrir las carpas.

Afuera de una de las carpas había una caja de papas.

—¡Esto es lo que tenemos para comer! —dijo Rantisi, sosteniendo una papa en su mano—. Es todo. Y como está mojado, no podemos hacer una fogata. O sea que hoy no tendremos nada que comer.

Un muchacho salió de una de las carpas, y pedí que se me permitiera hablar con él por un momento.

—¿Cuántos años tienes? —le pregunté a través del imán, que tradujo al árabe.

—Dieciséis años —respondió—.

Lo miré, y pensé en mis hijos cuando tenían esa edad, y me pregunté si habrían podido resistir tan terribles condiciones.

—¿Sabes por qué te tienen aquí?

Meneó la cabeza y dijo que no, y por un momento pareció que iba a romper a llorar.

Cuando continuamos con nuestro recorrido, le pregunté al imán:

—¿Tienen sus oraciones las cinco veces al día?

—Sí, por supuesto —respondió—.

—¿Dónde lo hacen? No veo una mezquita.

El imán se acarició su desordenada barba por un instante, y entonces respondió:

—Cada carpa es una mezquita.

La respuesta me impactó. De súbito comprendí que el Islam no dependía de un edificio. Para muchos cristianos, la iglesia no podría funcionar a menos que tuviera edificios. ¿Qué diferencia causaría en nuestro mundo, si todos creyéramos que cada hogar podía ser una iglesia?

Le pregunté al Dr. Rantisi:

—¿Es usted miembro de Hamas?

—No. Fui un miembro de Hamas. Ya no lo soy.

Su respuesta me sorprendió, y no sabía qué deducir de ella. Quizá era porque todavía no confiaban en mí. O quizá se trataba de un juego de palabras. Cuando nos metimos bajo el toldo de una de las carpas para guarecernos de la lluvia, le comenté:

—He leído en algunos artículos de periódico que usted está contento de estar aquí, porque le da la oportunidad de sustituir a la OLP.

El Dr. Rantisi pareció confundirse, y habló con el imán, quien le tradujo mis palabras. Los dos hablaron entre ellos por un momento, y entonces el imán tradujo la respuesta de Rantisi:

—No buscamos sustituir a la OLP. La OLP representa a los palestinos, y nosotros somos parte de los palestinos. Somos un grupo de intelectuales, médicos, abogados, hombres de negocios, profesores. Nosotros y la OLP somos hermanos de sangre.

—Antes de viajar al Líbano hablé con un representante de la OLP en La Haya, quien me dijo que la OLP ayunaba por ustedes dos días a la semana.

—Los lunes y los jueves —dijo el imán entre risas. Yo lo miré con asombro —. Esa es nuestra costumbre cuando ayunamos por fuera de Ramadán. Ayunamos los lunes y los jueves, pues queremos estar muy cerca de nuestro Señor y su Señor y el Señor de los cielos y la tierra, nuestro creador. Sentimos que aquí estamos cerca de él.

—Aquí estamos mil metros más cerca del cielo —dije—, pero no es muy agradable el clima.

Los dos se rieron, y sentí entonces que estaba conectando con estos hombres. Al menos había alguien aquí para compartir su miseria brevemente.

—Vengo aquí como cristiano representando a Jesucristo y expresarles nuestro apoyo, porque creemos que es algo terrible lo que les ha sucedido a ustedes.

Rantisi me respondió directamente en inglés:

—Muchas gracias. Los cristianos son las personas más cercanas a los musulmanes en el mundo, porque Dios es nuestro Dios y su Dios. Y por lo tanto, somos hermanos realmente.

—Tengo una pregunta importante para los dos. Después de que todo esto termine, ¿creen que podrían perdonar a Israel por lo que les han hecho?

Rantisi y el imán hablaron, y el imán me dio la respuesta.

—En verdad, como musulmanes, siempre quisiéramos perdonar. Podemos castigar a quienes nos castigan. Pero el Corán dice que si usted perdona, es mejor para usted y para los demás.

—Espero que sí puedan —dije—. Todos necesitamos el perdón.

—Si el gobierno israelí nos acepta mañana, lo perdonaremos.

No esperaba que Israel se retractara, y me preguntaba cómo responderían estos hombres mientras más tiempo los retuvieran viviendo en semejantes condiciones.

Volvimos a salir a la lluvia, que caía ahora más fuerte que a mi llegada. La próxima parada era una carpa en la que estaba la palabra «Clínica» (escrita en inglés) en la portezuela. No había nadie en su interior. En una banca había cuatro cajas de remedios y otros insumos. Había otra caja en el piso húmedo y junto a ella había una muleta sola. No parecía mucho para un campamento de más de cuatrocientos hombres. Mientras tanto, uno de los hombres que se había unido al grupo para escuchar nuestra conversación, corrió a llamar al médico encargado. Les sugerí que esperáramos dentro de la tienda:

—Si no, podemos ahogarnos.

Un rato después me presentaban al Dr. Mahmud Zahar. Era un hombre de baja estatura, con una barba negra cuidadosamente cortada y ojos negros penetrantes. La lluvia hacía un gran ruido al caer sobre la carpa y prácticamente, tuve que gritar para que me escuchara:

—¿Hay muchos enfermos aquí? —le pregunté.

En un inglés bastante claro, el Dr. Zahar me ofreció una evaluación clínica de la situación:

—Tenemos infecciones de los bronquios debido al frío y a la humedad. Muchos de los hombres tienen disentería y diarrea, porque el agua no es buena. Hay varios que tienen diabetes, y todo lo que tenemos para comer aquí en el campamento es papa —lo cual es una dieta pésima para alguien con diabetes. Como bien ve, no tenemos calefacción ni electricidad. Hemos hecho un número de pequeñas cirugías con solo anestesia local.

—Debo admitir que las condiciones son deprimentes. Ojalá hubiera podido traer más, pero aquí tengo algunas píldoras para purificar el agua.

Le entregué al médico la bolsa de plástico, y me agradeció:

—El que esté usted aquí habla de la conciencia del mundo.

—Es por eso que estoy aquí.

—Usted está comprendiendo nuestra situación. No puede imaginar cuánto tiempo vamos a estar aquí. Le hablo al mundo. ¿De qué se nos culpa? ¡Somos inocentes!

¿Es usted miembro de Hamas? —le pregunté.

—¡No! Somos miembros de asociaciones. Somos médicos y abogados y profesores —somos profesionales. ¿De qué se nos culpa? ¡Si hay acusaciones en contra nuestra, que nos lleven a juicio!

Me asombraba la intensidad de este hombre. Cuando hablaba, me apuntaba con el dedo, y enfatizaba:

—¿De qué se nos culpa?

Yo le respondí, preguntándole:

—¿De dónde saca la fortaleza para seguir adelante?

—¡Es nuestra religión! —replicó, y enseguida se lanzó a un fogoso discurso—. A un cristiano no se le prohíbe que sea un verdadero cristiano. A un judío no se le impide que sea un verdadero judío. Y tampoco se le prohíbe a un musulmán que sea un verdadero musulmán. Nosotros estamos por la paz. Nuestra solución es la paz. Buscamos un método verdaderamente pacífico de lograr justicia en nuestra área.

Los métodos de Hamas no parecían muy pacíficos, pero no era el momento para una confrontación. Yo estaba aquí para conocer a estos hombres, para observar y para escuchar.

—¡Mi deseo es shalom! —dije, usando intencionalmente la palabra hebrea.

—¡Buscamos la paz! No creemos que con los diálogos de paz de Madrid se logre algo. Lo que buscamos es un método verdaderamente pacífico de obtener la paz en nuestra área.

Mientras hablábamos, un hombre entró sigilosamente en la carpa, me dio un pedazo de papel y me dijo:

—Aquí están el nombre y la dirección de mi esposa. Si va a usted a Israel, ¿podría por favor, visitar a mi familia?

En las horas siguientes, otros me dieron papeles con nombres, direcciones y números de teléfono de sus seres queridos.

—Les he traído algunos libros —anuncié a los hombres que se habían aglomerado en la carpa—. Sé que ustedes son intelectuales, y cuando llueve, pienso que les gustaría tener unos buenos libros.

Le entregué a Rantisi y a Zahar copias de *El Escondite* y les dije a modo de broma:

—Este libro les enseñará cómo pueden volverse famosos salvando las vidas de judíos.

Los dos hombres parecieron asombrarse, pero entonces sonrieron y luego se echaron a reír.

—Queremos organizar una biblioteca —dijo Rantisi—. Y estos libros serán leídos.

—Entonces tengo más. Este libro, que se llama *El Contrabandista de Dios*, lo escribí yo. Se trata de mis experiencias en Rusia y en Europa Oriental. Los cristianos allí no podían tener Biblias, entonces yo me aseguraba que las obtuvieran. Y les he traído algunas Biblias a ustedes. Este es el libro más importante que puedo darles, porque les mostrará cómo obtener paz real, paz en este mundo y paz en sus corazones.

Ya había empezado a sentir el frío y la humedad en mi pecho, y temía que cuando llegara a Holanda estaría enfermo. Cuando me despedí de los hombres, sabía que ellos no podían escapar de sus escabrosas circunstancias. Indudablemente muchos de ellos sufrían de enfermedades. Decidí entonces que tenía que ayudarlos de alguna manera, y que volvería a visitarlos.

Una ráfaga de viento agitó la tienda donde Nabil dormía inquietamente. Le tomó un minuto para orientarse y darse cuenta que lo que lo había despertado eran los gemidos de Ibrahim, su hermano menor.

—¡Eh! —susurró Nabil—. ¿Cómo te sientes?

Apretando los dientes, Ibrahim respondió:

—El dolor es insoportable esta noche. La humedad, el frío, las piedras. . .

No terminó la frase, pero Nabil entendió. No había mucho que pudiera hacer por su hermano, excepto tocar su brazo, como indicándole que allí estaba él, y se preocupaba. Ibrahim había recibido seis balazos durante una protesta en la Tumba de Raquel y había pasado varias semanas en un hospital de Belén. Todavía tenía dos balas incrustadas en el cuerpo, y vivía con dolor constante. Los médicos del campamento no podían hacer nada para ayudarlo.

Totalmente despierto ahora, Nabil dejó que su mente viajara hasta antes de Marj al-Zohour. Había empezado a ganar buenos ingresos como escritor de un periódico palestino, y como corresponsal de un par de revistas extranjeras. Su trabajo le permitía aliviar los recuerdos de aquellos tiempos oscuros —los arrestos, semanas en la cárcel, generalmente sin acusación de ninguna clase. Nabil había incursionado en política, y hasta había participado brevemente en reuniones de Hamas. Le atraía el énfasis que hacía en regresar a los fundamentos musulmanes. Su agenda cabía dentro de la suya, que incluía la eliminación de Israel y la tierra otra vez en manos de los palestinos. Sin embargo, por naturaleza no era muy fuerte, de modo que podía hacer su parte por medio de sus escritos sobre el sufrimiento palestino.

Los soldados llegaron a buscarlo una tarde cuando estaba en una asignación de trabajo en otra parte. Ibrahim fue arrestado, y un mensaje para Nabil fue dejado con su madre y su hermana —Nabil debía reportarse a los cuarteles del ejército a más tardar a las 6 de la tarde de ese día. Casi histérica, su hermana Hanan le había dicho:

—¡Si no te presentas, nos van a derribar la casa!

Nabil sabía que los soldados cumplirían con sus amenazas si no se reportaba a tiempo.

—¡Dame algo de comer pronto!

Mientras Hanan se apresuraba a la cocina, Nabil fue a su cuarto y agarró una camisa abrigada. Luego abrazó a su madre y a su hermana, y les dijo:

—Tienen que ser fuertes, las dos —mientras las miraba fijamente a los ojos—. Ibrahim y yo estaremos de regreso pronto.

Desdichadamente no había sido así, y no tenían modo de comunicarse con ellas. Y por eso Nabil le había entregado aquella nota al holandés que había visitado el campo días atrás, aunque dudaba que algo se lograra con ello. Nabil se preocupaba mucho por su familia. Su madre sufría de una artritis que empeoraba progresivamente, y Hanan, quien estaba a punto de contraer matrimonio, llevaba la carga del hogar. ¿Cómo sobreviviría su madre sin ingresos, y sin la ayuda de su hermana para ayudarla en la casa?

Una desesperación profunda envolvía a Nabil. Quería clamar a Alá, pero se preguntaba si Dios escucharía sus plegarias. A veces se preguntaba con qué propósito recitaba las oraciones en los rituales cinco veces al día. Sentía deseos de gritar: *¿A quién le importo?* Israel despreciaba a los palestinos, y los países árabes no hacían nada para ayudar. El mundo ignoraba la crisis de su tierra.

Por primera vez Nabil sintió que la vida no tenía sentido. Nadie acudiría a rescatarlo, porque a nadie le interesaban los palestinos.

Holanda, enero de 1993

A mi regreso a Holanda, tenía la cabeza congestionada, mi pecho se sentía pesado y tenía mucha tos. Pero aun así me veía obligado a aceptar varias entrevistas sobre lo que había encontrado en Marj al-Zohour.

Justo antes de mi primera aparición en televisión, el embajador de Israel en Holanda fue entrevistado sobre los deportados. El noticiero acababa de reportar que Israel había admitido que once de los hombres habían sido deportados por error, incluyendo al adolescente a quien yo había conocido en mi breve recorrido. Se le permitiría regresar a los once, pero no a los demás. Yo escuchaba con atención cuando el embajador declaró:

—No se trata de refugiados inocentes. Se trata de criminales curtidos.

Naturalmente, el entrevistador preguntó por qué, si eran criminales curtidos, no fueron arrestados y llevados a juicio. El embajador dudó por un instante, y enseguida añadió:

—Esos hombres que están ahora en las montañas del Líbano no son gente con sangre en sus manos; de otra manera no los hubiéramos deportado.

¿De modo que eran criminales endurecidos (aunque la mayoría de ellos nunca habían estado encarcelados), pero no eran responsables de los asesinatos que habían precipitado esta acción?

—¿Por qué los deportaron entonces? —le preguntaron al embajador, a lo que él respondió:

—Hubo seis asesinatos por parte de Hamas hasta la desaparición de este grupo. Desde entonces no ha ocurrido ninguno.

Luego, en un programa de televisión cristiano me preguntaron:

—¿Qué descubrió usted en este viaje?

—Es el viaje más extraño que he realizado —dije—, tratando de evitar la tos—. Fui a un pedazo de tierra abandonado por Dios y por Alá. Aquí vivimos cómodamente en nuestras casas y en nuestros países. Aquellos cuatrocientos quince palestinos viven en carpas, en una tierra de nadie. Es absurdo que la gente tenga que vivir en miseria semejante, en la lluvia, en el frío y en condiciones espantosas.

—Entonces, ¿a qué fue?

—El amor de Dios me motivó a ir. Quería estar allí. Quería ver la necesidad. Y quería saber qué podemos hacer. Quizá simplemente necesiten desahogarse con alguien. Si ellos nunca conocen a un mensajero de Jesús, nunca conocerán el amor de Cristo y no experimentarán el verdadero perdón. También, si ellos quieren amar a Jesús, deberían poder amarme a mí primero. Es por eso que tenemos que ir a visitarlos, a construir un puente entre la gente y Dios.

—Pero usted solo estuvo allí unas pocas horas. Usted podía regresar a casa, ellos no pueden hacerlo. ¿Puede esto hacerles algún bien?

—Tiene razón. Yo sí pude salir de la miseria de ese campamento. Pero al menos, ellos tienen la Biblia ahora. Tienen Biblias en árabe, los evangelios y algunos de mis libros, también en árabe. Antes no tenían nada que leer porque no se les permitía. Ahora pueden leer la Biblia.

—Pero son musulmanes.

—Cuando usted le ofrece una Biblia a un musulmán, él nunca la rechaza. Pero el secreto está en que debemos ir a ellos. Esta es una oportunidad para compartir con ellos el evangelio.

A algunas personas les sorprendía incluso que yo tuviera interés en llegar a los musulmanes. Se preguntaban si un musulmán, y en especial un fundamentalista como lo eran los miembros de Hamas, estuviera dispuesto a oír a un cristiano. Y, ¿qué con Israel? —esas personas que yo había visitado eran enemigos acérrimos de Israel. ¿No debería mantenerme alejado de ellos?

Cuando Len Rodgers y yo comparamos experiencias por teléfono de nuestras respectivas visitas a Marj al-Zohour, Len me contó de cómo le habían recibido allí. Cuando entró al campamento, uno de los deportados dijo:

—¡Sabíamos que Cristo vendría a nosotros!

Esta era una declaración sorprendente, y medité sobre su significado. Yo sabía que en su escatología, los musulmanes creen que Cristo regresará a la tierra —lo que será una señal de la victoria suprema del Islam. Pero yo sentía que se trataba de algo más personal. Quizás era su manera de reconocer que a nosotros sí nos interesaban.

Pero, pese a cómo interpretaban nuestras visitas, nuestro propósito era el de presentarles a estos hombres al Cristo *vivo* que mora en nosotros. Cristo dijo que fuéramos a hacer discípulos de *todas* las naciones. ¿Incluía él a los palestinos? ¿Incluía también a los árabes y a los musulmanes? ¿Cómo podríamos ignorar a más de un billón de personas a quien Dios dice amar? Es cierto que muchos musulmanes son antagonistas para con el evangelio, pero muchos no lo son. Estos hombres en el Líbano —sí, musulmanes fundamentalistas— parecían respetarnos a Len Rodgers y a mí. Mi amigo Jorge Otis dijo alguna vez: «El Islam nunca habrá de respetar a una iglesia que se esconde». Yo soy cristiano, y con amor agresivo fui en obediencia a Dios y proclamé a Cristo a estos hombres.

Pero no era suficiente solo ir al campamento. El entrevistador tenía la razón, yo podía visitarlos y regresar a la comodidad de mi casa en Holanda. Pero millones de personas vivían sin esperanza en el Medio Oriente. No importaba que una persona fuera de vez en cuando a visitar a unos pocos. Dios necesitaba tener presencia permanente en Israel, en Cisjordania, en Gaza, en cualquier lugar donde se librara el conflicto entre israelíes y palestinos. No solo unos pocos extranjeros, sino una iglesia local viva y vibrante era necesaria. Los cristianos comprometidos que vivieran en el área podrían demostrarles a los musulmanes, a los fundamentalistas que se consumían de odio, que el amor de Dios es mucho más poderoso que su odio. Pero, ¿los cristianos que vivían como vecinos de Hamas y otros grupos fundamentalistas, estarían preparados para la tarea? Eso ero lo que tenía que averiguar.

¿Cuál era el próximo paso? En mi escritorio había una pila de pedazos de papel, cada uno con un nombre y una dirección. Estos cuatrocientos hombres abandonados en el sur del Líbano tenían esposas e hijos, al menos otras tres mil personas que eran afectadas por la deportación. ¿No necesitaban ellas por igual el amor de Jesús? Podría empezar yendo a visitarles. Pero no solo —llevaría conmigo a un líder cristiano palestino. Y conocía a la persona adecuada.

Levanté el teléfono y llamé a mi agente de viajes:

—Necesito hacer una reserva para un viaje a Israel.

19

Las familias de Hamas

Marj al-Zohour, marzo del 1993

Abd al-Fattah al-Awaisi escuchaba como caía la llovizna sobre la carpa donde él y una docena de hombres de Hebrón descansaban, esperando por el llamado a la oración. El día anterior, tarde en la noche, el grupo se había agolpado alrededor de un transistor de radio activado por dos débiles baterías. Como historiador, al-Awaisi extrañaba los periódicos, revistas y diarios que estudiaba con regularidad en la universidad. Ahora tenía que contentarse con las noticias que provenían de la BBC y de la estación local libanesa.

La noticia era que la más alta corte de Israel se había pronunciado que no daría reversa a la orden de deportación del gobierno. No obstante, también establecía un proceso según el cual los deportados, individualmente, podrían apelar su caso. *«¿Cómo haremos eso?»* Al-Awaisi se preguntó. *«Ni siquiera estamos en Israel. No tenemos acceso a abogados que puedan ayudarnos, aunque presentemos una apelación».*

Pero esas no eran las únicas noticias. En un acuerdo mutuo con Estados Unidos, Israel dijo que se comprometía a permitir que unos cien hombres regresaran inmediatamente a sus hogares, y que reduciría el término de expulsión de dos años a uno, para los demás.

Un portavoz del gobierno americano celebró la decisión y agregó que no era necesaria ninguna acción adicional por parte del Consejo de Seguridad. Al-Awaisi y sus amigos habían esperado que Estados Unidos presionara a Israel para que actuara en concordancia con la Resolución 799 de las Naciones Unidas, que permitía el regreso de *todos* a su tierra. Ahora parecía que la comunidad internacional había perdido interés en su desafortunada situación.

«Tan solo seis cortas semanas», pensó. *«Qué rápido nos olvidó el mundo, y cambió su interés hacia otros asuntos»*.

A la primera llamada a la oración, Al-Awaisi se levantó de su lecho, se cubrió con su abrigo y se enrolló una bufanda al cuello, tratando de defenderse de la pertinaz llovizna. Tomó su tapete de oración, el cual estaba enrollado con los demás en un rincón de la carpa, y se dirigió al área abierta del campamento donde se reunían para orar y para obtener nueva información del líder del campamento, el Dr. Rantisi.

Al concluir las oraciones, con los hombres aún de rodillas, el Dr. Rantisi se puso de pie para dirigirse a ellos, que ahora sumaban un poco menos de cuatrocientos después de que catorce «errores» fueran enviados de regreso a sus hogares en helicóptero, y otros cinco fueran evacuados por razones médicas.

Brevemente repasó la situación, concluyendo que Israel sabía que estaba violando la ley internacional y que todavía insistía en no permitirles el regreso a sus hogares.

Rantisi sometió el tema a votación:

—Levanten la mano quienes no estén de acuerdo con el convenio americano-israelí.

Todos los hombres levantaron la mano. El único sonido era el del motor de la cámara del fotógrafo que grababa el momento para la prensa internacional.

—Ahora levanten la mano quienes estén de acuerdo con este convenio.

Ninguna mano se levantó. Rantisi dio por concluida la reunión, gritando:

—¡Dios se vengará de quienes nos reprimieron! ¡Dios se vengará de quienes nos expulsaron!

Belén, primavera de 1993

El Colegio Bíblico de Belén había alquilado unos edificios en la calle Hebrón, que pertenecían a la Sociedad de Tierras Bíblicas de Inglaterra, y esperaba en un futuro poder comprarlos. Hasta hacía poco habían albergado la Escuela para ciegos Helen Keller, de modo que eran ideales para el instituto. A partir de este momento planeé que esta fuera mi base de operaciones cada vez que visitara Israel y Cisjordania.

En la cocina adjunta a los apartamentos para huéspedes, Bishara Awad, el presidente del instituto, y yo, tomábamos café y discutíamos sobre mi misión. Yo le había contado acerca de mi visita a Marj al-Zohour y le enseñé una larga lista de nombres y direcciones.

—Quiero visitar a tantas de estas personas como me sea posible —le dije.

—¿Te das cuenta que probablemente todas estas sean familias musulmanas? —me respondió mi amigo.

—Es verdad, pero son personas que necesitan ánimo. Es una gran oportunidad para demostrarles el amor de Cristo.

Bishara sonrió.

—¿Sabes qué encontrarás en estos hogares? Probablemente personas que están enojadas, asustadas preocupadas por su futuro.

—Es correcto. Los hombres que conociste en el sur del Líbano probablemente eran los sostenes principales de sus familias. Cuando el hombre se va, el ingreso se va con él.

—¿Entonces debería llevarles dinero? —En eso yo no podría hacer mucho.

—No, eso sería complicar tu misión. Anda y diles lo que viste en las montañas. Cuéntales cómo están los hombres y cómo extrañan a sus esposas y familias.

—¿Estaría bien que les leyera la Biblia u orara con ellos?

—Sí, en la mayoría de las casas estaría bien. Pero debemos ser sensibles.

Bishara estudió las direcciones que yo tenía.

—Hay muchas de estas que se encuentran cerca —dijo Bishara, pensando en qué orden podríamos ir a visitar a las familias—. Empecemos por el campo de refugiados de Dheihshe.

Hay tres campos de refugiados cerca del Colegio Bíblico de Belén. Todos se formaron rápidamente, después de que Israel se declarara como nación, y miles de palestinos huyeran del conflicto entre las fuerzas árabes e israelíes, estableciéndose al otro lado de la frontera del Líbano o en tierras controladas por Jordania y Egipto. Muchos se establecieron en Belén, que pertenecía en ese momento a Jordania. El campo de Al-Azza quedaba al frente, cruzando la calle, del Colegio Bíblico de Belén; el de Aida quedaba a unas pocas cuadras.

Dheihshe, no obstante, era el más grande de los campamentos, y estaba a cinco minutos del instituto en carro, sobre la calle Hebrón. Bishara se estacionó a la entrada. Había un pequeño aviso, reconociendo a varios de los grupos que habían contribuido con ayuda al campamento. El Colegio Bíblico de Belén estaba incluido en la lista. Obviamente, el instituto se encontraba involucrado con la comunidad. Pasamos por una puerta giratoria que anteriormente había servido de retén militar para evitar la salida de los refugiados. Sin embargo, desde 1993, la gente tenía libertad de movilizarse dentro de los límites de Belén. Pero el contraste entre este campamento y el resto de la ciudad era evidentemente apabullante. Cientos de apartamentos de ladrillo gris estaban amontonados en un área de medio kilómetro cuadrado. Generalmente, dos o más familias compartían un diminuto apartamento. Mientras caminábamos a través de un callejón estrecho, noté que si estiraba mis brazos podría tocar las paredes en ambos lados.

Rápidamente perdí mi orientación y me alegró saber que Bishara parecía saber cómo navegar entre esos estrechos callejones.

—¡Ya llegamos! —dijo finalmente, y se detuvo para llamar a la puerta de un apartamento del primer piso.

Hubo una larga espera, aunque podíamos oír voces de mujeres adentro. Finalmente, escuchamos pasos que venían hacía la puerta, la cual se entreabrió. Una mujer vestida con un caftán café y un pañuelo blanco en la cabeza, con un bebé balanceándose sobre su cadera, nos miraba cautelosamente.

Señalándome, Bishara le dijo en árabe:

—Él es el Hermano Andrés. Acaba de llegar de Marj al-Zohour y le pidieron que viniera a visitarla.

La cara de la mujer se iluminó y abrió completamente la puerta.

—¡Entren, entren!

Cautelosamente entramos a la sala.

—¡Sigan, siéntense, por favor! —me dijo, en un inglés entrecortado. Luego habló en árabe inclinándose hacia la cocina, y muchas caras aparecieron y nos observaban. Una de las mujeres llamó a un niño, y después de darle unas instrucciones él pasó rápidamente entre nosotros y salió a la calle.

La sala era pequeña. Un par de adornos tejidos colgaban de la pared. Había un ventilador oscilando silenciosamente en una esquina, esperando quizás un clima más cálido. Un viejo televisor se encontraba en la otra esquina, y sobre él había una foto familiar que mostraba a dos hombres jóvenes que ahora vivían en una carpa en el Líbano. Un sofá gastado, unas cuantas sillas plegables y una mesita de centro completaban la decoración. Tres mujeres se amontonaban a la entrada de la cocina. Mirando a través de ellas, una niña me miró a los ojos y sonrió. Alguien llamó a la puerta, y varios hombres entraron, seguidos momentos después por otra mujer de pañuelo blanco cargando un bebé. De la cocina una jovencita vino a nosotros con una bandeja con mi café favorito y un plato con galletas.

Mientras tomábamos el café, la sala se llenó y varios hombres se agolpaban en la puerta o escuchaban desde la calle. Bishara hizo algunas preguntas, luego me explicó que la mujer mayor que me sonreía era la madre de dos hombres del campamento, Nabil e Ibrahim. Le devolví la sonrisa y me di cuenta que sus manos estaban hinchadas, probablemente por el duro trabajo.

—Al lado de ella está Hanan, la hermana de Nabil e Ibrahim —dijo Bishara—. Ellos tienen dos hermanas mayores que están casadas, son las que tienen los bebés cargados.

—¿Y quiénes son los otros? —pregunté, refiriéndome a los vecinos curiosos que atestaban el apartamento.

—Probablemente primos, todos parte de la familia. Están ansiosos de escuchar lo que tienes que decirles.

—Visité el campamento hace unas semanas —les dije, y saqué un montón de fotos para que las vieran. Durante los minutos siguientes les describí las condiciones de Marj al-Zohour. Un par de bebés lloraban y sus madres trataban de tranquilizarlos al tiempo que escuchaban las noticias. Bishara traducía lo que yo les decía.

Cuando terminé mi breve reporte, miré a Bishara quien, abriendo su Biblia, dijo:

—Quiero darles unas palabras de aliento de nuestras Escrituras—. Abrió la Biblia en Mateo y comenzó a leer en árabe: «Dichosos los pobres en espíritu, porque el reino de los cielos les pertenece». Leyó las bienaventuranzas lentamente, sin hacer ningún comentario. Todos los congregados escuchaban atentamente aquellas palabras pastorales. Después le preguntó a la familia si permitirían que yo le orara a *Isa* —Jesús— por ellos. La mayoría de las personas que se encontraban en la sala asintieron con la cabeza.

Todos nos pusimos de pie. Muchos de ellos colocaron sus manos en la cintura, con las palmas hacia arriba.

Oré por todos los que se encontraban presentes, para que Dios atendiera sus necesidades. Oré por sus seres queridos en Marj al-Zohour, y terminé con una plegaria para que todos experimentaran la paz de Isa, el Príncipe de la Paz.

Cuando nos alistábamos para salir, alguien vio mi cámara y me sugirió que tomara una foto del grupo.

—Llevaré estas fotografías de regreso a Marj al-Zahour, para que sus hijos, sus hermanos y sus tíos puedan verlos a todos.

Varios de los hombres y los jóvenes querían fotos aparte conmigo. Cuando me arrodillé en el piso, en medio de ellos, un joven tomó mi mano y puso su otro brazo sobre mis hombros, expresando así, más que con palabras, cuánto apreciaban él y su familia que hubiéramos estado con ellos.

Visitamos a otras familias en el área de Belén, e hicimos lo mismo al día siguiente en Hebrón. La respuesta era siempre la misma. En cada hogar que visitábamos nos daban una cálida bienvenida, y a los pocos minutos estaba lleno de familiares y vecinos interesados en saber de su ser querido. Bishara, usualmente, terminaba la visita con unas palabras de las Escrituras y luego yo oraba.

Después de las visitas en Hebrón, Salwa y Bishara me sirvieron comida en su apartamento del instituto. Bishara estaba muy callado, obviamente pensando en algo.

—¿Qué tienes en mente? —le pregunté.

—Esta fue mi primera oportunidad significativa de ministrar a la comunidad musulmana —me respondió.

—Pero tú tienes amigos musulmanes —le dije—. Vi que el Colegio Bíblico de Belén era públicamente reconocido a la entrada del campo de refugiados. Y he conocido a muchos musulmanes en los eventos de la universidad.

—Por supuesto, tengo muchos amigos en la comunidad. Queremos ser buenos vecinos. Pero lo que acabamos de hacer, de visitar a los musulmanes en sus hogares para demostrarles lo tristes que estamos por sus seres queridos que fueron deportados —al menos yo—, es la primera vez que realizo esta clase de ministerio.

La reflexión de Bishara me hizo reflexionar a mí también.

—Lo que me impactó hoy es que la percepción que tienen los medios de comunicación sobre esta gente es muy diferente a lo que vemos en sus hogares. Cuando leo sobre Hamas en los periódicos, da la impresión de que solo tienen una agenda. Nunca piensan en ellos con familias. Todos fueron muy hospitalarios; todos ellos nos brindaron té y café, fruta, pasteles— hice una pausa para disfrutar del delicioso asado que Salwa había preparado, y luego continué: —Amigo mío, tú y yo no podemos hacer esto solos. Tienen que haber muchos más cristianos que puedan visitar a los musulmanes en sus hogares y les enseñen el amor de Jesús.

Bishara se recostó en el asiento y pensó por un momento, y entonces dijo:

—Me pregunto si este tipo de gestión se está haciendo.

—Los estudiantes aquí en el instituto bíblico —con seguridad que algunos de ellos podrían hacerlo. Eso es en parte para lo que los capacitas, para que la comunidad cristiana local pueda ser una luz en la oscuridad.

Mi amigo asintió.

—Tienes razón. Es para eso que los debemos capacitar, para que puedan hacer lo que tú y yo hicimos hoy.

20

Una comida con terroristas

Marj al-Zohour, primavera del 1993

Al-Awaisi sabía que algo no andaba bien cuando la sombría delegación entró a la carpa. Algunos de sus compañeros de carpa salieron sigilosamente mientras los visitantes se sentaban en el suelo.

—Tenemos malas noticias —dijo el Dr. Rantisi—. Acabamos de recibir un informe de Hebrón. Tu esposa y tus hijos han sido deportados.

—Las autoridades dicen que tu esposa no tenía los documentos adecuados —explicó otro miembro de la delegación.

Sintiendo que el pecho se le comprimía, y que le faltaba el aliento, al-Awaisi preguntó:

—¡Mi familia! ¿Adónde los han llevado?

—A Jordania. A un campamento de refugiados. No sabemos cuál, pero trataremos de averiguar.

Aquella noche al-Awaisi sentía un dolor punzante en su cabeza. Parecía que la carpa diera vueltas a su alrededor. Trataba de hablar, de decirles a sus compañeros que algo malo pasaba, pero solo podía balbucear algunos sonidos. Sin embargo, alguien se dio cuenta de que había un problema.

Unos minutos más tarde, Mahmud Zahar entraba a la

carpa. Una lámpara y dos linternas proveían una luz mínima. Examinó cuidadosamente a al-Awaisi.

—Ha sufrido un derrame —concluyó finalmente el Dr. Zahar—. Debe ir a un hospital.

Una desesperación profunda envolvió al profesor. Aunque sus amigos lo intentaran, sabía que no habría tal viaje al hospital. En ese momento sintió que su vida se consumía poco a poco, y no estaba seguro de querer seguir viviendo. Primero, lo habían sacado de su hogar y de su profesión. Ahora había perdido su familia y su salud.

Se preguntó: *¿Hay alguna razón para seguir adelante?*. Pero instintivamente oró: *Alá, ¿hay alguna esperanza?*

Marj al-Zohour, agosto de 1993

Regresé al campamento de Marj al-Zohour con un miembro de la Sociedad Bíblica de Beirut. Era un día soleado, y me asombraba ver cómo había cambiado el campamento desde aquella vez que lo había visto en lo más crudo del invierno; ahora rebosaba de actividad. Los hombres lavaban sus ropas en tinas de plástico y las colgaban en cuerdas tendidas entre las carpas. Otros, se ocupaban de las fogatas, cocinando arroz y carne para la comida principal del día.

Varias carpas servían de tienda, y las ventas parecían estar buenas. Noté que los cigarrillos y los rollos de fotografía eran más baratos que en Beirut.

Y aun así, con todos los esfuerzos que los hombres hacían, no lograban cambiar el panorama, que permanecía desolador. Las rocas secas, de matices dorados, reflejaban el sol, obligándome a entrecerrar los ojos. Sin embargo, el aire de la montaña era fresco, y la mayoría de los hombres vestían sacos o chaquetas. En el Monte Hermón, a lo lejos, se veía lo que parecía ser nieve. El único vestigio de vida vegetal en el campamento era en un cerco que contenía un huerto de un metro cuadrado, donde alguien había sembrado menta y otras especias. Las preciadas plantas eran protegidas del sol brillante por un toldo de lona.

La población del campamento se había reducido desde mi primer viaje. Debido a la presión mundial, el gobierno israelí había liberado a unos cien de los hombres. El resto, decía, podría regresar a casa al cabo de un año —una reducción de un año de la sentencia de deportación inicial. Era claro que en ocho meses, desde que habían llegado aquí, los hombres habían desarrollado maneras de crear una economía, intercambiando con aldeas cercanas alimentos y otros artículos necesarios. Estos hombres no se habían dado por vencidos; al contrario, se les veía orgullosos, trabajando con fuerza, resueltos a sacarle ventaja a una mala situación.

Mientras los deportados no podían salir, los soldados libaneses a la entrada del campamento permitían la llegada de visitantes. Esta vez no se me limitó el número de libros que podía introducir. Mi amigo de la Sociedad Bíblica de Beirut y yo, teníamos suficientes Biblias para repartir. Sin embargo, fue la pila de fotos de familias en Cisjordania y Gaza las que atrajeron la multitud. Yo había escrito los nombres por detrás de las fotos, y se las pasaba a los hombres a medida que ellos reconocían a sus familiares. Un joven, que hablaba inglés fluidamente, se presentó como Nabil, y observó por un tiempo largo las fotos tomadas en su apartamento, cuando lo normal era que un hombre corriera a contarle a un amigo que había recibido una foto de casa. De algún modo, estos hombres habían obtenido una cámara de vídeo, y me había dado videocasetes para mandar de regreso a sus familiares.

Antes de recorrer el campamento, hablé con el Dr. Rantisi. Su carpa quedaba a unas cincuenta yardas del campamento, para darle privacidad en sus reuniones con líderes, para mediar disputas, y para planear el día que regresarían a sus hogares. Le entregué una copia de una traducción nueva de la Biblia en árabe.

—Tenemos una buena biblioteca —me dijo—. Permítame enseñársela.

Mientras nos acercábamos al campamento, Rantisi me contó que los hombres habían hecho buen uso de su tiempo. Me mostró un aviso llamativo: «Universidad Marj az Zohour». Al frente de ella, había una carpa grande.

—Aquella es para las asambleas y la mezquita. Y esta es la biblioteca.

Entré a la carpa y me encontré con una hermosa habitación, con estantes a ambos lados. En el centro había una mesa llena de libros de consulta. Quedé maravillado.

—¿Cómo obtuvieron todos estos libros? —le pregunté al bibliotecario de Hebrón—.

Con una gran sonrisa, el hombre respondió:

—Al principio, la gente del Líbano nos traía alimentos. Entonces les dijimos que necesitábamos libros. ¡Nos tranzamos por libros!

—Parece que tiene una gran variedad de libros. ¿Qué temas estudian?

—Muchos temas, matemáticas, idiomas. Tenemos inglés, español, alemán, ruso, italiano, hebreo.

—Hay diecisiete profesores aquí —explicó Rantisi—, y actualmente tenemos sesenta y seis estudiantes matriculados.

—¿Hacen exámenes y dan calificaciones?

—Sí, los estudiantes presentan reportes y hacen exámenes y los profesores los califican. Los resultados se envían a la universidad en nuestra ciudad, y entonces se les dan créditos a los estudiantes para sus carreras. Hay muchos otros que estudian, pero no lo hacen para recibir créditos académicos.

—¿Cuál es el tema preferido de estudio? —pregunté.

La respuesta me produjo escalofríos:

—La ley Sharia.

La ley Sharia es el sistema jurídico islámico. Yo sabía que los musulmanes devotos creían que no debería haber separación entre estado y religión. La ley Sharia estaba diseñada para gobernar cada aspecto de la vida diaria. Y, ¿cuál era el resultado final de tal sistema? Si yo fuera a creer en el futuro de Hamas, estos hombres se preparaban para sacar a Israel de la tierra, y establecer un sistema de gobierno islámico. ¡Las implicaciones eran enormes! ¿Entendía el mundo lo que estaba ocurriendo aquí? Estos hombres habían aprovechado una situación espantosa para fortificar su determinación. No había duda de que en vez de destruir a Hamas, Israel lo había fortalecido. Quizás estos hombres eran un poco ingenuos al creer que podrían derrotar a Israel y a su poderoso ejército, pero tanto ellos como sus seguidores estaban seguros de desafiar a quienes consideraban invasores. ¡Ahora estaba convencido de que Israel había creado una bomba de tiempo![1]

El Dr. Rantisi me dijo que quería que conociera a uno de los profesores de Hebrón, quien se encontraba confinado en su carpa debido a su enfermedad. Me presentaron entonces al Dr. Abd al-Fatah al-Awaisi. Se encontraba tendido en un catre —la única cama que había visto en el campamento—, paralizado por un derrame hacía cuatro meses. Lucía un *kaffiye* de cuadros blancos y negros en su cabeza, y estaba arropado con una cobija delgada. Me miró a través de sus lentes con ojos que denotaban inteligencia. Hablaba el inglés bastante bien, y yo me arrodillé junto a su cama para conversar.

—¿Cómo se siente? —le pregunté—.

—Me siento un poco mejor. En los primeros dos meses no podía hablar, y aún tengo paralizado el lado izquierdo.

—¿Me podría contar un poco de su vida?

Me pareció que agradecía la oportunidad de conversar.

—Nací en 1959. Me recibí como Ph.D. en la Universidad de Exeter, en Inglaterra. Soy casado y tengo ocho hijos.

—¿Lo sacaron de su casa?

—Sí, de mi casa, el 14 de diciembre.

—¿Le informaron las autoridades a su esposa y a sus hijos sobre su situación?

—Cuando llegaron a arrestarme para deportarme, le dijeron a mi esposa: «¡Prepárese! ¡Usted sigue!» Al momento no pude entender a qué se referían, porque no sabía adonde me llevaban. Pero cuando me enteré que habían deportado a mi esposa y a mis ocho hijos a Jordania el 27 de marzo, me acordé de esas palabras y las comprendí muy bien.

—¿Sabe usted por qué enviaron a su familia a Jordania?

—No tienen documentación israelí. Se les llama visitantes, o sea que no tienen permiso para quedarse en Hebrón. De modo que todos ellos viven ahora en Jordania, en circunstancias. . . —La voz de al-Awaisi se quebró de sentimiento. Le tomó un momento para terminar la frase— . . . que no puedo ni imaginarme. Mi esposa tiene pasaporte jordano, pero no mis hijos. Ellos tienen documentos de viaje egipcios. Por eso no se les permite vivir en Jordania. Los israelíes no les permitieron quedarse, y ahora los jordanos tampoco se lo permitirán. No nos queda más que esperar la ayuda de Alá, para ver qué va a pasar.

—¿Puedo hacerle una pregunta un poco personal? ¿De qué viven ellos ahora?

—Desde mi deportación, mi esposa había recibido un sueldo de la Universidad de Hebrón. Pero desde su deportación a Jordania, nada le ha llegado. Eso me dijo hace un par de días cuando pude hablar con ella por teléfono.

Me pregunté dónde había un teléfono en el campamento, pero no quise averiguar más. Evidentemente, estos hombres eran muy recursivos.

—¿Vive con parientes, o vive por su cuenta?

—Ella y mis ocho hijos están viviendo con su hermano, quien tiene dos esposas y varios hijos. Todos viven en una casa pequeña en el campo de refugiados Al Wahdaat, cerca de Ammán. A mis hijos no se les permite asistir a la escuela.

Este era un asunto que, como a un hombre de letras, lo atormentaba mucho.

—Cuando le permitan regresar a Hebrón, ¿podrá su esposa regresar allá?

—No, los israelíes le dieron un documento en el que consta que no se le permite regresar a Hebrón.

—¿Piensa entonces reunirse con ellos en Jordania?

—No estoy haciendo planes de ninguna clase. Todo lo que hago es esperar. Me he pasado más de dos meses así como me ve. Los médicos dicen que debo ir a un hospital.

—Entonces eso es algo por lo que podemos orar, que usted reciba la atención médica que requiere y que se pueda reunir con su familia. —Le tomé la mano—. No puedo hacerle promesas en este mundo desquiciado. Pero permítame ver qué puedo hacer. Voy a intentar hacer lo que pueda.

Esas palabras las dije de corazón, pues la condición del Dr. Al-Awaisi era deplorable. En una cárcel normal, hubiera recibido atención médica. Pero aquí, aun con once médicos, era muy poco lo que se podía hacer por él, sin acceso a un hospital; y desde la deportación a ninguno de los hombres se le hubiera permitido ser aerotransportado.

Cuando salí de la carpa de al-Awaisi, el sol brillante me encandiló. Entonces vi al joven bibliotecario que venía corriendo hacia a mí.

—¿Quieren comer con nosotros?

—¡Por supuesto! —le respondí—. ¡Me encantaría comer con terroristas!

El hombre se rió, mientras que mi acompañante de la Sociedad Bíblica me miró horrorizado.

—Andrés, ¡no puedes decir algo así!

—Claro que sí puedes —repliqué—. Si lo dices con una sonrisa.

—Vengan conmigo —dijo el joven, anheloso de enseñar la hospitalidad legendaria de los palestinos.

Nos llevó a la «Carpa Hebrón». Allí, había un banquete preparado sobre una cobija en el piso—cordero, pollo, arroz, algunas «ensaladas» y montones de pan árabe. Una media docena de hombres se pusieron de pie para saludarme, y nos sentamos en el piso de la carpa. Me ofrecieron una pieza de pan plano, del que partí un pedazo y lo metí en un plato de humus.

La comida estaba deliciosa, y les ofrecí mis elogios. Se sentían muy orgullosos del banquete, y partieron también sus panes y los metieron en los distintos platillos. La conversación fue alegre y variada. Un hombre joven me contó que se aplicaba con empeño a sus estudios, y que quería asistir a la Universidad de Jerusalén a su regreso; luego añadió:

—También busco una esposa.

—¡No vas a encontrar una aquí! —le dije—, mientras engullía un trozo de *kibbé*, un platillo árabe tradicional que consiste en carne, trigo molido, nueces y pasas.

—No sé por qué me arrestaron —dijo—. Entre mi trabajo, mis estudios, y cuidando a mi madre enferma, no me quedaba tiempo para ninguna otra actividad. El día que me arrestaron mi madre estaba en la unidad de cuidados intensivos, y por muchos días no supe si había muerto o no. Una persona que trabaja para el Servicio Mundial de la BBC hizo una llamada telefónica, y dijeron que ya ella está bien.

Observando el interior de la carpa, vi muchos libros —lo que evidenciaba que estos eran hombres de estudio. Cuando el bibliotecario notó que miraba los libros, me dijo:

—En todas las carpas hay libros. Los libros que usted trajo, especialmente las Biblias, tienen mucha demanda en la biblioteca.

Cuando terminamos la comida, les agradecí por invitarme:

—Ha sido algo maravilloso. Cuando ustedes regresen, quiero visitarlos; pero entonces seré yo quien los invite.

Esa fue la chispa para otra idea. Estos hombres habían respondido tan cordialmente a mis visitas, que quizá pudiera hacer algo por ellos. Yo había bromeado sobre comer con terroristas. Lo que ellos no sabían es que sin Cristo en mi vida, tal vez yo mismo hubiera terminado de terrorista. Con todo esto, no podía dejar de acordarme de mi niñez y la ocupación alemana. Al igual que tantos niños palestinos, había lanzado piedras a los soldados, los soldados alemanes en mi pueblo. ¿Y si los alemanes no hubieran sido derrotados en 1945? ¿Cómo serían las cosas si la ocupación hubiera durado décadas?

Ese no era el caso de Holanda, pero los palestinos creían que habían vivido bajo ocupación desde 1967, y a algunos musulmanes fundamentalistas esto los animaba a tomar medidas drásticas.

Todos éramos religiosos. Estos hombres eran musulmanes devotos, yo era un cristiano devoto. Entonces, ¿qué diferencias había entre nosotros? ¿Por qué estaban ellos comprometidos con la destrucción de Israel, mientras que yo estaba comprometido con fortalecer a la iglesia de su tierra, para que los israelitas y los palestinos pudieran encontrar su verdadera identidad?

En una sola palabra, la diferencia era Jesús.

¿Por qué no ofrecerles a todos una comida, y hablarles sobre la esperanza que yo tengo, la única para una paz verdadera en el Medio Oriente?

El 17 de diciembre de 1993, exactamente al año de que los cuatrocientos quince «líderes» de Hamas fueran deportados, quienes permanecían en el campamento Marj al-Zohour regresaron a Israel. Algunos fueron inmediatamente enviados a prisión. Otros intentaban rehacer sus vidas, conectarse de nuevo con sus familias, regresar a sus trabajos.

Sin embargo, les era muy difícil porque a todos se les prohibía salir de los límites de su comunidad.

Abd al-Fatah al-Awaisi se hallaba en un dilema. Si regresaba a Hebrón, su familia no podría unírsele; todavía estaban en un campo de refugiados en Jordania. Desdichadamente, ningún país del Medio Oriente parecía dispuesto a recibirlos, de modo que buscó a los amigos que había hecho en Inglaterra durante sus años de estudio allí. Lo transportaron a Londres, donde finalmente su familia pudo reunirse con él. Yo lo llamé un par de veces. La reunión con su familia pareció revivirlo físicamente, y con la atención médica necesaria su condición mejoró en gran manera. Pero se lamentaba que él y su familia jamás podrían ver de nuevo su hogar en Hebrón.

21

Hebrón, febrero del 1994

A tempranas horas de la mañana del 25 de febrero de 1994, un médico nacido en Brooklyn entró resueltamente a la mezquita de Ibrahimi en Hebrón. El médico, que vivía cerca del asentamiento de Kiriat Arba, se había mudado allí en 1983 después de graduarse en Nueva York. Se había criado en una estricta familia sionista, que exigía la separación de todo lo que no fuera judío, y se sentía muy orgulloso de no haber tratado nunca a un árabe.

Para el Dr. Baruch Goldstein, la mera existencia de los palestinos representaba un problema, pues creía fervientemente que toda la Tierra Santa le pertenecía solamente a los judíos. Según su lógica, aunque todos fueran pacíficos, los palestinos deberían ser desterrados de Israel y de los territorios en disputa, y él estaba decidido a hacer su parte en esa causa.

Con frecuencia visitaba esa mezquita en particular, la que había sido construida sobre la cueva donde se creía que Abraham y su esposa Sara, al igual que los patriarcas Isaac y Jacob, estaban enterrados. En varias ocasiones él y otros colonos tenían enfrentamientos verbales con los palestinos allí. Pero este día habría más que una simple discusión. Porque se trataba del mes de Ramadan, la mezquita estaba repleta. El médico entró por la parte posterior y se movió rápidamente hacia adelante, mientras los hombres estaban inclinados hacia la Meca. Se desabotonó el abrigo, sacó una granada, le quitó la anilla y la arrojó a los fieles. Enseguida sacó una metralleta, y empezó a disparar.

En medio de los gritos, del humo y del eco del tiroteo, quedaba muy difícil dar con el origen del ataque. Momentos preciosos se perdieron mientras los asistentes intentaban salir, pasando por encima de los cuerpos, a la vez que otros trataban de localizar al asaltante.

Finalmente, en medio del humo, pudieron ver al asesino. Varios hombres le fueron encima y lo acabaron a golpes.

Debido a la confusión que prosiguió, fue muy difícil por unas horas saber qué había pasado. Las ambulancias ululaban por toda la ciudad, tratando de llevar a los heridos a los hospitales. En toda la ciudad se escuchaban tiroteos y explosiones. En el hospital de Al Ahli había disparos mientras bajaban a los heridos de las ambulancias, y los médicos trataban de prestar primeros auxilios. Más palestinos fueron heridos y murieron en la puerta del hospital.

El reporte oficial indicaba que veintinueve hombres habían muerto aquella mañana, asesinados por el Dr. Baruch Goldstein, y al menos otros cien estaban heridos. Las cifras extraoficiales eran mucho más altas cuando se hizo un conteo de víctimas afuera de la mezquita.[1]

Hebrón, marzo de 1994

Hebrón estaba sellada. Pero, de todos modos, manejamos la corta distancia que la separaba de Belén.

—¿Estás seguro de que quieres hacer esto? —me preguntó Bishara de nuevo—. La ciudad está en toque de queda total. A nadie se le permite salir de su casa.

—Agradezco tu preocupación —le dije—, repitiéndole la respuesta que le había dado esa misma mañana—. Pero di mi palabra que estaría en Hebrón hoy miércoles a las 11:00 en punto. Ellos saben que vengo. Y aunque nadie llegue, tengo que estar allí.

Bishara movió su cabeza, sonriendo un poco. Ya me conocía lo suficiente como para saber que no tenía modo de persuadirme. A unos cinco kilómetros de Hebrón, nos salimos de la carretera principal, manejamos casi un kilómetro, y entonces tomamos una camino angosto de doble vía. Habíamos andado unos tres kilómetros más cuando llegamos a un montón de rocas y escombros que habían sido tirados en la carretera para evitar que gente como nosotros entrara a la ciudad. Bishara se estacionó y anunció:

—A partir de aquí, caminamos.

Nos subimos a la pila de escombros y vi un portador blindado de tropas israelí, estacionado a unas 200 yardas. Era evidente que este camino estaba cerrado. Empecé a pensar que no habría modo de entrar a la ciudad, cuando divisé a un grupo de muchachos que nos miraban. Nos bajamos de la pila de piedras, nos aproximamos a los muchachos y les preguntamos qué hacían allí. Sonriendo, levantaron los hombros.

Bishara estaba claramente preocupado. Yo trataba de tranquilizarlo:

—No debes seguir, pues es muy peligroso para ti. En cambio a mí, si me agarran, lo más que pueden hacer es deportarme.

Saqué algunas monedas hebreas, y se las enseñé a los muchachos. Enseguida sus ojos se iluminaron. Señalando hacia Hebrón, les pregunté:

—Necesito ir a la ciudad a una reunión muy importante. ¿Me pueden ayudar? —Bishara les tradujo.

Un muchacho valiente dio un paso al frente, miró las

monedas, y me hizo un gesto para que le siguiera. Agarré del carro la bolsa con las Biblias y los videos y me fui con ellos. Dos más de los muchachos y Bishara nos siguieron.

—No tienes que venir —le dije a mi amigo—. Ya encontraré la manera de regresar.

—Si tú vas, yo voy —respondió—, mientras aceleraba el paso para alcanzarme.

Nos abrimos paso con dificultad a través de un campo lleno de escombros hacia un grupo pequeño de casas; de allí corrimos hacia la aldea, y luego seguimos por un sendero que conducía a la ciudad. A los pocos minutos estábamos en las afueras de Hebrón, pero yo estaba irremediablemente perdido. No tenía idea de cómo llegaríamos al sitio de la reunión. El muchacho llamó a la puerta de una casa. Una mujer entreabrió la puerta, y escuchó al muchacho hablar rápidamente en árabe. Luego cerró la puerta, y el muchacho se echó hacia atrás. Un minuto más tarde, la puerta se abrió, y un hombre nos miró a Bishara y a mí, y nos hizo señas para que entráramos. Cuando me di vuelta, los tres muchachos se marchaban a la carrera.

—¿A qué dirección tiene que llegar? —el hombre preguntó en inglés claro.

Le entregué el pedazo de papel. Mirándolo, asintió con la cabeza y dijo:

—Espéreme un minuto.

Se fue e hizo varias llamadas por teléfono. Ya eran las 11:00 en punto, la hora a la que había prometido llegar. Había pensado comprar comida en el camino, pero no había encontrado tiendas que estuvieran abiertas. No me quedaba otra alternativa que estar presente. Mientras esperábamos, una mujer —que por su edad pensé, podría ser la madre del hombre—nos sirvió café.

Cinco minutos más tarde, nuestro anfitrión me dijo:

—Ya está arreglado. Si ya terminaron el café, nos podemos ir.

Nos mantuvimos alejados de las calles principales, moviéndonos por callejones y escondiéndonos en las entradas de las casas, mientras mi nuevo amigo —ni siquiera sabía su nombre— seguía adelante, vigilando que el camino fuera seguro. En alguna parte, llamó a la puerta y otro hombre nos instó a que nos subiéramos a su auto. Así, en nuestro taxi improvisado, dimos vueltas por callejones serpenteantes para evitar las avenidas que eran patrulladas por tanques y vehículos blindados.

Pensé en el hombre que conducía. ¿Qué le sucedería si lo agarraran? La respuesta me dio escalofríos. Podrían matarlo en el acto. Yo podría ser arrestado y deportado. Y no quería ni pensar lo que le podría ocurrir a Bishara. El Colegio Bíblico de Belén necesitaba de su líder. Para deshacerme del temor, oré otra versión de la oración del contrabandista que tantas veces había hecho en los retenes de los países comunistas: «Señor, tú haces ver a los ciegos. Hoy te pido que hagas que los ojos de los soldados israelíes sean ciegos a este auto. Protege a estos hombres que están arriesgando sus vidas para llevarme a esta reunión».

Unos cuantos minutos más tarde, después de haber manejado por calles aun más estrechas y curvas, llegamos a un edificio que parecía ser un centro de reuniones. Mi conductor saltó del auto y llamó a la puerta. Tan pronto como Bishara y yo nos bajamos del auto, se marchó.

La puerta se abrió, y allí, sonriente, estaba el imán que había conocido en el campamento de Marj al-Zohour.

—¡Entren rápido! —nos dijo, a la vez que nos daba la bienvenida con un fuerte abrazo—. Sinceramente, no pensé que pudieran llegar.

Cuando mis ojos se ajustaron a la oscuridad del recinto, quedé boquiabierto. Había cuarenta hombres esperándome. Tuve que hacer un esfuerzo para controlar mis emociones. ¡Estos hombres, en el sentido estricto de la palabra, habían arriesgado sus vidas para venir a verme!

Pero aun así, el imán seguía disculpándose por las circunstancias:

—Estos son días muy difíciles; no tenemos libertad. No podemos trabajar, nadie puede comprar alimentos. Queríamos darle un bonito recuerdo de Hebrón.

—Y yo quería ofrecerles una buena comida —le dije, ofreciendo disculpas también—. Pero nos fue imposible traerla, o hacerla preparar por alguien.

Di una mirada alrededor del cuarto buscando a mi amigo, el bibliotecario, cuya hospitalidad me había inspirado a concertar esta reunión, pero no lo vi. Reconocí a uno de los once médicos de Marj al-Zohour, quien dijo:

—Hebrón está al punto de una hambruna. Después de la masacre en la mezquita de Ibrahimi, cerraron la ciudad. Ya nos han castigado por tres semanas. ¡Y nosotros somos las víctimas! Una vez a la semana, por dos horas, se nos permite ir de compras. ¿Cómo podemos sobrevivir así?

Era un arrebato típico de los árabes. Yo comprendía los sentimientos, pero también veía que el médico que se quejaba estaba bien alimentado, juzgando por el tamaño de su vientre. En todo caso, eran días muy difíciles. Quizás no podría brindarles una comida, pero todavía podía alimentar a estos hombres.

—Siento tanto que nos tengamos que ver en estas circunstancias —les dije, a través del médico que les traducía al árabe—. Y mientras no tengo comida material que darles, les traigo algunos regalos que espero los puedan considerar como comida espiritual.

Les entregué las copias de las Biblias y de la película *Jesús*, en árabe.

Sosteniendo una Biblia en mi mano, les conté la historia de un niño holandés que veía cómo acumulaba polvo día tras día una Biblia abierta en la sala de su casa. Finalmente la agarró y la llevó donde su madre, y le preguntó: «¿Es este el libro de

Dios?». Su madre respondió que sí lo era. El niño dijo: «¿Por qué no lo devolvemos a Dios, pues nosotros no lo usamos?»

Les urjo que no permitan que se acumule el polvo en estas Biblias —les dije—. Y procedí a hablarles de mi travesía espiritual. Al centro del mensaje estaba la cruz y cómo Jesús había perdonado mis pecados muriendo en ella por mí.

Cuando empecé a explicar cómo aplicaba la cruz a mi vida cotidiana, un hombre, vestido de caftán blanco, se puso de pie, y agitando sus brazos, me gritó en árabe. *«Ahora sí llegué muy lejos»*, me dije para mis adentros. Dudé por unos instantes, mientras el jeque se sentaba de nuevo. El resto de los hombres me miraba atentamente. *«Bueno, ahora que tengo toda su atención, más vale que acabe de darles mi mensaje»*. Entonces les dije cuánto amaba Dios a todo el mundo; tanto, que envió a Jesús a que muriera por cada uno de nosotros.

Apenas terminé, el imán se puso de pie y me dijo:

—¡Le tengo un regalo!

Orgullosamente me enseñó un Corán. Se veía gastado, con seguridad el suyo propio.

Entonces el médico dijo:

—¡Andrés, no dejes que acumule polvo! ¡Úsalo!

Todos se rieron conmigo cuando recibí el regalo.

Al final de la reunión, el imán hizo una llamada para conseguirme un taxi, que tendría que tomar los mismos callejones para recogernos, para luego llevarnos hasta las afueras de la ciudad. Mientras esperábamos, le pregunté al médico:

—¿Por qué gritaba el jeque cuando yo hablaba?

—Ah, muy sencillo, Andrés —replicó—. Tú dijiste que Jesús había muerto en la cruz, pero no hablaste de la resurrección.

Quedé perplejo. El jeque tenía razón. *¿Habría puesto en tela de juicio la integridad del evangelio?* Su única esperanza estaba en una presentación pura y radical de Jesús —muerto y *resucitado* por nuestros pecados. Yo sabía que la doctrina musulmana no creía que Jesús había muerto en la cruz, sino que había ascendido al cielo para regresar otra vez. Estos hombres habían arriesgado sus vidas para oírme hablar. *¿Por qué atenué el mensaje?* Ellos sabían que yo era cristiano, y así como ellos eran inamovibles en su fe, esperaban que yo fuera inamovible en la mía.

¡Había sido reprendido por Hamas! En ese mismo instante, tomé la decisión de que en mis reuniones futuras, iba a presentar el evangelio completo.

Unos días más tarde, varios de nosotros nos dirigimos a Gaza para la próxima comida que yo ofrecía a los hombres que había conocido en el sur del Líbano. Bishara había invitado a un joven llamado Labib Madanat, quien había sido nombrado recientemente director de la Sociedad Bíblica de Palestina. Labib tenía una personalidad arrolladora que me agradó mucho conocerlo. Como teníamos más de una hora de viaje, me empezó a contar la historia de su vida.

Mosul, norte de Irak, 1985

Labib Madanat estaba sentado en su cama tarde una noche, leyendo la Biblia. Sus tres compañeros de residencia dormían; había sido un día muy emotivo. La guerra de aquel entonces entre Irán e Irak, que ya llevaba más de cuatro años, había entrado en una nueva fase, en la que ciudades populosas eran atacadas de lado a lado. Aunque la Universidad de Mosul, a unos 400 kilómetros al norte de Bagdad, parecía estar por fuera del alcance de la lucha, todo el mundo estaba nervioso, preocupado por sus familias. Uno de sus compañeros de residencia se acababa de enterar de la muerte de un primo, un soldado del ejército iraquí. Las oraciones de aquella noche de los musulmanes habían sido inusualmente vehementes.

A pesar de haber nacido en Jerusalén, donde su padre había pastoreado la iglesia Alianza de Jerusalén Este Árabe, Labib y su familia habían vivido en Jordania desde 1977. Labib se sentía muy cómodo entre los musulmanes. Todos sus compañeros de escuela habían sido musulmanes, al igual que los de la universidad más adelante. Algunos eran musulmanes devotos, otros meramente culturales. Las cinco llamadas diarias a oración desde las mezquitas le resultaban tan normales como el piar de las aves al amanecer. La iglesia evangélica más cercana le quedaba tan lejos, que solo había asistido unas dos o tres veces durante sus años de universidad.

Pero Labib nunca había ocultado su cristianismo a sus compañeros de estudios. Él oraba y leía su Biblia abiertamente, y hablaba tranquilamente de su fe. Nadie lo despreciaba por ser cristiano; de hecho, todos parecían respetarlo. Incluso un miembro del partido Baath del Presidente Saddam Hussein lo había abordado para invitarlo a unirse al partido.

—Me complace que piense en mí —le había respondido Labib—. Sin embargo, debo declinar. No puedo servir a dos señores. Mi Señor es Jesucristo.

Labib se sentía en su elemento entre esta gente. Se identificaba como árabe y como cristiano, y no le molestaba que la gran mayoría de los árabes fueran musulmanes. Pero era en noches como esta, con tanto dolor y sufrimiento emocional a su alrededor, que él ansiaba que sus amigos conocieran a Jesús, el Único que podía dar la paz verdadera. Él sentía en su corazón el amor que Cristo tenía para esta gente. Mientras estudiaba irrigación y manejo de aguas, sabía que cualquier cosa que hiciera profesionalmente, su verdadera misión era la de difundir el amor de Cristo tan lejos como le fuera posible.

Jerusalén, 1992

Labib estaba retrasado. Había quedado en reunirse con un amigo en la Ciudad Antigua, justo al otro lado de la Puerta de Damasco.

—¿Me permite su identificación? —un soldado israelí le impedía el paso, y Labib se reprendía a sí mismo por no haber precavido esta clase de demoras inevitables.

—Por supuesto —respondió Labib, sacando su pasaporte jordano y su visa israelí.

—Párese contra la pared —le ordenó el soldado, indicándole con un movimiento de su cabeza que debería unirse a varios palestinos que esperaban. El mensaje era claro —los soldados tenían el mando.

¿Era eso en verdad? Labib se rió para sus adentros. Con seguridad llegaría tarde a la reunión, pero eso no quería decir que no respondiera a un llamado más alto.

—¿Puedo decirle algo? —le preguntó en hebreo pasable al soldado que revisaba varios documentos—. «Soy cristiano».

Varios de los palestinos que esperaban ser documentados lo miraron con sorpresa, pero Labib habló lo suficientemente duro como para que el soldado que trataba de ignorarlo no dejara de oír sus palabras.

—Lo que trato de decirle es que soy un creyente de Jesucristo, no solo un cristiano por religión. ¿Sabe usted de Jesucristo? Permítame, yo le hablo de él.

Y así empezó Labib a contar la historia de su Señor. De pronto, el soldado cerró bruscamente el pasaporte de Labib y se volvió para encarar al predicador. Labib miró al hombre fijamente mientras le devolvía sus documentos.

—Oraré por usted —le dijo con sinceridad—. Yo sé que usted está lejos de su hogar. Oraré para que cuando usted termine de prestar el servicio militar, Dios lo regrese seguro a su familia.

—¡Puede marcharse! —le dijo el soldado, y se dio vuelta para interceptar a otro palestino que pasaba por la puerta.

Labib sonrió cuando pasó al otro lado al *souk*, la plaza de mercado del barrio árabe. «*Los soldados piensan que están en control*», pensó. «*Pero cuando empiezo a predicar a Cristo, yo estoy en control*». Mientras la mayoría de palestinos le temían a estos retenes inevitables que limitaban severamente su movilidad, Labib los disfrutaba. Y sabía que la libertad que sentía en esos momentos era algo que valía la pena compartir con los palestinos.

Labib pronto estaría presentando ese mensaje a un auditorio de mayor envergadura. Él había regresado a Israel en busca de trabajo en su especialidad —la irrigación, pues esta era una tierra que no podía sobrevivir sin la irrigación, y supuso que el trabajo sería abundante. Pero cada oportunidad parecía bloquearse. En cambio, después de unos meses como pastor interino en la iglesia Alianza de Jerusalén Este Árabe, le habían ofrecido la dirección de una nueva agencia de la Sociedad Bíblica. Desde 1967, la Sociedad Bíblica de Israel había distribuido libros y Biblias a través de toda la región, pero ahora la gente de la casa matriz en Inglaterra habían decidido dividir el trabajo en dos sucursales —una para distribución exclusiva en Israel, la otra para distribución en Cisjordania y Gaza. Labib sería el primer secretario ejecutivo de la Sociedad Bíblica de Palestina.

Gaza, marzo de 1994

Camino a Gaza con Bishara y mi nuevo amigo Labib, tenía plena conciencia de que estaba entrando a la cuna de Hamas. Esta era la última de cinco reuniones previstas en las que me encontraba devolviendo el favor por aquella comida imprevista en la carpa de Marj al-Zohour. Los primeros cuatro, en Belén, Nablus, Hebrón y Ramala, habían tenido en promedio una asistencia de veinte a cuarenta hombres. Pero como la mayoría de los deportados provenían de Gaza, anticipaba unos cincuenta para esta reunión. Los hombres ya habían estado de regreso hacía unos tres meses y algunos, como el líder del campamento, Abdul Asis Rantisi, se encontraban presos. Otros, como Mahmud Zahar, habían regresado a sus trabajos y al liderazgo del movimiento.

El ataque del Dr. Goldstein en Hebrón había dado como resultado un aumento de las tensiones en Cisjordania. En la primera de las cuatro reuniones había una determinación entre estos hombres que se sentía como una bomba de tiempo. Y tenía curiosidad por averiguar si sentiría la misma tensión en Gaza. En primer lugar, Hamas se oponía ferozmente al proceso de paz. A solo un mes de mi segundo viaje a Marj al-Zohour, Israel y la OLP habían firmado un acuerdo que permitía un gobierno palestino limitado en Cisjordania y Gaza. Los acuerdos de Oslo, llamado así por las negociaciones secretas que se habían llevado a cabo en Oslo, Noruega, eran un avance importantísimo porque Israel reconocía oficialmente que la OLP representaba al pueblo palestino, y la OLP reconocía públicamente el derecho de Israel a existir. Muchas preguntas permanecían aún sin respuesta, pero el acuerdo proporcionaba los primeros pasos para el desarrollo de una confianza mutua de parte y parte que podría conllevar a futuras negociaciones.

Sin embargo, Hamas no se sujetaba al proceso. Habían puesto en claro que Yasser Arafat y la OLP no los representaban a ellos ni a muchos otros palestinos. Y no era porque los Acuerdos de Oslo no respondieran a algunos puntos críticos tales como la categoría de estado de Palestina, el retorno de los refugiados que vivían en Cisjordania, Gaza y el Líbano o la disposición de Jerusalén. El problema era mucho más fundamental. Hamas creía que no debería haber negociación *alguna* con Israel. Creían que Israel no debía siquiera existir. Había otro aspecto de Hamas que muy poca gente parecía comprender. Era la sensación de vergüenza que habían infligido a estos hombres. La mayoría de ellos eran los únicos proveedores de sus familias, y eran ahora incapaces de alimentar o proteger a sus hijos. Las deportaciones eran un penoso recuerdo de que los palestinos no tenían nación, no tenían derechos legales y, por lo tanto, no tenían futuro. Muchos de ellos tenían escrituras de propiedades que estaban ahora ocupadas por Israel. En vano creían que quizás algún día se les permitiera regresar a su tierra. Peor aún, la continua invasión de asentamientos israelitas les hacía sentir que la tierra que ahora ocupaban podría ser recuperada por medio de la lucha en cualquier momento. Estos eran hombres de dignidad, que rehusaban aceptar tal humillación. Asimismo, estos hombres se sentían desligados porque el mundo árabe no se alzó para protegerlos. Claro está, aquellos países les ofrecieron apoyo moral, pero el trabajo de asegurar su patria era solo de ellos. La única superpotencia del mundo, los Estados Unidos, defendía firmemente a Israel. Y no podían fiarse de las Naciones Unidas, que pasaban resolución tras resolución que Israel ignoraba. Estaban convencidos de que nadie les ayudaría, de modo que tendrían que actuar por cuenta propia.

Los problemas eran agravados por la intransigencia de los colonos judíos. Ya había algunos que aclamaban al Dr. Goldstein como uno de los grandes héroes de Israel. Después de mi viaje a Hebrón, había ido a Kiriat Arba, el asentamiento judío vecino a Hebrón, y vi que la tumba del Dr. Goldstein se estaba convirtiendo en un santuario. Se habían arreglado vitrinas que sostenían libros de oración para reuniones espontáneas. Algunos visitantes se hallaban allí, adorando. Uno de ellos era un colono americano, que explotó de ira cuando lo saludé diciéndole «Shalom».

—¡Usted no tiene derecho de decirnos shalom a nosotros! —gritó.

Mientras era evidente que yo no era judío, no lograba entender la causa de su ira. Quizá me había escuchado hablar en holandés, y pensó que yo era alemán.

—Espere —le dije—. No tengo malas intenciones contra usted.

El hombre me miró con hostilidad palpable. Con un frío desprecio en su voz, me dijo:

—Todos los días pulimos nuestras armas. Esperamos el día de *Purim*, cuando podamos ir a matar a *todos* los árabes.

Yo sabía que lo decía en serio. El día de *Purim* se celebraba cada año, recordando el día en el libro de Ester cuando los judíos ganaron lícitamente su venganza a través del imperio persa contra todos aquellos que habían tratado de destruirlos. Algunos colonos judíos anticipaban otro día de *Purim*, cuando finalmente pudieran deshacerse de todos los árabes, y la tierra sería totalmente suya.

Yo comprendía que muchos judíos no compartían los sentimientos de este hombre. Pero me estremecía el odio que veía en los asentamientos. Y aunque nunca podría apoyar a Hamas, podía entender por qué concluían que no tenían más alternativa que pelear. Pero, ¿pelear contra qué? No contaban con un ejército, no tenían armas poderosas para contrarrestar la potencia de fuego de Israel. Podrían dispararles a algunos soldados —pero, ¿qué lograrían con eso? Sus muchachos lanzarían rocas— que podría parecer algo cómico, si no fuera por la tragedia de tantas vidas jóvenes perdidas y tantos cuerpos permanentemente incapacitados. Y aunque no podía ver recursos militares, estaba seguro de que Hamas contraatacaría. No eran gente que comprometieran sus convicciones; estaban demasiado seguros de su fe, y de su percibido derecho a la tierra. Y aquí iba yo, a hablar con sus líderes. ¿Qué les podría decir? ¿Qué tenía para ofrecerles? No tenía poder para fabricar un acuerdo de paz o para darles su propia nación. Para estos hombres yo representaba la iglesia. Y ya que estaban totalmente abiertos a lo que eran y a sus intenciones, ¿por qué no ser igualmente abierto sobre quién era yo como cristiano? No podía resolver el conflicto entre ellos e Israel, pero al menos les podía presentar al Príncipe de Paz.

Labib Madanat había estado en Gaza en solo dos ocasiones, y ambas veces había sentido nostalgia por su tierra. Su primer impulso era siempre terminar lo que tuviera que hacer y escaparse lo más pronto posible. Mientras esperaba que los soldados le procesaran sus documentos en el retén de Eretz, pensó en su esposa, Carolina, quien había vivido en la ciudad de Gaza con una familia musulmana por unos meses antes de su matrimonio. *«No puedo entender por qué le gusta a ella este lugar»*, pensó. *«¡Yo detesto este lugar!»*

Desde que había asumido el liderazgo de la Sociedad Bíblica de Palestina hacía diez meses, Labib se había concentrado en dos áreas. Primero, trataba de restablecer las relaciones con las iglesias históricas de la zona, incluyendo a las iglesias católicas y griegas ortodoxas de Gaza. Su segundo esfuerzo se concentraba en los cientos de miles de turistas que llegaban a Israel. En un intento por mejorar la liquidez monetaria de la sociedad, vendía Biblias con hermosas cubiertas de madera de olivo, las que los peregrinos podrían llevar de regreso a casa como regalos y recuerdos.

Labib viajaba a Gaza invitado por Bishara Awad, quien iba a traducir para el Hermano Andrés cuando se dirigiera al grupo de líderes de Hamas. Labib había llegado al Colegio Bíblico de Belén a conocer a Andrés y a asistir a su charla. Había leído el primer libro de Andrés cuando era un niño, y todavía recordaba el impacto que había causado en su vida. El título en árabe no era *El Contrabandista de Dios*, sino una frase árabe que significaba «a pesar de lo imposible». Bien, esta misión en verdad parecía imposible. Y aun así, Labib sentía una gran curiosidad. ¿Se presentarían los miembros de

Hamas a esta reunión? ¿Qué les diría Andrés? ¿Cómo reaccionarían estos hombres?

A pesar de su curiosidad, tan pronto como terminara la reunión, con el mayor gusto se escaparía de este sitio y regresaría a Jerusalén.

22

Lo que hoy vi eran buscadores de Dios

Gaza, marzo del 1994

Mi contacto me había dicho que para nuestra reunión, Hamas alquilaría un local y ordenaría las comidas que luego yo pagaría. Debido a que los guardias israelíes en la frontera no me permitían conducir en Gaza, mis amigos y yo cargamos las pesadas maletas llenas de Biblias y videos de *Jesús* a través de la tierra de nadie, hasta que pudimos tomar un taxi.

Nos apeamos en el centro cultural en el corazón de la ciudad de Gaza. El Dr. Mahmud Zahar se encontró con nosotros y nos guió hasta el auditorio, un salón grande, alumbrado con luz proveniente de una claraboya. Cuando entré, no podía creer lo que veían mis ojos. Sentados en fila tras fila de sillas plegables, había palestinos, algunos en traje, y muchos en las túnicas tradicionales árabes con *kaffiye* blancos o a cuadros blancos y rojos en su cabeza, sostenidos por cuerdas negras (*iqals*). Al frente del salón, a un lado del estrado, había una mesa cubierta con un mantel verde. Ocho de nosotros nos sentaríamos allí. Mientras los asistentes continuaban entrando al salón, miré al auditorio e hice un cálculo rápido. Había unos cuatrocientos hombres (ni una sola mujer). ¡Yo los había invitado y no tenía suficiente dinero! Pero esta era una ocasión feliz. Cuatro hombres que habían aprendido a cantar en Marj al-Zohour, nos dieron una presentación —*un cuarteto al estilo de los de Occidente, pero árabe*— pensé. Un hombre, a quien le habían dado la libertad el día anterior, fue reconocido con una ovación. Un imán nos pidió que oráramos. Volviéndose hacia la Meca, empezó a cantar del Corán. Tenía una voz hermosa, y me sentí muy conmovido mientras abría mis manos y le oraba en silencio a mi Padre celestial. No entendía la oración del imán, pero sí sentía el dolor y el suplicio en sus melodiosas palabras. De pronto comprendí que no tenía que estar de acuerdo con los musulmanes para identificarme con su profundo y sincero clamor a Dios. Algo cambió en mí en ese momento, y me di cuenta de que en verdad disfrutaba la compañía de estos hombres. Los había conocido en un momento de necesidad extrema, y ahora estaba allí, con ellos, Biblia en mano, listo para ofrecerles esperanza. No estaba allí para lidiar con el Islam; más bien, me identificaba con ellos porque sufrían. Muchos no tenían trabajo y no tenían con qué sostener a sus familias. Sentían rabia, y yo sabía que la rabia es una prisión tan real como lo es una prisión material en la cual los tuvieran encerrados. Necesitaban que se les pusiera en libertad. «*Señor*», oré, «*permite que pueda yo abrir la puerta para que estos hombres encuentren la verdadera paz en ti*». La calma me envolvió, y reconocí que esta era una reunión sagrada.

Hubo varios discursos, casi todos centrándose en política, antes de que me tocara el turno de hablar. Mahmud Zahar me presentó, diciendo:

—Nuestro invitado especial, Andrés, vino a visitarnos en Marj al-Zohour. Vino a estar con nosotros y a sentir como nosotros en nuestra tribulación. Nos dio consuelo con su presencia. Dondequiera que se cuente la historia de Marj al-Zohour, el Hermano Andrés será parte de ella. Y ahora él y un grupo han venido a visitarnos aquí en Gaza. Nos han invitado a que nos reunamos a celebrar y a compartir una comida, y dándose vuelta para mirarme, añadió:

—Agradecemos su labor con todas las personas que se encuentran en dificultades, tanto cristianos como musulmanes.

Me puse de pie, y por un momento me sentí profundamente conmovido por todos los asistentes que estaban allí para oírme. La última vez que había estado con ellos nos habíamos sentado en el piso de una carpa a compartir una comida. Ahora era yo quien les daba de comer, y esperaba dejarlos con algo mucho más importante que una comida material.

—Cuando me llamaron por primera vez para contarme sobre la situación en la que se encontraban en Marj al-Zohour, mis deseos eran los de ir enseguida con ustedes. Pero era la noche de Año Nuevo, y yo tenía que hablar ante un grupo de siete mil jóvenes, y guiarlos en oración. Esa misma noche les hablé de ustedes, y siete mil hombres y mujeres oraron por ustedes —el auditorio interrumpió con un aplauso entusiasta—. No estoy aquí como político. Más bien, estoy aquí como alguien que busca comprender lo que sienten.

Yo sabía que podría suscitar una gran ovación si les contara que de niño había lanzado piedras a los soldados alemanes, pero me resistí a la tentación. No se trataba de eso. No buscaba su aprobación. Sentía que era más importante que, de alguna manera, estos hombres entendieran que yo me identificaba con ellos, para así poderles presentar el evangelio. Pensando en eso, empecé a contarles mi propia historia.

—Hace muchos años, cuando solo tenía veinte años, me encontraba en la cama de un hospital en Indonesia, al que había sido enviado como soldado a ayudar a ponerle fin a una insurgencia. Una bala me había atravesado el tobillo. Me sentía solo, con mucho dolor, y ansioso de regresar a casa y a mi familia. No tenía a quien dirigirme, nadie que pudiera llenar el vacío de aquellos días solitarios, y cuyas noches eran aun peores —yo sabía que ellos habían experimentado los mismos sentimientos—. Entonces empecé a leer un librito que mi madre me había dado cuando salí de casa.

Tomé en mi mano la Biblia, y admití que era un regalo que no me interesaba recibir y que, de hecho, hubiera preferido ponerla en el fondo de mi baúl.

»Pero ahora, en esa cama de hospital, sin nada más que hacer, empecé a leerla, comenzando en Génesis, con la historia de la creación. Leí todas las historias y me salté las partes de la ley y los profetas. Al cabo de unas dos semanas empecé a leer los Evangelios, y me impactó su profunda relevancia. Jesús era totalmente diferente a cualquier otra persona que hubiera jamás vivido. Su historia era tan increíble, que yo me preguntaba: «¿puede ser cierto esto?»

Los musulmanes veneran a Jesús como uno de los más grandes profetas. Y yo aproveché ese respeto cuando les dije que no era lo que Jesús enseñaba lo que me impactaba de tal modo, sino también la manera en que vivía. Me maravillaba la forma en que manejaba la controversia, cómo respondía a sus críticos, y cómo sufrió a manos de gobernantes injustos. Luego les hablé sobre la muerte de Jesús en la cruz. Esta vez sí les hablé de la resurrección y de su promesa de venir a mi vida, de perdonar mis pecados y de convertirme en una nueva persona.

»Finalmente clamé a Dios con esta sencilla oración: «*Señor Jesús, si tú me enseñas el camino, yo te seguiré*».

»No podía cambiar mis circunstancias —le dije al auditorio, concluyendo mi testimonio—. Todavía cojeaba debido a las heridas de la guerra, y sabía que quizás nunca caminaría normalmente otra vez. No sabía qué me depararía el futuro pero, por primera vez, sentía paz. Y aprendí que todo el que venga a Jesús puede tener esa paz. Es una paz que se levanta por encima de cualquier situación.

»No puedo cambiar la situación que afrontan ustedes aquí en Gaza. No puedo resolver los problemas que tienen con sus enemigos. Pero les puedo ofrecer a aquel que se llama Príncipe de Paz. Sin Jesús, ustedes no podrán tener paz verdadera. Y no podrán sentirlo a él sin perdonar. Él ofrece perdonar todos nuestros pecados, pero no podremos recibir su perdón si no se lo pedimos. La Biblia le llama a esto arrepentimiento y confesión del pecado. Si ustedes lo quieren, Jesús los perdona. Él me perdonó, y me convirtió en una persona nueva. Ahora no tengo temor de la muerte porque mis pecados están perdonados y tengo vida eterna.

Los hombres escuchaban mis palabras. Aunque no sabía cómo les llegaría mi mensaje, al menos había conseguido que me oyeran. Ahora tenía que confiar en que Dios usara mis palabras como él quisiera.

El programa no terminaba después de mi exposición. Otro líder, obviamente un imán, se puso de pie para hablar. Bishara susurró a mi oído la traducción. Se trataba de una petición para que yo la extendiera al mundo:

—¿Cuáles son nuestras exigencias? Primero, le pedimos al Hermano Andrés que le lleve a su gente en Holanda y Occidente una imagen real del sufrimiento de los palestinos en Palestina —bajo Israel, que se ha tomado nuestra tierra y ha desplazado a cientos de miles y encarcelado a decenas de miles. Han profanado nuestros lugares sagrados, destruido nuestros hogares, incluso hasta nuestros árboles.

Enseguida pasó a una refutación de mi mensaje, diciendo que la Biblia enseña que los judíos mataron a los profetas sin darles un trato justo.

»Creemos que también trataron de crucificar a Jesús, pero según nuestras creencias Dios se lo llevó, y crucificaron a un sustituto. Por favor comunique esto a su gente.

Durante varios minutos, el imán continuó diciéndome que los hombres presentes en el auditorio no eran terroristas, extremistas ni fundamentalistas.

—Somos musulmanes en general. Sentimos desprecio por el extremismo y la separación. Nos guiamos por la Palabra de Dios.

Luego citó tanto del Corán como de la Biblia, para explicar cómo los cristianos no habían seguido las órdenes de Jesús de amar a sus enemigos, mientras que los musulmanes habían protegido los lugares sagrados de los cristianos en Jerusalén, y en particular la Iglesia del Santo Sepulcro.

No habrá una solución real hasta que la gente se acerque a Dios. Toda la humanidad sufre porque adora a más de un dios —el trabajo, el dinero, el materialismo. Por eso Dios envió profetas como Adán, y Moisés y Jesús. Los musulmanes recibimos a todo el que crea, para traer paz y felicidad. De nuevo, les damos la bienvenida a usted y a sus amigos.

Finalmente llegó la hora de comer. La comida, que consistía de kebab, yogurt, pan árabe y dulces, estaba servida en todos los salones del edificio, y aun en los corredores, para poder acomodarlos a todos. Nuestras Biblias y videos estaban en unas mesas aparte. Pero me costaba trabajo disfrutar de la celebración —aún me quedaba la cuenta por pagar. Por el alquiler del centro, más la comida, el total ascendía a unos $2.500 dólares estadounidenses.

«Señor», oré en silencio, «Tu reputación está en juego aquí. Yo me comprometí a pagar la comida. ¿Me ayudas con esta necesidad?»

Llamé aparte a Labib y a Bishara, y les pregunté cuánto dinero tenían en efectivo.

—¿Me lo podrían prestar? No contaba con un grupo tan numeroso.

Aunque fueron muy solidarios, todavía no había suficiente. Entonces Bishara habló con mi contacto, y le preguntó si sería posible hacerle llegar el resto del dinero. Yo le agradecí a mi amigo, y me comprometí a enviarles el dinero tan pronto como regresara a Holanda.

Cuando esa crisis estaba resolviéndose, los asistentes habían comenzado a dispersarse. En ese momento, un equipo de televisión del noticiero ABC entró al centro.

—Oímos que algo grande estaba ocurriendo aquí —dijo el reportero, recobrando el aliento. Me miró, y yo sonreí, pero no dije una palabra—. ¿Me perdí algo? Me enteré de que había una reunión de Hamas.

—Sí, tiene razón. Pero ya terminamos.

—¿Puedo entonces entrevistarlo? Necesitamos algo para el noticiero de esta noche.

Me reí, y agité la cabeza.

—No, no tengo nada que decirle a la prensa.

Antes de salir, Mahmud Zahar me dio las gracias por venir y por dirigir la reunión.

—Andrés, creo que sabes que yo enseño en la Universidad Islámica. Hasta donde sé, nunca hemos tenido una clase de cristianismo y, mientras hablabas, pensaba que sería muy práctico que nuestros estudiantes aprendieran sobre el cristianismo verdadero. ¿Considerarías la posibilidad de ir a la universidad y darnos una conferencia sobre las diferencias entre el cristianismo y el Islam?

La invitación me dejó atónito, pero no me sentía competente para realizarla. Semejante oportunidad necesitaba de alguien que hablara árabe. Al igual que Pablo, me sentía el «más débil de los instrumentos» para este cometido.

—Mahmud, me complace saber que quieres que me dirija a tus estudiantes. Déjame pensarlo. Me preocupa el que no tenga la preparación académica necesaria; quizá podría hacer arreglos para que lo haga alguien con una trayectoria más fuerte que la mía.

Mis amigos y yo nos sentíamos eufóricos cuando abordamos el auto en el estacionamiento de Eretz para regresar a Belén. A ninguno de nosotros, aun con la fe más descabellada, se nos hubiera ocurrido que cuatrocientos líderes de Hamas asistirían a esta reunión. Pero cuando me senté en el vehículo, y mientras me deshacía el nudo de la corbata, me empecé a preocupar por lo que podría venir más tarde. Presentarles el evangelio a estos hombres era algo maravilloso, pero se necesitaría más. ¡Mucho más! No era correcto ir, realizar una reunión excelente, y entonces marcharse como si nada hubiera ocurrido. Necesitábamos un plan para hacerle algún tipo de seguimiento.

—¿Qué piensas de la reunión? —le pregunté a mi nuevo amigo Labib, cuando salíamos del retén de Eretz.

—Pienso que mi Dios es muy pequeño —replicó.

Me di vuelta para mirarlo, y vi que tenía una gran sonrisa.

—Hermano Andrés, nunca pensé que un cristiano pudiera hablarle a un grupo de fundamentalistas fanáticos y radicales. Y aunque a alguien se le presentara esa oportunidad, nunca se me hubiera ocurrido que ellos en verdad quisieran sentarse a escuchar el evangelio. Hoy Dios me ha enseñado cuán grande es él.

Mientras conversábamos, Labib me contó de sus años de estudio en la universidad en Irak.

—Aquella experiencia ha sido reavivada hoy —dijo—. Recuerdo cuánto me gustaba compartir el evangelio con los musulmanes. Pero en general, la iglesia aquí se esconde; no trata de llegarles a los musulmanes. No obstante, creo que ellos estarían dispuestos a escuchar si pudiéramos encontrar una manera de llegarles.

—Bueno, pensemos en una —le dije—, con la sensación de que este era un momento importante en la vida de mi nuevo amigo—. Yo dirigí una reunión. Esa parte fue la fácil. ¿Qué hacemos ahora? Hay hombres allí que seguramente quieren saber más. ¿Cómo les hacemos llegar esa información? Además, habrá otros que se enterarán de la reunión y querrán también escuchar el mensaje.

—Las iglesias locales en general se han refrenado de hablarles de Cristo a los musulmanes —dijo Labib—. Algunos agencias misioneras occidentales han venido y han tratado de compartir el evangelio con los musulmanes, pero muchos de sus convertidos provenían de las iglesias tradicionales. La gente supone que los musulmanes no están abiertos a Cristo, pero francamente pienso que ellos están más cerca de Dios que muchos europeos o americanos seculares. Lo que hoy vi eran buscadores de Dios.

—¡Exacto! La mayoría de los europeos son naturalistas. Generalmente no son buscadores de Dios. Pero si estás hablando con uno de estos miembros de Hamas, y se llega la hora de la oración, ya no lo tendrás a tu disposición. Se irá a orar. No va a estar disponible ni para ti ni para nadie. Solo para Dios. Y raramente vemos este tipo de devoción en la cristiandad. Si estamos orando, y suena el teléfono, lo contestamos. La mayoría de estos hombres no lo harían. Por eso es más fácil hablarles a ellos de Jesús. Para los musulmanes, la hora de la oración es el momento para la obediencia a Dios. No queremos cambiar esa búsqueda de Dios. Lo que queremos es presentarles el camino de Cristo —¡que es Dios buscándolos a ellos!

La mente de Labib estaba evidentemente girando, y yo guardé silencio para permitirle pensar. Finalmente dijo:

—Andrés, quiero abrir una librería cristiana en Gaza.

Mi corazón saltó de contento.

—Hasta ahora he limitado mucho mi visión —continuó, mirándome con obvia emoción—. Solo me he dedicado a echar para adelante la librería de Biblias en Jerusalén. Después de todo, allí es donde están la mayoría de los cristianos. Pero los hombres que vi hoy necesitan también la Palabra de Dios.

—Y no tuvimos copias suficientes en la reunión —le recordé.

—Si tuviera una librería en Gaza, me habría asegurado que cada uno hubiera recibo una Biblia.

Comprendí entonces que este era un día memorable, por lo que Dios había hecho, no solo en la reunión, sino también en el corazón de mi amigo.

—Labib, haré lo que pueda para ayudarte a realizar esta visión.

Cuando llegamos al Colegio Bíblico de Belén, Labib se dirigió a su auto. A medio camino se detuvo, se dio media vuelta para mirarme, y cerró mi día con broche de oro:

—¡Siempre recordaré este día como el día en que me enamoré de Gaza!

A pesar de lo positivo que fue mi día en Gaza, no podía quitarme de la cabeza la persistene sensación de que la bomba de tiempo de Hamas estaba a punto de explotar. Después de nuestra comida en Gaza, Mahmud me dijo tranquilamente que la masacre de Goldstein se vengaría cinco veces. En los meses subsiguientes, hubo exactamente cinco ataques. El 16 de abril, al finalizar los cuarenta días de duelo según la costumbre musulmana, escuché la noticia en la BBC. Un hombre de veinticinco años se había inmolado en un carro-bomba, matando a ocho e hiriendo a cuarenta y cuatro personas en Afula, un pueblo al sur de Nazaret. Hamas reivindicó el ataque, aduciendo que era en venganza por la masacre en la mezquita de Ibrahimi.

Una semana más tarde, un hombre explotó una bomba, matándose él y cinco más en un bus en la ciudad costera de Hadera. De nuevo, Hamas se adjudicó la responsabilidad. Horrorizado, comprendí que el conflicto había alcanzado un nivel nuevo, con seres humanos dispuestos a ir a Israel a suicidarse, y llevándose con ellos a tantos inocentes como les fuera posible. Por primera vez escuché a los reporteros usar el término *atacante suicida*.[1]

Las noticias me enfermaban. Seguro, pensaba, mis palabras deberían haber prevenido estos ataques. ¿No me habían escuchado en realidad estos hombres? Esto me hacía sentir como un fracaso.

No podía dejar de preguntarme qué impulsaría a estos hombres a llegar a tales extremos. Una explicación era la compleja posición sobre vergüenza y honor que impregnaba su cultura. Un palestino me la había explicado de esta manera: «O vivimos de rodillas, o morimos de pie». Hamas había decidido que preferían, literalmente, morir, que vivir sometidos a un conquistador aborrecido. Yo no podía estar de acuerdo con ellos —sabía que estaban totalmente equivocados— pero trataba de entender que Hamas, desde su punto de vista, enviaba sus soldados a la guerra. Todo soldado entiende que quizás no regrese a casa jamás. Y su general le dice que no tiene que regresar; que solo vaya y mate a tantos enemigos como le sea posible. Tal era la lógica del terrorista suicida. Aparte de eso existía el componente religioso, la creencia de que la muerte en *yihad* enviaba al soldado de inmediato al paraíso.

¿Podría haber hecho yo algo para detener a Hamas? Pensé en Génesis 4, el relato del primer ataque terrorista en la historia de la humanidad, cuando Caín asesinó a su hermano Abel. Dios le habló a Caín antes de que cometiera este acto criminal, y trató de convencerlo de hacer lo correcto y de resistir al pecado que se escondía detrás de su puerta. Pero Caín hizo caso omiso de Dios y llevó a cabo su venganza. Yo me pregunté: «*¿Quiso Dios hablarle a Hamas? Dios no tenía a quién enviarle a Caín, y por eso fue él mismo. Pero, ¿cómo enviaría tal mensaje hoy en día? Probablemente lo haría por medio de un mensajero que estuviera dispuesto*».

Por alguna razón Dios me había enviado a Hamas, a ofrecerles una manera distinta de enfrentar la ira de su corazón, a enseñarles la respuesta de Dios por medio de la persona de su Hijo; pero yo no podía obligarlos a escuchar. Si Dios no logró convencer a Caín de apartarse de su camino criminal, entonces yo no tenía realmente el poder de cambiar los corazones de Hamas.

Al menos, había ido a ellos, aprovechando el camino que se me abría. Hice lo que pude, pero no fue suficiente.

23

En cierto modo, estamos causando una diferencia

Jerusalén, otoño del 1994

El odio podría regresar. Yitzhak lo comprendía al ver las noticias del último ataque suicida.

—Era fácil cuando estábamos en el desierto en el encuentro Musalaha. Nadie nos miraba, y podíamos decir que nos amábamos los unos a los otros —le soltó a su esposa—. Pero ahora nos topamos de nuevo con la realidad.

Su esposa trató de recordarle comprensivamente que solo una minoría de los árabes era terrorista.

—Recuerda, tienes que permitir que la verdad de la palabra de Yeshua penetre profundamente en tu corazón.

Yitzhak sabía que el encuentro en el desierto lo había conmovido sinceramente. Pero un cambio permanente era más difícil estando en casa. Con tristeza se acordó de un incidente reciente, cuando jugaba al fútbol con unos creyentes mesiánicos en una cancha de Tel Aviv. En la cancha contigua se jugaba otro partido, y de pronto aparecieron varias personas que obviamente buscaban armar líos y empezaron a intimidar a los jugadores, haciéndolos marcharse. Yitzhak se detuvo a observar, y vio que los agresores pateaban y golpeaban a los jugadores. Además notó que los atacantes eran judíos, y los jugadores árabes. Los antagonistas les gritaban a los jugadores que no se les permitía estar en un parque público. Yitzhak sabía que esto no era cierto, pero permaneció en silencio y observó hasta que los árabes tuvieron que retirarse.

Desde entonces, aquel incidente le había asediado la memoria. ¿Cómo pudo él, que había estado involucrado en Musalaha, que se interesaba por los árabes y buscaba la rectitud, que sabía que estas personas tenían derechos, sencillamente mantenerse al margen, y no intervenir? Y el hecho de que formaba parte de una congregación de extrema derecha no le ayudaba en nada. A la mayoría de sus compañeros de fe les interesaba mucho más promover el sionismo que buscar una reconciliación, y por eso no podían comprender su participación en las actividades de Musalaha. No entendían cómo una persona podía tener fe en Yeshua y a la vez amar a los árabes. Había tenido varias discusiones, incluso había perdido ciertas amistades a raíz de su postura. Pero aquel incidente en el campo de juego le demostró que su transformación aun no estaba completa. No se trataba simplemente de decir «Ama a tu prójimo como a ti mismo». Sabía que tenía que hacerlo.

Los ataques de los terroristas se habían incrementado, y los suicidas ahora hacían explotar sus bombas de manera regular. A Yitzhak le horrorizaba la mortandad, y su reacción natural era la de rechazar todo lo que fuera palestino. Cuando veía los noticieros sentía que su odio anterior trataba de regresar a su corazón, y no hacía ningún esfuerzo por extinguirlo.

Entonces sonó el teléfono, y Yitzhak escuchó la voz familiar de Wa'el del otro lado de la línea. «Acabo de ver las noticias y me preguntaba si estarías bien». De inmediato, Yitzhak se sintió avergonzado de haber albergado sus odios pasados.

Después de la llamada, Yitzhak le admitió a su esposa:

—Wa'el me recuerda que tenemos que demostrar el verdadero evangelio. Somos salvos por la sangre del nuevo pacto, lo que quiere decir que somos salvos para ser luz para el mundo. Y no se puede ser luz del mundo si defiendes a una persona y no defiendes a la otra.

Unas semanas después, Yitzhak pasaba por el retén de Belén, camino a la iglesia de Wa'el. Al finalizar el culto, los dos amigos, cada uno con una brocha en su mano, estaban en un salón que era remodelado para convertirlo en centro infantil, y Wa'el le expresaba su agradecimiento por su ayuda:

—No estaba seguro si vendrías, con todas las diferencias y otras cosas que hay entre nosotros.

Yitzhak se rió:

—¿Piensas que tú y yo tenemos diferencias? Deberías oír las discusiones que tenemos sobre teología solamente en nuestra iglesia. Tenemos un dicho: «¡Donde hay dos creyentes judíos, hay tres iglesias!»

A la hora del almuerzo, Wa'el le confesó que estaba pensando marcharse del país.

—Esto ha sido tan difícil. Aquí no se ve nada más que frustración. Quiero irme, sencillamente, porque la situación es demasiado complicada. Pero. . . no sé a que sitio podría ir, o a dónde podría encajar.

Por un instante, Yitzhak recordó con vergüenza sus antiguos sentimientos de que un buen árabe era un árabe muerto. Siempre había pensado que sería mejor que los palestinos se marcharan, y muchos en su congregación apoyaban esa perspectiva. Pero esto era diferente: no se trataba de un árabe anónimo, sino de un hermano en Cristo y un amigo.

—No quiero que te vayas —le dijo.

Wa'el miró a su amigo sobriamente, sin saber qué responder.

—Sé que es difícil, pero probablemente estamos causando una diferencia. Tal vez podamos enseñarles a quienes nos rodean que existe una mejor alternativa que pelear.

—No veo cómo podríamos hacerlo.

—No sé si la respuesta es un estado palestino, o sencillamente aprender a convivir. No estoy en condiciones de resolver el problema. Sé que no puedo salvar al mundo, pero sí puedo salvar el mundo de una persona, el del árabe que esté frente a mí —reconciliándonos el uno con el otro, escuchándonos mutuamente, comprendiendo cuáles son nuestros problemas, nuestros temores, nuestros resentimientos.

Una hora después, cuando Yitzhak tenía que regresar a casa, los dos hombres, hermanos en Cristo, se dieron un abrazo. Pasaría un largo tiempo antes de que la situación les permitiera reunirse de nuevo, pero se comprometieron a mantenerse en contacto y a orar el uno por el otro.

De regreso a su hogar en el occidente de Jerusalén, Yitzhak pensó en el profundo cambio que Dios obraba en su corazón. Comprendió que, como cristiano, se elevaba por encima de las políticas del conflicto, a la perspectiva de que cada persona es creada a imagen de Dios, por lo tanto, cada persona merece saber de la salvación de Dios. Entonces quería gastar sus energías difundiendo el mensaje a los judíos, a los árabes —no importaba a quién. Quería que *todos* lo escucharan.

24

¿*Qué clase de gente produce el Libro?*

Belén, primavera del 1996

Tenía un vecino en el cuarto contiguo al mío en la casa de huéspedes del Colegio Bíblico de Belén. Nos encontramos a la hora del desayuno en al área común de la casa, una pequeña cocina-comedor situada frente a nuestras habitaciones. Al presentarse, me dijo que era pastor de una iglesia en Nazaret.

—Vengo aquí en busca de un poco de sosiego y descanso —comentó.

Observé su rostro, y se veía agotado.

—Estás en el lugar perfecto. Es bueno tener un sitio donde hallar sosiego, donde orar y, cuando lo necesites, donde conversar con amigos.

Sonrió débilmente, y dijo:

—Me temo que ya no me siento capaz de enfrentar todos los problemas.

Escuché con atención mientras enumeraba la lista que me daba. Había oído la mayoría de ellos en mis conversaciones con pastores a través de los años. Su congregación se reducía debido a la emigración hacia Occidente. Había conflictos entre los líderes más antiguos y los nuevos miembros.

Una contienda se empezaba a formar en la ciudad entre musulmanes y la Iglesia de la Anunciación, donde según la tradición, era el sitio en el que el ángel Gabriel había visitado a María. Los musulmanes tenían una carpa frente a la iglesia, y planeaban construir una mezquita. Además estaba el estrés permanente que les causaba la sensación de sentirse como ciudadanos de segunda categoría en su propia tierra —una queja común que escuchaba entre los árabes que vivían en Israel.

El pastor de Nazaret se veía mucho mejor al día siguiente. Había ido a visitar a un par de amigos, y en una de sus casas vio mi libro *La hora de los héroes* en árabe.

—Leí el primer capítulo —me dijo.

—¡El que habla de Job!

—Sí. Me puedo identificar con Job, aunque no creo que mis problemas sean tan graves como los suyos.

—¿Y qué has aprendido de nuestro amigo Job?

—Que Dios está con nosotros en medio de nuestras tribulaciones. Necesito que se me recuerde eso. La fe no quiere decir que Dios habrá de eliminar mis problemas. Por el contrario, comprendo que Dios está conmigo y mi congregación aun en medio de nuestras pruebas.

—Y que él es suficiente.

—Job no obtuvo respuesta a todas sus preguntas, pero se encontró con Dios. Él pudo escuchar a Dios, y eso le fue suficiente.

En su sentido más profundo, este encuentro era el énfasis de mi trabajo; el estar con mis hermanos que sufren. Todavía podía oír las palabras de aquel pastor en Polonia en 1955, quien me había dicho: «El que estés aquí vale más que diez de tus mejores sermones». Y como de todos modos no me consideraba un buen predicador, «estar allí» siempre sería mi ministerio primordial.

En parte debido a este tipo de encuentros, el Colegio Bíblico de Belén se había convertido en mi base de operaciones cada vez que viajaba a la zona. El instituto había crecido a un ritmo constante desde aquellos días en que ocupaba un solo cuarto en Beit Jala. Las instalaciones actuales, adquiridas de la Sociedad de Tierras Bíblicas con ayuda de Puertas Abiertas, quedaba a pocas cuadras de la Tumba de Raquel. El edificio había causado un gran impacto en la efectividad del instituto, y ahora el alumnado lo constituían cuarenta estudiantes que contaban con un cuerpo docente totalmente capacitado y académicamente preparado para la tarea. Puertas Abiertas apoyaba de distintas maneras, incluyendo el pago de uno de los profesores. Se habían desarrollado programas nuevos: Uno capacitaba a guías turísticos palestinos; otro estaba a cargo de campañas médicas. Ocasionalmente, personal médico llegaba de Occidente, y se podían atender entre 300 y 400 pacientes por día. Había planes para establecer una biblioteca pública en la planta baja del edificio donde se hallaban los salones de clase, lo que la haría la única biblioteca pública de Belén.

Me encantaba pasar el tiempo con los estudiantes. Es cliché decir que todos eran excelentes estudiantes, llenos de entusiasmo juvenil; pero podía sentir sus ansias de aprender, lo cual me daba esperanzas para la iglesia. Si la iglesia entre los palestinos de Israel, Cisjordania y Gaza quería ser una luz que brillaba, iba a necesitar cientos de creyentes comprometidos. Pero, ¿qué podrían hacer? Ese fue el tema que debatimos cuando Bishara me pidió que les hablara durante el culto en la capilla.

Debido a que la mayoría de los estudiantes se había matriculado luego de aquel tiempo tan emocionante en Gaza, cuando Bishara y yo habíamos hablado con los líderes de Hamas, comencé por contarles esa historia. Después de aquella reunión histórica, uno de los profesores del Colegio Bíblico de Belén me había tomado por el brazo y me había dicho: «¿Podría usted quedarse y evangelizar a los árabes? ¡A todos ellos—musulmanes, radicales, Hamas, la OLP!» Aunque agradecí su entusiasmo, la implicación de su declaración me perturbó.

—¿Es mi llamado el quedarme aquí y evangelizar a los fundamentalistas? —les dije a los atentos concurrentes, por medio de Bishara que traducía—. No lo creo. Mi llamado es a fortalecer el cuerpo local de creyentes. Y eso los incluye a ustedes —para que *ustedes* puedan cumplir con ese llamado crítico.

Para ilustrarlo, les conté de una de mis cinco reuniones con el ayatollah Fadlala, el líder espiritual de Hezbollah, en el Líbano.

«Hermano Andrés, ustedes los cristianos tienen un problema», me dijo. Bueno, yo sé que los cristianos tenemos muchos problemas, pero tenía curiosidad de saber qué me quería decir este líder musulmán. «¿Cuál cree usted que es nuestro problema?», le pregunté, y él replicó: «Ustedes los cristianos ya no siguen el ejemplo de la vida de Jesucristo». Pensé que era una observación muy perspicaz por parte de un líder fundamentalista, y eso me golpeó fuerte. «¿Qué opina usted que deberíamos hacer al respecto?» Me respondió: «Ustedes deben regresar al Libro».

»Qué sermón más insólito, ¿no creen? ¡Sobre todo aquí, en un instituto bíblico! Luego de tomarnos un par de tazas de café, el ayatollah me dijo: «Andrés, nosotros los musulmanes tenemos un problema». Le inquirí, «¿Cuál cree usted que es su problema?», y él replicó: «Nosotros los musulmanes ya no estamos siguiendo el ejemplo de la vida del profeta Mahoma». Su tristeza y sinceridad eran obvias, y por eso le pregunté: «Bueno, ¿qué opina usted que deberían hacer al respecto?». Su respuesta: «Creo que deberíamos regresar al libro». Por supuesto, él se refería a *su* libro, el Corán, no a la Biblia.

»La última vez que Fadlala y yo nos reunimos, me dijo que quería iniciar un diálogo entre eruditos musulmanes y eruditos cristianos. Y yo quiero fomentar tal diálogo. Tal vez podamos testificarnos los unos a los otros, y esto podría sorprendernos. Pero le dije que yo preferiría limitar los debates a una pregunta en particular: ¿Qué clase de gente produce el libro? Quiero plantearles un reto a ustedes hoy con esta pregunta. ¿Qué clase de gente produce el Corán?

»¿Qué clase de gente produce la Biblia? Ustedes son estudiantes de la Biblia. ¿Qué diferencia causa la Biblia en sus vidas? ¿Practican ustedes lo que predican? En sus últimas palabras a los discípulos, Jesús les dijo: «Ustedes *serán* mis testigos». Y eso incluye, no solo lo que hablamos, sino también cómo vivimos y quiénes somos.

»Dios les ha dado una tarea que hacer. Y es una labor que constituye un desafío. Observen a toda la gente en sus respectivas comunidades. Ya sean musulmanes o cristianos, todos ellos han sido creados a imagen y semejanza de Dios. ¿Qué clase de vida están ustedes demostrando? ¿Se dan cuenta de que ustedes probablemente sean el único Jesús que ellos habrán de ver? Es por eso que su obra aquí es tan importante.

Levantando la Biblia en mi mano, concluí diciéndoles: «Permitan que este Libro los moldee a imagen y semejanza de Jesucristo».

Belén, otoño de 1996

—Andrés, sintoniza el noticiero —me dijo Bishara por teléfono. La BBC está presentando un suceso muy importante.

Inmediatamente me dirigí a la sala común y encendí el televisor, en el que vi escenas de furiosos palestinos en la Explanada de las Mezquitas que gritaban a las cámaras, obviamente amenazando con violencia. Y, antes de entender lo que pasaba, el presentador pasó a otra historia. Bishara llegó a los pocos minutos. Me explicó que los israelitas habían cavado varios túneles bajo el Domo de la Roca y la mezquita de Al-Aqsa.

—Es natural que los musulmanes sean tan sensibles a este tema. Cuando los túneles se descubrieron en 1982, estuvieron a punto de causar un disturbio. Sin embargo, los judíos continuaron haciendo el trabajo sigilosamente, y ahora dicen que en realidad no están trabajando bajo la Explanada de las Mezquitas; pero sé de fuentes fidedignas que están buscando el Lugar Santísimo. Hoy, abrieron un túnel hacia la Vía Dolorosa[1], la que, tú sabes, queda en el distrito musulmán.

—Y los musulmanes están ofendidos.

—Me preocupa que haya disturbios.

Al día siguiente tenía una reunión en el centro de Belén, y cuando se terminó decidí caminar de regreso al instituto. Se sentía la tensión en las calles cuando llegué a la carretera Jerusalén-Hebrón. Vi a muchos jóvenes, incluso a niños, que pasaban corriendo frente al instituto, camino a la Tumba de Raquel. La mayoría de ellos ya portaban piedras en sus manos. Tenían rabia, y no les importaba que se supiera. Mi intuición me indicó que debía llegar rápido al instituto y buscar refugio en la oficina de Bishara, o en los salones del sótano. Pero la curiosidad me ganó, y seguí a los muchachos a la Tumba de Raquel, que había sido convertida en un puesto militar por las Fuerzas de Defensa israelíes. Algunos de los jóvenes sacaban sus hondas para lanzar piedras a los soldados antidisturbios. Otros se dirigían a los terrenos vacíos en busca de más piedras.

La protesta se veía infructuosa. Los muchachos lanzaban piedras a los soldados, quienes usaban fuertes cascos y se escondían detrás de sus grandes escudos. Y aunque la ira estaba profundamente arraigada, los soldados no parecían estar en peligro de muerte. De súbito escuché un golpe seco, vi una humareda, y comprendí que habían lanzado una lata a la multitud entre la que me encontraba. El gas lacrimógeno empezó a esparcirse, a medida que más bombas como estas continuaban cayendo. Una de ellas fue a parar muy cerca de mis pies, le di una patada y me moví en dirección contraria al viento para que el tóxico gas no me alcanzara. Pero los chicos no pensaban con claridad en el peligro. Muchos de ellos empezaron a toser y a retirarse. Yo les hice señas a algunos de ellos, indicándoles que deberían moverse del lado contrario del viento.

Y entonces escuché otro sonido. Un par de muchachos gritaron, y se agarraron un brazo o la cabeza. Al igual que ellos, supe que debía cambiar de lugar. Los soldados habían empezado a disparar balas de goma, pero estas contenían acero en su interior, lo que podía causar graves daños y mucho dolor.

Hacia el final de la tarde, después de que la multitud se había dispersado, me encaminé cautelosamente hacia la Tumba de Raquel, manteniéndome en la acera, tan cerca de los edificios como me era posible, para evitar llamar la atención. Un silencio inquietante había caído sobre la ciudad, dando la impresión de que la furia ahora estaba dentro de las casas. Casi no había autos en las calles. Me detuve en el sitio donde horas antes había presenciado el conflicto y, en la esquina, recostado contra la acera, había una de las latas de gas lacrimógeno. Como no estaba caliente, la recogí y la acerqué a mi nariz, y el fuerte olor me hizo tirar la cabeza bruscamente hacia atrás. Por un instante las lágrimas empañaron mis ojos. Sosteniéndola lejos de mi cara, pude leer una serie de números, seguidos de las palabras: «Para uso exterior solamente. Hecho en Estados Unidos. No arrojar directamente a la gente porque puede causar heridas graves o muerte».

Esparcidas a lo largo de la calle habían balas negras de goma, de unos tres centímetros de largo, aplanadas en ambos extremos. Recogí un par de ellas para llevármelas de "recuerdo" y caminé de regreso al instituto.

Bishara me esperaba.

—Ya ves lo que nuestros amigos de América nos han dado —dijo, sonriendo irónicamente—. He estado en la azotea cuando han lanzado gas lacrimógeno al patio de recreo de la escuela que queda cerca de aquí, y con el viento soplando desde el occidente, no me pude quedar más tiempo en la azotea, los gases eran demasiado fuertes. Y esas «balas de goma» pueden partirte las costillas. Sin duda, varios muchachos fueron a dar hoy al hospital. Y cuando una de esas balas le da a un niño en la cabeza, lo puede matar.

—Se oye tan humano . . . Balas de goma.

—Lo que presenciaste hoy es típico. Estas protestas comienzan con los muchachos lanzando piedras, y terminan con gas lacrimógeno y balas de goma, y generalmente con uno o dos muchachos muertos. Desdichadamente, estas manifestaciones están ocurriendo a lo largo de la franja de Gaza y Cisjordania —y, meneando su cabeza, también añadió—estoy muy preocupado.

Le pregunté qué trataba de lograr esta protesta en particular, pues no podía ver la conexión entre la manifestación que había presenciado y las noticias de Jerusalén.

—La ocupación es la causa principal de esta violencia —me explicó—. El túnel bajo el Domo de la Roca no era más que la última excusa. La gente quiere ser libre, y esta es la única manera que tienen de expresarlo.

Cuando los disturbios finalmente se calmaron unos días después, había noventa y un palestinos muertos (ni un solo israelí). Esto era algo muy frustrante, porque estos jóvenes estaban desperdiciando sus vidas, y ¿con qué propósito? ¿Se debía en realidad a que carecían de esperanzas? Todo era totalmente inútil. Pensé de nuevo en la estratégica ubicación del Colegio Bíblico de Belén. Nos encontrábamos aquí, una luz proclamando al Príncipe de Paz, mientras las gentes pasaban por el frente. Pero estos jóvenes estaban demasiado enfurecidos como para detenerse a averiguar sobre Jesucristo. Tristemente, noventa y uno habían muerto sin saber de él.

Beit Sahour, 1996

Nawal Qumsieh estaba lista para el ministerio, y sentía muchas ansias de comenzar a hacerlo. Pero, ¿dónde? Y, ¿cómo? En una conferencia en Belén, Nawal había respondido al desafío.

—Si alguien quiere dedicar su vida a ministrar para Jesús —clamó el orador invitado— ¡este es el momento de pasar al frente! El hombre se apartó del podio, dio unos pasos atrás e inclinó la cabeza en oración. Nawal se levantó sigilosamente de su silla y se dirigió al frente. De más de cincuenta asistentes, ella fue la única que respondió al llamado.

El orador abrió sus ojos, miró alrededor del salón, y luego fijó sus ojos en Nawal. Meneando la cabeza, se acercó a ella y le dijo en voz baja para que solo ella pudiera oírlo:

—Regrese a su asiento, por favor. Las mujeres no pueden ayudar en esta sociedad. Necesitamos hombres.

De nuevo, el orador retó a los asistentes:

—Necesitamos hombres que defiendan a Cristo en nuestra cultura. ¿Por qué no pasan al frente? ¿Están dispuestos a ser parte de la solución?

Aguantando las lágrimas, Nawal regresó lentamente a su asiento. Se sentía como si una bala de goma le hubiera dado en el corazón. Y, peor aún, ningún hombre respondió al llamado. Llorando amargamente, oró: «Señor, ¿quién le ministrará a mi gente?

Inmediatamente, en su corazón, sintió la respuesta: «Yo *te* llamo al ministerio».

25

Hamas quisiera un cese al fuego

Gaza, 1996

Mientras pasaba por la «tierra de nadie» —un corredor pavimentado en cemento de casi un kilómetro de largo, en el retén de Eretz, entre la frontera demarcada de Israel y la región ahora controlada por los palestinos —pensaba en la conversación que había tenido el día anterior con Labib. Mientras almorzábamos juntos, el director de la Sociedad Bíblica Palestina me había contado con entusiasmo sobre la visión que tenia de expandirse.

—Al pensar en todo lo que queremos hacer en Gaza, comprendí que hay otros lugares donde también podríamos abrir librerías: en Nablus, en la Universidad de Beir Zeit, en Belén —que serían sitios estupendos para realizar campañas, con tantos turistas que llegan a visitar.

Me encantaba ver el entusiasmo y la visión de Labib. Me contó entonces del local que había encontrado en Gaza, que sería el emplazamiento ideal para la librería.

—Pero tengo algunos problemas —dijo—. Hay demasiada burocracia en el gobierno palestino. No he podido obtener el permiso para abrir la librería, a pesar de mis esfuerzos.

—Tal vez yo te pueda ayudar —repliqué.

Labib se rio y dijo:

—¿Cómo? ¿Puedes saltarte los trámites burocráticos?

—No. Pero conozco a alguien que creo que sí puede.

—¿Quién?

—Yasser Arafat.

Labib hizo una pausa, luego sonrió, y dijo:

—Tienes razón. Su aprobación ayudaría muchísimo.

—¿Por qué no me das una de esas hermosas Biblias para niños en árabe? Se la daré al señor Arafat para el primer cumpleaños de su hija.

Esa misma mañana, Labib me había entregado una carta para el presidente palestino, más otra carta de aval del patriarca de la iglesia ortodoxa en Jerusalén. Pasé mi mano por el bolsillo interior de mi abrigo para asegurarme de tenerlas allí.

Me fue sorprendentemente fácil concertar una cita con Arafat, quien había sido recientemente nombrado presidente de la Autoridad Palestina. Después de hacer las llamadas correspondientes, me recosté en mi cama de la Casa Marna, donde se alojaban la mayoría de los visitantes extranjeros en Gaza, y medité sobre aquella primera reunión a mediados de la década de los 80, y cómo se había hecho la cita.

Todo comenzó con una llamada telefónica de un pastor bautista de los Estados Unidos que vivía en La Haya.

—Hermano Andrés, ¿me podría acompañar a visitar a un hombre que está muy grave?

Me explicó que este hombre había sido director de una escuela cristiana en Nazaret, pero ahora se encontraba muy enfermo para poder viajar de regreso a su hogar en Galilea, y había pedido oración antes de morir.

Por supuesto, fui con el pastor y visitamos al anciano que vivía en una casa grande, decorada con gusto. Le leímos de la Biblia y oramos por él. Al cabo de una hora salimos de su habitación, y un hombre de unos cuarenta años nos esperaba afuera.

—Soy el Sr. Khoury —dijo—, extendiendo su mano para saludarme—. Le agradezco que haya venido a visitar a mi padre. Significa mucho para nosotros. Disculpe, ¿podría ofrecerle un café?

Mientras tomábamos el café árabe que raramente yo tenía la oportunidad de disfrutar en Holanda, observé el agradable ambiente de la casa, y le pregunté, de forma directa, como era mi estilo:

—¿Quién es usted?

El Sr. Khoury respondió:

—Soy la mano derecha del Presidente Arafat. Represento a la OLP en Europa.

Siempre buscando una puerta abierta, dije abruptamente:

—¿Me podría poner en contacto con Arafat?

—No se necesita más que una llamada telefónica.

Efectivamente, hizo la llamada, y a los pocos días me encontraba en un avión, rumbo a Túnez, donde estaban exiliados Arafat y la OLP después de haber sido desterrados del Líbano. Le llevé a Arafat, a quien un reportero había llamado «el guerrillero de teflón»[1], una Biblia y una copia del libro *El contrabandista de Dios*, y le conté sobre mi obra. Recuerdo que luego me preguntaba si aquella reunión habría tenido alguna repercusión.

Esta vez iba a comparecer ante él con una agenda —una petición muy importante. «Señor, vé delante de mí», oré en voz alta, que retumbaba en las paredes de piedra de la habitación. «Dame favor en sus ojos».

La oficina de Arafat, al igual que la de muchos de los líderes de la Autoridad Palestina, estaba ubicada en una fila de edificios que bordeaban la playa del mar Mediterráneo. El complejo era sorprendentemente sencillo para un hombre que era el líder de tres millones de personas, y quien, si los Acuerdos de Oslo lo avalaban, pronto sería jefe de estado. El taxi me dejó a la entrada, y luego de cruzar el retén, caminé una cuadra hasta llegar a la oficina principal. Durante el día, normalmente la oficina de Arafat se llenaba de pared a pared de reporteros, de personajes extranjeros y de hombres de negocios buscando oportunidades de inversión. Pero esta noche solo el presidente y uno de sus consejeros, Nabil abu Rudeineh, trabajaban tarde.

—¡Vengo a ver a mi amigo Abu Amar! —dije—, anunciando mi llegada cuando entré al edificio.

Casi inmediatamente se abrió una puerta, y escuché la voz de Arafat.

—¡Hermano Andrés! —dijo—, saliendo de la oficina, luciendo su típico *kaffiye* cuidadosamente doblado sobre su hombro derecho con la forma de la tierra palestina. Agarrándome por los hombros, me besó en ambas mejillas y dijo:

—¡Adelante, adelante!

Aquel famoso hombre, con su barba perenne de tres días sin rasurar, era sorprendentemente bajo de estatura, tan solo un metro con sesenta, y su aspecto no denotaba la poderosa presencia que representaba en los asuntos del Medio Oriente. Pero tras esa modesta apariencia se escondía una carismática personalidad. Sentados en su oficina, le pregunté:

—¿Debo llamarle Sr. Presidente ahora?

—¡No, no! —respondió riendo—. Para usted siempre seré Abu Amar.

—Me he enterado que es usted también ahora el orgulloso padre de una nenita. Le he traído un regalo para ella —una Biblia en árabe para que le lea cuando la pueda sentar en sus piernas.

Arafat recibió el libro y lo miró de modo reverente.

—Es un libro hermoso. Muchas gracias.

—Traigo también una petición de un amigo —dije, mientras sacaba las cartas del bolsillo de mi chaqueta—. En este sobre hay una carta de Labib Madanat, el director de la Sociedad Bíblica Palestina, que es parte de las Sociedades Bíblicas Unidas, las que publican este bello libro. Esta edición en particular fue impresa en Beirut.

El presidente empezó a hojear cuidadosamente sus páginas, observando las ilustraciones. Hubo varios minutos de silencio, en los que Arafat parecía estar cautivado por el libro. Finalmente añadió:

—Necesitamos más libros de calidad así como este.

—Es por eso que he venido —respondí, aprovechando mi oportunidad—. La Sociedad Bíblica quiere abrir una librería aquí en Gaza. Labib Madanat ha encontrado unos locales desocupados que funcionarían muy bien, frente al Hospital Al Ahli, y quisiéramos obtener su permiso.

—Por supuesto que sí —replicó Arafat, mirándome a los ojos—. Tienen el permiso.

Leyó la carta, agarró su pluma, y le escribió una nota a Nabil abu Rudeineh: «Por favor, proceda con los trámites de registro de la Sociedad Bíblica y el permiso de operación de la librería en Gaza, según las leyes palestinas».

Abu Rudeineh leyó las instrucciones, y dijo entonces:

—Señor Andrés, permítame sacar una fotocopia para que le lleve usted al Sr. Madanat.

El domingo por la mañana me dirigí a la iglesia Bautista de Gaza, ubicada a unas pocas cuadras de la Casa Marna. La iglesia quedaba frente al edificio del parlamento palestino, donde se reunía el concejo legislativo. Al oriente del parlamento, al otro lado de la calle, había un parque extenso donde, en mi primer viaje a Gaza, después de la guerra de 1967, una enorme estatua del Soldado Desconocido dominaba el área; pero los soldados israelíes la habían derribado, dejando solo el pedestal. Después del Acuerdo de Oslo la Autoridad Palestina había erigido una nueva estatua, mucho más pequeña que la anterior, que se veía incongruente con el gran pedestal. Un agujero de bala ya estropeaba su hombro izquierdo, lo que insinuaba algo simbólico, aunque no estaba seguro exactamente qué.

Crucé la calle para llegar a la iglesia bautista, la cual se congregaba en dos casas pequeñas detrás de un muro alto de cemento, cubierto de graffiti. Jaber, uno de los líderes de la iglesia, me saludó al entrar. Su esposa estaba preparando los refrescos en el salón de reuniones junto al santuario pequeño, mientras que dos infantes corrían libremente entre las filas de sillas plegables que se habían armado para el culto. Una anciana de manos nudosas practicaba en un piano que necesitaba con urgencia ser afinado.

Cuando comenzó el culto, unos pocos minutos después de las 11:00, había solo unos doce adultos esparcidos por el salón. Cantamos el himno «Loores dad a Cristo el Rey», pero aun a pesar de todo el entusiasmo que la pianista le ponía a la música, había poca convicción en el cantar de la congregación. Hacía pocos años yo había predicado en esta misma iglesia a unas setenta y cinco u ochenta personas presentes en el culto. Pero a mi regreso cada año, la cantidad de asistentes era más reducida. Una sensación de abatimiento se ceñía sobre la iglesia, y más bien parecía que los congregantes asistían a un velorio. Evidentemente era solo cuestión de tiempo hasta que se presentara la muerte de otro ser querido.

Yo sabía que las cosas no podían ser así. ¡Este pequeño cuerpo, la única iglesia evangélica de Gaza, no debía morir! Aquel día le prediqué al reducido rebaño con mucha pasión.

Al final del culto, mientras tomábamos refrescos, conversaba con Jaber y con otros dos miembros antiguos de la congregación —Isam, un hombre de negocios, y el Dr. Attala, un médico respetable. El galeno evocaba sus primeras experiencias en la iglesia:

—Me mudé aquí de Egipto en 1976 a trabajar en el hospital bautista —se refería al Hospital Al Ahli, cuya dirección había sido asumida por la iglesia anglicana en 1982—. Me bautizaron en la capilla del hospital en 1979, y desde entonces he sido parte de la iglesia Bautista de Gaza.

No podía dejar de notar la tristeza que se sentía en su voz.

—Caballeros, ¡no deben darse por vencidos! —dije, preguntándome cuán convincente les sonaba—. Dios tiene una labor muy importante para esta iglesia.

Los tres hombres me miraron, expresando sin palabras que deseaban creerme. Entonces uno de ellos habló con voz entrecortada:

—Hermano Andrés, hemos pensado que deberíamos organizar una cruzada evangélistica. Si lo hacemos, ¿vendría usted a predicar?

De cierto modo, su sugerencia tenía sentido. Los bautistas son reconocidos por sus reuniones evangelísticas y, ¿qué mejor manera de aumentar el rebaño, que traer una buena cantidad de nuevos conversos? Sin embargo, esta iglesia no estaba lista para ello.

—Señores, entiendo su invitación, y me gustaría mucho venir a predicar aquí en Gaza. Pero ustedes no están preparados. ¿Qué harán con los que respondan al llamado? Ellos van a necesitar consejería, enseñanza, Biblias, libros. Mientras no tengan un plan de seguimiento, no habrán de estar listos para la campaña.

—He oído que la Sociedad Bíblica quiere abrir una librería aquí en Gaza —dijo Isam.

—Es precisamente eso lo que les quiero decir —repliqué—. Necesitamos un sitio al que puedan ir hombres y mujeres a aprender la Biblia. De otro modo, como lo dijo John Wesley, es como dar a luz a un bebé y dejarlo en el desierto del Sahara sin alimento, ni agua ni atención.

—¿Cuándo abrirá la librería? —preguntó Jaber.

—No lo sé. Estamos haciendo las gestiones. Oren por ellas, por favor.

Los hombres se veían obviamente desanimados, y no podía dejarlos de esa manera.

—Hay una gran oscuridad aquí en Gaza, ¿no es así? —mis amigos asintieron con la cabeza—. ¿Qué vence a la oscuridad? ¡La luz! Y esa luz está en quienes Cristo vive. Esta iglesia es una luz, quizás no muy fuerte, pero aún no se ha extinguido. ¡No se debe extinguir! Ustedes deben orar, y yo también lo haré, para que Dios fortalezca a esta congregación para que se convierta en una gran luz que brille en medio de la oscuridad. Esta iglesia es la esperanza de Gaza. Voy a orar, y le pediré a otros que lo hagan para que esta iglesia reviva y crezca.

Isam sonrió, y me agradeció por esas palabras:

—Andrés, cada vez que vienes nos das ánimo.

—Es por eso que vengo. Y, Dios mediante, regresaré todos los años y haré lo que pueda para ayudarles y para que la iglesia crezca.

—Y un día estaremos al fin listos para realizar la campaña —dijo Isam.

Sur de California, 1996

Hanna Massad observaba la Biblia abierta frente a él sobre la mesa de la biblioteca del Seminario Teológico de Fuller. A su alrededor había comentarios y otros libros de la biblioteca —casi todos relacionados a diferentes perspectivas sobre escatología. Al poco tiempo de haber sido bautizado, en su adolescencia, en la iglesia bautista, fue introducido a la doctrina del dispensacionalismo, que distinguía entre el plan de Dios para Israel y su plan para la iglesia. Dicho pensamiento hablaba de las intenciones de Dios, según las Escrituras, para distintos períodos de la historia. Conforme a la visión profética, el nacimiento de Israel en 1948 señalaba el final de la era que culminaría con el rapto y el regreso de Cristo.

Ahora como estudiante del seminario, y preparando la tesis de su doctorado, Hanna luchaba contra esa doctrina. Le había sorprendido enterarse en sus primeras clases en Fuller, que existían otras perspectivas sobre Tierra Santa y el plan de Dios para los judíos y la iglesia. Hacía varios años que Hanna había dejado el hogar. Su padre, quien al principio se había opuesto a sus deseos de estudiar en Estados Unidos, había fallecido, y su madre y sus hermanas se encontraban en mal estado de salud. Echaba mucho de menos su hogar y su familia, al igual que la congregación que había pastoreado por cuatro años. Ahora se preguntaba acerca del plan de Dios para su familia y para aquella iglesia.

Se preguntaba también si a Dios le importaba siquiera que él fuera palestino. Antes de comenzar su doctorado, Hanna había estudiado la historia del conflicto entre Israel y los palestinos. A comienzos del siglo XX, la mayoría de la gente que vivía en Tierra Santa era palestina, y todos hablaban árabe. En 1917, Gran Bretaña manifestó su deseo de ver la creación en Palestina de una nación para el pueblo judío.[3] Sin embargo, esta famosa Declaración de Balfour, como se le conocía, también decía que la nueva nación no habría de «perjudicar los derechos civiles y religiosos de las comunidades no judías existentes en Palestina». Se preguntaba entonces si en 1947 las Naciones Unidas habían sido imparciales al otorgar el cincuenta y dos por ciento de la tierra a Israel, dejando solo el cuarenta y ocho por ciento para tan numerosa población árabe que la habitaba.

El problema de los refugiados también lo inquietaba. De los setecientos mil árabes que habían huido o habían sido desterrados de Palestina, al menos cincuenta mil eran cristianos. Sus padres estaban entre aquellos que habían sufrido el destierro. Y se preguntaba por qué a la iglesia de otras partes del mundo parecía no importarle tal situación. Grandes números de cristianos parecían estar mucho más ansiosos de celebrar el nacimiento de Israel, que de comprender el sufrimiento de sus compañeros de fe. Como había manifestado un pastor árabe: «Es muy difícil oír que para que pueda realizarse el regreso de mi Señor, primero deba ser expulsado de mi tierra ancestral».[4] Hanna comprendía el porqué tantos palestinos reaccionaban de manera tan violenta. Pero a la vez, como cristiano, eso le molestaba, pues sabía que en la violencia no se hallaría la respuesta.

¿Qué significaba todo aquello para él como cristiano y como palestino? ¿Cómo debía él identificarse con el pueblo judío? Las Escrituras hablaban de los judíos y los gentiles uniéndose en un solo cuerpo, pero en realidad las dos partes no se habían reconciliado todavía. Se necesitaba el perdón de lado y lado. Muchos de los cristianos que él había conocido en los Estados Unidos no veían ambas caras de esta moneda. A ojos ciegos apoyaban todo lo que hiciera el estado de Israel, fuera bueno o malo, correcto o incorrecto. Entendía que muchos reaccionaran de tal manera en respuesta al horror del Holocausto —él mismo se estremecía cuando pensaba en las imágenes que había visto, o las historias que había escuchado. Pero, ¿debía llegarle la justicia a un pueblo a expensas de otro? ¿Por qué había tan pocos evangélicos que se interesaran o, incluso, que quisieran saber de sus hermanos del lado palestino?

Esta lucha interior le había hecho elegir como tema para la tesis de su doctorado, la base teológica para una reconciliación entre los cristianos palestinos y los judíos mesiánicos. Muchos eran los que habían intentado encontrar una solución política en la región. Quizás, pensaba, ya era hora de que la iglesia demostrara algo diferente.

Gaza, 1996

El domingo por la noche, después de pasar la mayor parte del día con mis amigos de la iglesia Bautista de Gaza, tomé un taxi de regreso al hotel. El taxista se detuvo en una calle angosta sin pavimentar frente a una mezquita y habló con un muchacho que hacía guardia a la puerta de entrada. Le pagué al conductor, y pasé por la puerta caminando.

Desde mis conversaciones con Hamas en 1994, me había mantenido en contacto con Mahmud Zahar, y trataba de visitarlo cada vez que iba a Gaza. Nos reuníamos en su clínica médica en uno de los sectores más pobres de la ciudad, y en la universidad donde enseñaba. Yo deseaba poder comprender a este hombre, quería saber qué lo motivaba y cómo pensaba. También quería que conociera en mí a un cristiano comprometido con Jesucristo, como lo era él con Mahoma y el Islam. Dos días antes, cuando lo había llamado, me había sorprendido invitándome a su casa a cenar.

La casa de Mahmud era sencilla, con pocos muebles y casi sin decoración. Nos sentamos en dos cómodos sillones rojos. Las blancas paredes carecían de adornos, y había un par de agujeros —que parecían ser de bala, pero no quise preguntar. Podía escuchar voces bajas que hablaban en la cocina, detrás de una cortina. Pero cuando Mahmud me invitó a pasar a la mesa, éramos solo los dos los que íbamos a comer. Supuse que su esposa o una de sus hijas había preparado la cena, pero no las conocí. Yo no sabía mucho de los antecedentes de su vida, pues Mahmud pasaba muy poco tiempo hablando de sí mismo. Me había enterado que nació en 1943 y obtuvo su título médico en Egipto, especializándose en enfermedades de la tiroides. Nuestras conversaciones, inevitablemente, siempre empezaban hablando de la situación política actual. La intensidad de Mahmud se reflejaba en la manera en que se inclinaba hacia mí, como asegurándose de que entendiera sus razonamientos. Se expresaba muy bien, lo que me hacía comprender por qué CNN y otras agencias noticiosas lo buscaran a menudo para entrevistarlo.

—Luchamos contra ocupantes —dijo—. Luchamos contra ejércitos, contra gente que oprime a la población civil. Pero es muy importante que se conozca la fortaleza del lado palestino. Todos los palestinos, musulmanes o cristianos, somos una unidad que se enfrenta a los israelíes.

—Pero ustedes son ahora autónomos —me quejé—. Bajo el Acuerdo de Oslo, la Autoridad Palestina está al frente. Y hablas como si todavía estuvieran peleándose. ¿No avanzan ambos lados hacia la paz?

—Nos rehusamos a participar en la conferencia de paz. Nos rehusamos a ser parte de la AP (Autoridad Palestina), porque esta no representa a la mayoría. La AP ha concedido que Israel tiene propiedad de la tierra, y nosotros somos una minoría nacional, lo cual no es correcto. *Nosotros* somos los dueños de la tierra. Histórica y geográficamente, somos parte de la unión árabe. Nos rehusamos a aceptar a Israel como estado. Aceptamos a los judíos como ciudadanos, con todos los derechos, como los musulmanes, como los cristianos, como cualquier otro ciudadano. Pero una nación de fabricación sionista —simplemente, es inaceptable.

—¿Entonces cuál es el papel de Hamas en esta batalla, en la que también están la OLP y el grupo radical Yihad islámico? ¿Cómo sabe la gente a qué lado dirigirse?

—Oficialmente somos uno, uno respetable. Pero nadie puede decidir sin la aprobación de Hamas porque, a escala popular, si Hamas convoca a una manifestación, habrá una manifestación. Si Hamas convoca a un cese al fuego, habrá un cese al fuego. Si Hamas convoca a una escalada de la resistencia, habrá una escalada de la resistencia. El poder de Hamas proviene del poder del apoyo popular.

—Mahmud escogía sus palabras cautelosamente cuando se refería a la OLP, pero aun así, podía percibir sus verdaderos sentimientos por el grupo. La realidad era que Hamas y Arafat eran enemigos. Cuando el calor de los ataques suicidas se tornaba insoportable, el gobierno israelí presionaba a Arafat, quien entonces arrestaba a algunos miembros de Hamas. Mahmud había sido encarcelado cuatro veces en prisiones palestinas, porque, según dijo,

—Yo trataba a la gente que era herida por las balas de los israelíes.

La prisión era una experiencia inhumana. Me contaba cómo le habían afeitado la barba y toda la cabeza, lo que representaba una gran humillación, y lo habían golpeado. Se enrolló las mangas de la camisa para enseñarme dónde le habían partido el brazo en dos sitios. Me sorprendía que no estuviera más amargado a raíz de tal experiencia.

Insistía, además, que no estaban mancillados por la corrupción como la Autoridad Palestina, de la cual era conocimiento común que sus oficiales estaban más interesados en recibir sobornos que en atender las necesidades de los palestinos. Yo le hice un reto:

—Mahmud, ¿en verdad sostienes que no hay corrupción en Hamas?

—Si hay corruptos, son solo uno o dos. Pero aquí, en la Autoridad Palestina, se puede ver que Arafat es corrupto, profundamente corrupto, y aún está al mando. No digo que en Hamas haya ángeles. Pero me refiero al sistema. ¿Quién castiga a los criminales, y quién ayuda a la gente? Aquí, en la Autoridad Palestina están corrompiendo a la gente, y ninguno de ellos ha sido enviado a prisión. Si tuviéramos el poder, nunca nos corromperíamos porque Alá lo prohíbe. Esa es la diferencia entre nosotros y el sistema secular.

Después de la cena tomamos café en la sala. Mahmud se quedó pensativo por unos instantes mientras descansábamos. Entonces me dejó pasmado, cuando dijo:

—Andrés, por favor, Hamas quisiera un cese al fuego con Israel. ¿Podría usted ser el mediador?

Susurré por un momento, antes de replicar:

—¿Por qué cree usted que yo tengo influencia?

—Usted tiene contactos en el Departamento de Estado norteamericano. Se ha reunido con Henry Kissinger, —yo asentí—. ¿Les hablaría usted de nuestra propuesta?

—Por supuesto que lo haré. Pero, ¿qué les habría de decir?

—Dígales que garantizamos que no habrá una sola explosión. No habrá ataques suicidas, ni tiroteos, ni sabotajes, mientras lo acordemos con Israel —dos, tres, cinco años. Ellos pueden decidir el tiempo. Nada pasará durante ese período. Queremos un cese al fuego.

Yo temblaba cuando salí de su casa. Una cosa era ser representante del evangelio; pero cuando se trataba del arte de gobernar me sentía totalmente incapaz. Sin embargo, no podía ignorar esto; tenía que tratar de hacer algo. Tenía la plena confianza de que cuando Mahmud garantizaba que no atacaría a Israel, cumpliría con la promesa. Era cierto que yo me había reunido con Henry Kissinger, el anterior Secretario de Estado de los Estados Unidos, en un vuelo de Texas a Los Ángeles. Le había hablado de mi trabajo, y él me había dado su número de teléfono privado, diciéndome:

—Andrés, si alguna vez me necesitas, dame una llamada.

Pues bien, esta situación lo ameritaba. El Dr. Kissinger todavía mantenía sus nexos con el Departamento de Estado. Era hora de darle una llamada, y entregarles esta propuesta a los expertos.

26

Llamado a un arte de gobierno más alto

Harderwijk, Holanda, 1996

La carta llegó por fax. Provenía de uno de los socios de Kissinger en la ciudad de Nueva York. «Siento no haber podido contactarlo . . . pero no hubo respuesta en su teléfono, y ahora estoy de salida . . .» escribió el socio. Se trataba de un conocido hombre a quien yo respetaba como un cristiano que trataba de vivir su fe en el mundo de la diplomacia.

A petición de Mahmud, yo había llamado a la oficina de Henry Kissinger a mi regreso a Holanda. La respuesta no se hizo esperar: «Hablé con gente en nuestro gobierno sobre su conversación con Mahmood (sic) Zahar», escribió el socio. «Resulta que nuestro gobierno no cree que Zahar tenga necesidad de intermediarios si desea discutir sus ideas con los israelíes.

«Además, nuestro gobierno está sujeto a una política estricta de no tener contacto directo con Hamas. Siento que no haya podido contactarlo personalmente con esta información, pero quería que lo supiera antes de irme de viaje».

Me recosté en la silla de mi oficina, y reflexioné sobre mi falta de éxito en el arte de gobernar. En mi espíritu sabía que esta no era mi profesión, y que yo había sido llamado a un arte de gobernar más alto. Yo representaba al Rey de reyes y Señor de señores ante personas que, aunque no lo supieran, necesitaban conocerlo desesperadamente. Y animaba a otros a que hicieran esa misma clase de trabajo, gente en el Medio Oriente que podría ser mucho más eficaz que yo.

Gaza, diciembre de 1996

La ironía era indiscutible. Hacía exactamente cuatro años que 415 palestinos habían sido deportados al sur del Líbano, y ahora, a raíz de mis contactos con estos hombres, pronto me dirigiría a un auditorio en la Universidad Islámica de Gaza (UIG), una de las instituciones más fundamentalistas del mundo.

Durante más de un año traté de encontrar a alguien con credenciales académicas sólidas que pudiera dictar la clase en la Universidad Islámica. Yo sentía que esta era una oportunidad muy valiosa, y quería que la persona indicada, alguien sensible a las circunstancias, lo hiciera, preferiblemente en árabe. Llamé a varios amigos, pero por una razón u otra, la respuesta siempre era: «No, Andrés, no puedo». Finalmente, cuando Mahmud me recordó que la invitación seguía en pie, le dije:

—Está bien, lo haré.

—¡Bien! —me dijo—. Vamos a esperar una buena oportunidad.

La ocasión era la inauguración de un nuevo auditorio, en el que se me invitaba a que dictara la primera conferencia. Mahmud se reunió conmigo antes del evento, y conversamos por unos minutos. Le entregué una copia de la carta que había recibido del representante de la oficina de Kissinger y Asociados.

—Lo siento —le dije—. Como ve, no quieren hablar.

Mahmud lo cuestionó enfáticamente:

—No es cierto. El Departamento de Estado habló con nosotros en Ammán en aquella época en que fuimos deportados al Líbano.

En todo caso, Mahmud no parecía estar muy sorprendido. Aparentemente, había esperado esta respuesta, pero sentía que valía la pena intentarlo.

—¿Por qué no contacta directamente a Israel, como lo sugiere la carta? —le pregunté.

Mahmud meneó la cabeza.

—Ellos se niegan a hablar con nosotros. No tenemos una vía adecuada. Por eso pensé que usted pudiera abrirnos el camino.

En la mayoría de los conflictos alrededor del mundo hay una puerta trasera para la comunicación entre las dos facciones. E incluso aunque los combatientes no estén hablando, tiene sentido proveer una vía extraoficial para gestionar la paz. Aparentemente, esta no era la situación ahora.

Esta experiencia me convenció que era muy poco lo que yo podía hacer en el proceso de paz, al menos desde una perspectiva política. Mi humilde intento había sido rechazado, lo que reafirmaba el hecho de que mi llamado no era a trabajar en la arena política, sino a llevarle a Cristo a las personas. Y eso era precisamente lo que planeaba hacer en la UIG.

La Universidad Islámica de Gaza está ubicada junto a otra universidad, la Al-Azhar, donde el Islam no se practica de manera tan rígida. De muchas maneras los dos recintos universitarios se asemejan a miles de ellos en el mundo. Los estudiantes van y vienen de un edificio al otro, apurándose por llegar a sus clases. Mientras Mahmud me acompañaba al auditorio, tres alumnas, quien por su modo de vestir obviamente asistían a Al-Azhar, pasaron frente a nosotros. Mahmud comentó:

—Andrés, ¿ve usted esto? ¿Se da cuenta a lo que conduce el que no se haga respetar la ley islámica?

Lo irónico del caso es que estas jóvenes vestían de modo mucho más recatado de lo que se vería en cualquier universidad de Occidente, solo que no lucían el *jilbab* tradicional (abrigo largo) ni el *hijab* (pañuelo para la cabeza) que requerían los fundamentalistas.

El auditorio era un salón agradable y moderno, y estaba lleno a medias con una mezcla de profesores y estudiantes. Todas las mujeres, luciendo el *jilbab* y el *hijab*, estaban sentadas juntas en una sección del salón. Los representantes de Hamas ocupaban las primeras filas. Después de ser presentado por Mahmud, les di las gracias por esta oportunidad:

—Se me ha dado el privilegio de dirigirme a ustedes. Quizás podamos aclarar algunos malentendidos que existen entre nosotros. Quizás también podamos reconocer algunas necesidades comunes que todos tenemos. Y ya que todos ustedes son musulmanes por decisión propia, quiero que entiendan que yo soy cristiano por decisión propia.

Usando el *Injil*, leí Mateo 25:34-36. Este pasaje se refiere al juicio —el mayor temor de todo musulmán. «Entonces dirá el Rey a los que estén a su derecha: "Vengan ustedes, a quienes mi Padre ha bendecido; reciban su herencia, el reino preparado para ustedes desde la creación del mundo. Porque tuve hambre, y ustedes me dieron de comer; tuve sed, y me dieron de beber; fui forastero, y me dieron alojamiento; necesité ropa, y me vistieron; estuve enfermo, y me atendieron; estuve en la cárcel, y me visitaron"».

Levanté la mirada, señalé a los asistentes, y les dije:

—Ustedes, miembros de Hamas, saben que todas estas cosas las he cumplido con ustedes. —Todos los hombres de la primera fila, Mahmud incluido, asintieron con la cabeza—. Hice estas cosas en el nombre de Jesús.

Continué leyendo en Mateo 26: «Después de exponer todas estas cosas, Jesús les dijo a sus discípulos: "Como ya saben, faltan dos días para la Pascua, y el Hijo del Hombre será entregado para que lo crucifiquen"».[1] Como lo había hecho en otras conferencias, les hablé de la resurrección, de cómo Jesús había muerto por mis pecados y los de ellos. Hubo cierta conmoción en el auditorio, y vi que algunos jóvenes, probablemente en objeción a mis comentarios, se levantaron y abandonaron el salón. No iba a ser fácil. Algunos amigos me habían dicho que no debería hablarles de la cruz a los judíos ni a los árabes, porque les es ofensivo. Yo había contraatacado sus argumentos, diciéndoles: «Entonces dejemos que vayan al infierno». Me iba a asegurar que esta concurrencia escuchara el evangelio.

Pero en esta conferencia también quería hablarles de los efectos del evangelio. Les leí del libro de los Hechos sobre el paralítico que había tenido un encuentro con Pedro y con Juan.

—El paralítico buscaba una limosna —les dije—. Pero las limosnas nunca cambian a una sociedad. Pedro y Juan, que habían pasado tres años con Jesús, sabían lo que él hubiera hecho en esta situación. Mirando al hombre, Pedro le dijo: «No tengo plata ni oro, pero lo que tengo te lo doy. En el nombre de Jesucristo de Nazaret, ¡levántate y anda!». Un milagro ocurrió; el hombre, de un salto, se puso en pie, y se reincorporó a la sociedad.

»Hace un tiempo leí una historia sobre un hombre que visitó al Papa. Mirando a su alrededor, observaba el esplendor y la riqueza del Vaticano. El Papa, notando su asombro, dijo riendo: «Ya no podemos decir que no tenemos plata ni oro». El hombre le respondió: "Tampoco pueden decir '¡Levántate y anda!'"»

Hubo risa entre algunos de los asistentes, y yo esperé que esto ayudara a aflojar la tensión.

»Tenemos un problema, y es que actualmente ya no sabemos en qué creemos. Y es por eso que debemos unirnos para dialogar. El mundo entero se encuentra en crisis. Si no hay modo de que Dios pueda transformar a la gente, entonces no hay futuro para la humanidad. Yo imploro que expresemos con palabras en qué creemos realmente, nuestras convicciones y nuestras deficiencias. Es por eso que no me arrepiento de mi fe en Cristo, y de difundir la Palabra de Dios por todo el mundo.

Se escuchó un grito de uno de los estudiantes, y tanto él, como un compañero, se levantaron y salieron rápidamente del auditorio. Hubo un murmullo entre algunos de los dirigentes de la universidad sentados al frente. Un par de ellos susurraron algo, y entonces uno se levantó, se dirigió a la puerta y la cerró con llave para que nadie más pudiera entrar o salir.

Respiré profundo y continué:

»El destino nos ha traído aquí. No es casualidad que esté yo hoy en esta universidad, porque las dos principales influencias del mundo actual son, y lo seguirán siendo, el Islam y el cristianismo.

Me lancé de lleno al fondo del mensaje que tenía preparado, que examinaba el contraste entre el cristianismo y el Islam verdaderos.

»El verdadero cristianismo es seguir a Jesucristo. Él dice que si en verdad lo queremos seguir, debemos negarnos a nosotros mismos; el cristianismo real es la ausencia total de egoísmo. Jesús dijo: «toma tu cruz diariamente, y sígueme». —y señalando a los asistentes, añadí:

—Ustedes los musulmanes nunca entenderán el verdadero significado de la cruz hasta que nosotros los cristianos tomemos las palabras de Jesús con seriedad.

Al final del mensaje se apartó un tiempo para preguntas. La primera de ellas se refirió al conflicto entre cristianos y musulmanes en Bosnia, a lo cual yo respondí:

—No tiene nada que ver con el cristianismo. Si ustedes creen que Serbia, el agresor, es cristiano, entonces yo les pido a ustedes perdón.

Otro estudiante quería saber por qué los cristianos parecían ser sionistas. Yo traté de explicarle que no todos los cristianos son sionistas:

—Mi premisa es que, ante todo, somos seguidores de Cristo.

Otro me pidió que les hablara de la justicia desde una perspectiva cristiana. Tuve que admitirles que casi no existe justicia en el mundo actual. Asimismo, los cristianos nunca han aprendido a hablar a una sola voz en contra de la injusticia.

—Concluí diciendo:

—Pero entonces no hay unidad en el Islam tampoco. Por lo tanto, reconozcámoslo, y busquemos contactos personales para que las relaciones se puedan desarrollar y madurar. Los verdaderos cambios en el mundo nunca se dan de arriba a abajo. El verdadero cambio siempre surge de abajo, de sus raíces y va hacia arriba. Y es por eso que hay esperanza. Si se lo permitimos, Dios puede cambiar las cosas a través de ustedes, de nosotros.

Los líderes de la universidad fueron amables en su reacción a la conferencia, y yo sabía que nunca me hubieran hecho sentir avergonzado, incluso aunque se sintieran contrariados. A modo personal, tampoco me sentía bien con el resultado del evento. Algunos estudiantes se habían salido, y suponía que otros querían hacer lo mismo. Me preguntaba qué beneficio se podría deducir de todo esto.

Gaza, 1997

Casi un año después, en otro viaje a Gaza, Labib Madanat y yo fuimos a reunirnos con Mahmud Zahar en su clínica, justo en el momento en que la mezquita del vecindario anunciaba el llamado vespertino a la oración. A la entrada de la clínica había una sala de espera grande, y las bancas de madera estaban llenas de pacientes. A un lado había un área llena de tapetes de oración. Mahmud salió de su consultorio secándose las manos, las que se acababa de lavar según el rito islámico de ablución. Me saludó con un movimiento de su cabeza, y se dirigió al área designada con el resto de los trabajadores. Yo me senté a esperar con los pacientes que no oraban, entre tanto que Mahmud y su equipo leían el Corán, luego se inclinaban hacia La Meca y oraban. «He aquí la fortaleza de Hamas», pensé, mientras observaba el ritual. Mahmud no se disculpó conmigo ni con sus pacientes por hacernos esperar. Quizá era eso lo que me gustaba de él —la firmeza de su fe. «Si solo hubiera más cristianos tan fieles en la práctica de su fe, entonces el mundo nos tomaría más seriamente.»

Después de las oraciones, Mahmud me invitó a su diminuta oficina y me preguntó si tenía tiempo de ir con él a reunirnos con el jeque Ahmed Yasín, el fundador de Hamas. De inmediato acepté su invitación. El jeque había salido de prisión hacía unos días, en medio de un dramático acuerdo entre Jordania e Israel, después de que unos agentes israelíes habían fallado en un intento de asesinato del líder de Hamas, Khalid Misha, en Ammán.

Mahmud me llevó a una casa muy sencilla en Sabra, una zona muy pobre de ciudad de Gaza. A su regreso, Yasín convirtió su casa en la oficina central de Hamas, y muchos visitantes se apretujaban en el vestíbulo de entrada, esperando ser recibidos. Mahmud me condujo por medio de los *cortesanos* hasta la sala de recibo, a la vez que me explicaba que Yasín estaba casi ciego y tenía problemas de audición, mientras que su mente permanecía muy lúcida. Cuando Mahmud nos presentó y le explicó cómo se había iniciado nuestra amistad, Yasín asintió con la cabeza, y me saludó entonces con una voz aguda, casi chillona. Este hombre no tenía el aspecto del líder poderoso y carismático que era, capaz de inspirar a miles de seguidores. Estaba sentado en una silla de ruedas —un accidente deportivo cuando tenía quince años lo había dejado paralítico. A pesar de que era un día caluroso, vestía un suéter grueso, y una cobija de lana le cubría las piernas. Tenía una gruesa barba blanca de unos quince centímetros de largo, y la cabeza cubierta por un pañuelo blanco. Era difícil imaginarse cómo este frágil hombre había logrado sobrevivir ocho años en prisión, durante los cuales ni a su mujer ni a ninguno de sus once hijos se les permitió visitarle.

Labib y yo le presentamos al jeque una Biblia en árabe, una Biblia para niños y uno de mis libros, y los coloqué sobre su regazo. El jeque me dio las gracias. Uno de sus asistentes los cogió y los puso sobre una mesa bajita frente a él. De inmediato, otro asistente recogió los libros y los sacó del cuarto. Me pareció extraño. Nunca antes nadie parecía haberse avergonzado de recibir estos libros.

Durante nuestra visita, Yasín indicó que tenía hambre. Un asistente le dio de comer una banana, y luego le sostuvo un vaso en los labios para que bebiera. El jeque me habló con una voz tan baja que parecía un susurro, y me dijo que la prisión lo había transformado en un hombre de más fortaleza.

—Mi objetivo no es el poder. Mi objetivo es el fin de la ocupación.

Si se diera alguna muestra de debilidad en la determinación de Hamas, era claro que este hombre les podría indicar el camino. Indudablemente, era venerado por las jerarquías. Otra cosa me asombró: la mayoría de los visitantes que esperaban audiencia con él lo hacían porque necesitaban ayuda —médica, económica o de alimentos. Yasín se encargaría de que cualesquiera que fueran sus necesidades, estas serían satisfechas. Por eso Hamas gozaba de tanto apoyo popular. Muchas instituciones de caridad eran financiadas y dotadas de personal por la organización, ofreciendo así servicios a muy bajo costo o gratis a una población con una tasa de desempleo cerca del setenta por ciento. La Autoridad Palestina tenía razón en temer a Hamas—se habían ganado el apoyo del pueblo.²

Al día siguiente acudí a visitar la Universidad Islámica. Un joven se me acercó sonriendo, y hablando buen inglés, me dijo:

—¡Yo lo conozco!

Sonriéndole, le contesté:

—Me temo que yo a usted no lo conozco.

—Yo asistí a la conferencia que usted dictó en el auditorio el año pasado.

—¿Y entonces por qué sonríe? No pensé que hubiera aceptado lo que dije.

—¡Por el contrario, estuvo excelente!

—¿Por qué lo dice?

—Porque no nos menospreció. Usted nos permitió mantener nuestra dignidad, y es por eso que mis amigos y yo lo admiramos, y a lo que dijo.

Más tarde conversé con una mujer que se había sentado en el grupo de las estudiantes. Me contó que todas habían estado muy atentas.

—Nunca habíamos tenido la oportunidad de escuchar sobre el cristianismo.

Quizás mi conferencia sí habría tenido algún propósito después de todo. Probablemente la idea distorsionada que algunos estudiantes tenían sobre el cristianismo, había cambiado a raíz de mi charla.

27

La librería del Maestro

Gaza, marzo de 1999

La celebración empezó a bordo del bus que partía de Jerusalén.

—¡Entremos en un espíritu de oración por Gaza! —gritó alegremente Labib al abordar. Con un aplauso, respondieron los visitantes extranjeros que habían llegado en representación de varios ministerios, como las Sociedades Bíblicas Unidas y Puertas Abiertas, que habían colaborado con oración, asesoría y fondos para este proyecto.

Hacía casi cinco años que había nacido la visión de la librería en Gaza. Los trámites burocráticos habían aminorado la marcha del proyecto, incluso después que Yasser Arafat había garantizado su aprobación. En su calidad de nuevo gobierno, la Autoridad Palestina había logrado poner muchos obstáculos que Labib y su equipo habían tenido que vencer. Además, debido a que Gaza era uno de los sectores más poblados del mundo, la compra y adaptación del local para la librería había resultado mucho más costosa de lo que se esperaba.

Mientras trabajaba en pos de la visión para Gaza, Labib también, con mucho dinamismo, se concentraba en agrandar la obra de la Sociedad Bíblica en comunidades como Beir

Zeit, donde se encontraba la universidad más prestigiosa de Palestina. El pueblo, ubicado a una media hora de viaje en auto al norte de Jerusalén, también servía de residencia a unos mil quinientos cristianos. Un sacerdote católico, el padre Emil Salayta, era la fuerza principal detrás de los esfuerzos por abrir una librería bíblica en la zona. Le había tomado un año para establecerla, y había finalmente abierto sus puertas en diciembre de 1995.

Labib me agradeció con entusiasmo el apoyo de Puertas Abiertas para el proyecto. Al cabo de su primer mes de ministerio, reportó: «Hemos distribuido miles de Biblias durante las festividades navideñas. Oremos por que las familias las lean juntos y vuelvan sus ojos a la Roca». El padre Emil planeaba darle una Biblia a cada familia, y la película *Jesús* a cada familia cristiana en la región de Beir Zeit, Abud, Jifna y Taybeh. Más adelante, Labib planeaba abrir otra librería en Nablus.

Cuando cruzamos el retén fronterizo de Eretz, para entrar a Gaza, nos trataron como VIPS (personas muy importantes). La Autoridad Palestina sentía que era importante proveernos de escolta policial, y las luces intermitentes de sus carros, además de los policías armados en todas las esquinas, me hacían pensar que eran una maravillosa estrategia de mercadeo para llamar la atención de los residentes a la inauguración. Para poder acomodar a los más de ciento cincuenta invitados, las ceremonias de apertura se realizaron en la capilla anglicana, en los predios del Hospital de Al Ahli, ubicado frente a la nueva librería.

Fue una celebración llena de gozo. Después de los cantos, la lectura de las Escrituras y las oraciones, el Rev. Miller Milloy, secretario regional de las Sociedades Bíblicas Unidas, y yo, nos dirigimos a los asistentes. Les expliqué que el nombre oficial de la tienda era «La Librería del Maestro».

—¿Por qué? Porque los propios discípulos de Jesús lo llamaban «Maestro», no porque Jesús fuera el más grande profeta, ni porque hubiera escrito algún libro, sino porque él era el mayor mensaje. En él se cumplía el mensaje de Juan el Bautista: «¡Aquí tienen al Cordero de Dios, que quita el pecado del mundo!»

Luego el grupo pasó al otro lado de la calle a la librería, y la gente caminaba por las escaleras, por el piso principal, y ocupaban hasta la acera del frente.

—¡De hoy en adelante, todo el mundo en Gaza puede entrar a la librería y adquirir una Biblia propia! —declaró Labib, a la vez que nos daba un recorrido. Nos explicó también que, debido a las restricciones de viaje, muchos de los más de un millón de residentes de la franja no podían pasar a Israel a comprar una Biblia. A través de los años, las Sociedades Bíblicas en distintas partes del mundo habían recibido cartas de residentes de Gaza pidiendo Biblias. Incluso durante los meses finales de preparación, el gerente de la librería contaba que un buen número de transeúntes había entrado al local a preguntar por Biblias.

Había estantes del piso al techo llenos de Biblias, de Biblias ilustradas para niños, de enciclopedias bíblicas, de comentarios y de libros de historia de la iglesia, todos en árabe, a lo largo de las paredes del primer piso. El segundo piso contenía un rincón de lectura para los niños, además de computadoras con acceso a la Internet y mesas y asientos para los estudios que Labib esperaba se llevaran a cabo diariamente.

Noté que Doron Even-Ari, el primer judío mesiánico en dirigir la Sociedad Bíblica de Israel, irradiaba orgullo mientras recorría las instalaciones. Labib y él habían forjado una buena amistad, y trabajaban muy de cerca en varios proyectos; entre ellos un folleto a color, en árabe y en hebreo, próximo a publicarse, que presentaba el plan de Dios para la paz según las Escrituras.

En su juventud, Doron nunca se hubiera imaginado que

estaría en esta posición. Sus padres se habían mudado a Palestina de Alemania en la década de 1930, y se había criado allí durante los años emocionantes que prosiguieron al nacimiento de Israel. Entrenado por el Ministerio de Defensa, Doron le había servido a su país por quince años en distintas partes de África, hasta que «Dios me encontró», como le contaba a la gente dispuesta a escuchar su historia. En un estadio de Pretoria, en Sudáfrica, «Dios se me reveló personalmente, y me presentó a Su Hijo Yeshua».

También noté a los representantes de las iglesias litúrgicas —la griega ortodoxa, la anglicana y la católica— al igual que a los ancianos de la Iglesia Bautista. Labib calculaba que habría unos dos mil cristianos viviendo entre más de un millón de musulmanes en Gaza, y su deseo era que este fuera un centro tanto para ellos como para la comunidad —un sitio donde «la Palabra de Dios sea disponible a toda persona, a precios asequibles». Lo visualizaba como el punto de partida para realizar campañas que alcanzaran a colegios y universidades.

—Y espero que facilite buenas relaciones entre cristianos y las autoridades palestinas. Nuestro deseo es serles de bendición, y fortalecer a la iglesia de Gaza.

Un representante de la Sociedad Bíblica noruega, al observar el ambiente festivo, comentó:

—Después de esto, ya no podremos asociar a Gaza únicamente con violencia y problemas. Ahora también la podemos asociar con la esperanza.

El único grupo que no estaba presente en la celebración era precisamente el que, sin saberlo, nos había proporcionado el ímpetu para la librería. Yo le mencioné a Labib que no veía a ninguno de los representantes de Hamas.

—Bueno, no esperaba que ellos vinieran a la inauguración —replicó Labib—. Pero, dales un tiempo. Espero ver a algunos de ellos visitándonos discretamente en las semanas próximas.

Oré para que, en efecto, estos hombres se sintieran atraídos por la librería, al igual que muchos otros —estudiantes, personal del gobierno, militares. Todos ellos necesitaban las Buenas Nuevas del Maestro.[1]

Gaza, 1999

Hanna Massad se sentía muy complacido de estar de regreso en Gaza, después de recibir su doctorado. ¡Y traía también una esposa! Hanna y Suhad se habían casado hacía solo unas semanas en Jordania. Resplandecía de orgullo mientras Suhad servía café y pastelitos a los invitados.

Uno de ellos, Abu Yahya, era el gerente de la Librería del Maestro, y había contratado a un joven que aprendía el manejo del ministerio bajo su tutela.

—La librería funciona hace seis meses —informó Abu—. Y lo que es sorprendente es ver cuántos estudiantes de la universidad acuden a ella. Tenemos un promedio de doce nuevos visitantes diariamente, y casi todos los días realizamos discusiones en grupo en el segundo piso. Es una oportunidad que tienen los estudiantes de hacer preguntas sobre el cristianismo y la Biblia.

—También les presentamos la película Jesús —dijo Kamal—. Y tenemos planeado empezar a dictar cursos en inglés dentro de poco tiempo. Ambos son muy buenas herramientas de evangelización.

Hanna hizo un comentario sobre lo distinta que era ahora la situación, comparada con la de hacía ocho años, cuando era pastor de la iglesia Bautista de Gaza. Esta vez estaba seguro de que no iba a trabajar en la obra él solo. Su esposa también tenía oportunidades para trabajar con las mujeres. Y estos dos hombres necesitaban un lugar adonde enviar a los nuevos convertidos que ya producía el ministerio de la librería.

La esposa de Abu le preguntó a Hanna cuáles serían sus prioridades al reanudar sus responsabilidades pastorales.

—Primero, Suhad y yo hemos estado visitando los hogares —dijo—. Queremos visitar a cada familia y a cada individuo involucrados con la iglesia.

—¿Y para atraer a nuevas familias? —preguntó Abu.

—Esa es una razón por la que quiero trabajar contigo y con Kamal. Quisiera planear algunos eventos evangelísticos. Y esos eventos producirán más discípulos. Yo no podría hacerlo todo por mi cuenta.

—Y ahora somos más eficaces trabajando con las iglesias locales —dijo Abu—. Nuestra filosofía es una de multiplicación. Queremos hacer discípulos quienes, a su vez, hagan otros discípulos.

—Tengo una idea —dijo Hanna—. Cuando estudiaba en Estados Unidos descubrí a un conferencista y autor llamado John Maxwell, cuya especialidad es la capacitación de líderes.

— Hanna levantó uno de sus libros, *Las 21 leyes irrefutables del liderazgo*—. Pienso que esto le pueda ser útil a los líderes de la Autoridad Palestina.

—Me gustaría aprender esas leyes de liderazgo —dijo Abu.

Ese fue el comienzo de un equipo muy unido, que se reuniría con regularidad a orar, a estudiar y a plantear estrategias. Esta diminuta iglesia iba a hacer brillar su luz sobre el gobierno, las escuelas y la cultura en general. Hanna comprendía que esta vez el ministerio no recaería únicamente sobre sus hombros. Dios lo había provisto ahora de un equipo. Y como resultado, el impacto de la iglesia Bautista de Gaza sería profundo.

28

¿Han tratado de orar?

Beit Sahour, 1999

Nawal Qumsieh veía muchas necesidades en su vecindario, y desdichadamente no podía anunciar un estudio bíblico e invitar a otras mujeres a su hogar. Si ella quería enseñar o dar consejería a una mujer, primero necesitaría obtener la aprobación del marido de ésta. Musulmana o cristiana, no importaba —esas eran las reglas de su cultura. Durante años ella había visitado hogares, les había hablado a hombres y a sus esposas juntos, les presentaba el evangelio, pero nadie respondía. Estaba muy bien el ser llamado a ministrar, pero si no veía fruto, ¿qué sentido tenía? Un día Nawal se desahogó con un pastor amigo en Jerusalén, contándole su frustración.

—Dios te ha preparado para el ministerio —le dijo bondadosamente el pastor—. Y Dios está listo para mover los corazones.

—Eso creo —afirmó Nawal—. Pero, ¿a quién le debo ministrar? Ninguna de las personas a las que me he acercado, ha respondido.

—Tú debes moverte. Dios no podrá hacer nada hasta que te muevas.

—¡Dios sabe que estoy lista! —protestó Nawal—. He tratado de moverme, pero no funciona. Ya es hora de que Dios me *muestre* dónde debo ministrar. Sabré que él me está guiando cuando alguien me *pida* ayuda.

Lo dijo con mucha firmeza. Al igual que Gedeón, Nawal había expuesto su vellón de lana.

Un par de días después, se dirigió a la peluquería. A diferencia del resto del tiempo, esta vez el peluquero estaba muy callado mientras le arreglaba el cabello. Nawal percibía una profunda tristeza en su amigo, de modo que le preguntó:

—¿Qué te pasa?

—No te preocupes —le respondió. Como era típico de los árabes, un hombre no iba a entrar en confianza con una mujer que no fuera de su familia.

Pero ella persistió:

—Me gustaría saberlo. Por supuesto, solo si crees que me lo puedes contar.

Nawal esperó mientras el hombre la peinaba. Finalmente le dijo:

—Mi esposa ha sufrido pérdidas espontáneas del embarazo en muchas ocasiones.

Le pasó el paine varias veces por el cabello, luego se detuvo, y añadió:

—Nos hemos gastado todo nuestro dinero tratando de averiguar cuál es la razón. Hemos acudido a muchos médicos, pero ninguno nos ha podido ayudar.

Nawal no lo interrumpió. Ella comprendía que un hombre árabe no se sentía completo hasta que él y su esposa tuvieran hijos. Su amigo continuó:

—Mi esposa está embarazada. Y está sangrando, o sea que en cualquier momento podría perder el bebé.

—¿Cuánto tiempo tiene de embarazo? —preguntó Nawal.

—Le faltan diez semanas. La mayoría de las pérdidas las ha sufrido por esta época.

—¿Han intentado. . .?

—¡Hemos intentado con todos los médicos, con todos los remedios, todo! Nadie sabe por qué. No hay ninguna explicación —el hombre dio un paso atrás. Su rabia era evidente.

—¿Han intentado orar? —le preguntó Nawal en voz baja.

—¿Qué?

Nawal temblaba, sus sentidos estaban en alerta máxima, su espíritu en oración ferviente.

—¿Han acudido a Jesús? ¿Has orado por tu esposa, o ha orado alguien por ella? ¿Has intentado con Jesús?

El hombre se quedó paralizado, pero su rabia se calmó.

—No, nunca he oído nada de eso. Nunca he pensado en que Jesús pueda hacer algo.

Nawal sabía que él había nacido en el seno de una familia ortodoxa, pero no había ido a la iglesia por muchos años.

—¿Por qué no intentas? —le preguntó.

—No sabría cómo hacerlo.

—Bueno, pregúntale a alguien.

El hombre hizo una pausa, y entonces dijo:

—¿Podrías orar por mi esposa?

Ella sabía que este era el momento que tanto había esperado.

—Sí, pero tu esposa tiene que estar de acuerdo contigo para que yo vaya a orar por ella.

El peluquero terminó de hacer su trabajo en silencio. Cuando Nawal le pagó, y estaba por marcharse, le dijo:

—Estaré en mi casa. Si me necesitas, allí estaré.

El hombre llegó a buscarla a las 7:00 aquella noche, y subió las escaleras corriendo hasta la puerta en medio de la lluvia.

—¿Podrías ir ya a orar por mi esposa?

Todo lo que ella tenía que hacer era agarrar su impermeable y salir, pero no se movió.

—¿Por qué ahora? —le preguntó—. Iré en la mañana.

Su amigo entró en pánico.

—¡En la mañana habrá perdido el bebé!

«¿Por qué no ir ahora?» Se preguntó Nawal. Pero sentía en su corazón que este no era el momento indicado.

—No, no lo hará. Ella no perderá el bebé. Lo va a mantener hasta la mañana, y entonces yo iré y oraré por ella.

Nawal no podía conciliar el sueño aquella noche. «¿Por qué, Señor?» se preguntaba. «¿Por qué tengo que esperar?» No obstante, tenía paz, la certeza divina de que estaba haciendo exactamente lo que Dios quería. Por lo tanto, oró por la mujer y por su esposo: Señor, por favor, mantén el bebé hasta la mañana. Y cuando yo ore con esta pareja, haz que sientan tu presencia.

Por la mañana, después de una breve noche de sueño, oró de nuevo: «Señor, que tu Espíritu me guíe». Entonces "escuchó" las instrucciones finales: «Habla mi Palabra, y yo me encargo del resto».

Llegó a la casa de la pareja a las 8:30 de la mañana. Frenético, el hombre abrió la puerta.

—Fuimos con el médico, pero dijo que no había nada que pudiera hacer. El útero está perforado, y el bebé puede venir en cualquier momento.

Nawal le pasó por el lado, y llegó hasta su esposa, que estaba recostada en el sofá. Se arrodilló junto a la mujer y la tomó de la mano. Ella abrió los ojos, enrojecidos por el llanto.

—No merezco este bebé —susurró.

—¿Por qué dices eso? —le preguntó Nawal.

—Porque soy una pecadora, y Dios me está castigando.

Sintiendo al esposo detrás de ella, Nawal se puso de pie y sacó su Biblia.

—¡Les tengo buenas noticias a ambos!

Acercando dos sillas, una para ella y otra para el marido, se sentaron junto al sofá. Les empezó a leer pasajes de las Escrituras, en los que les mostraba que, a pesar de que todos han pecado y faltado a las normas de Dios, él ha puesto todos los pecados sobre su Hijo Jesucristo. Luego, en medio de las lágrimas de los tres, Nawal colocó sus manos sobre el vientre de la mujer, y oró: «¡Ato el espíritu de aborto y el espíritu de muerte sobre este vientre. Señor, igualmente declaro el espíritu de vida sobre este bebé!» Enseguida, supo que era hora de orar por vida nueva para esta pareja. Guiándolos, los dos oraron y le entregaron sus vidas a Jesús. Una hora después le dio un abrazo a la mujer, y se marchó.

La mujer la llamó por la tarde, presa del pánico:

—¡Estoy sangrando muchísimo! —le dijo.

—No te preocupes —le aconsejó Nawal—. Las dos juntas, vamos a declarar que creemos en la Palabra de Dios, que Dios te ha dado este bebé, y que él te lo cuidará. Satanás no te lo podrá robar.

Nawal le leyó otros versículos en que concentrarse mientras su esposo la llevaba al hospital.

Más tarde aquella noche, la mujer le habló de nuevo:

—¡La hemorragia se ha detenido! —le gritó llena de emoción—. El doctor me examinó y dijo que la perforación se ha cerrado. Está sorprendido. Dice que es un milagro.

Diez semanas después, dio a luz un saludable bebé. La pareja puso por nombre Jacob, y comenzaron a contarle su historia a todo el mundo. Nawal empezó a recibir llamadas: «Nos hemos enterado de lo que pasó. ¿Podría venir a orar por nosotros?»

Harderwijk, 2000

En el 2000, cumplí setenta y dos años. Yo había trabajado desde 1955 en la misión de fortalecer a la iglesia que se encuentra en medio de situaciones difíciles, primero en la antigua Unión Soviética y Europa Oriental, luego en China, Cuba, África, y en muchas otras partes del mundo islámico. En 1993, Johan Companjen asumió la presidencia de Puertas Abiertas, un papel para el cual estaba muy capacitado, y el ministerio prosperó y creció más. Nunca había soñado con establecer, y mucho menos administrar, una gran organización; y cuando me liberé de todas esas responsabilidades, pude concentrar mis esfuerzos en sitios clave del mundo, en particular el Medio Oriente.

Y ahora Al, un escritor profesional que formaba parte de la junta directiva de las oficinas de Puertas Abiertas en Estados Unidos, se sentó con Johan en mi oficina, y me pidieron que les hablara de lo que había aprendido en los cuarenta y cinco años de servicio a la iglesia.

—Nada ha sido planeado —les dije—. Se me presentaron oportunidades, y yo las agarré. O ellas me agarraron.

¿De qué otra manera podría explicar mi trabajo con Bishara Awad y el Colegio Bíblico de Belén, o mis contactos con los grupos fundamentalistas islámicos? Uno no planea hacer tales cosas. Se responde en obediencia cuando Dios abre las puertas.

¿Qué he aprendido? Bueno, hay unas cuantas lecciones importantes, y mencioné una de ellas:

—No hay terroristas—solo gente que necesita de Jesús.

Johan me había escuchado decir cosas así muchas veces, pero sí fue un impacto para mi amigo americano.

—Lo digo en serio —afirmé—. Si los veo como enemigos, ¿cómo podría llegarles? He dicho a menudo que si ves a un terrorista con un arma, acércate a él, rodéalo con tu brazo y así no te podrá disparar. Mientras veamos a alguna persona —musulmana, comunista, terrorista— como enemiga, entonces el amor de Dios no podrá fluir a través de nosotros para alcanzarla. Todos tenemos una opción. Puedo ir a los terroristas, y ganarlos con amor para el Reino. Y cuando les ofrezco mi amor, ya no son mis enemigos. Tú no puedes odiar a un amigo.

Al preguntó:

—Entonces, ¿quién es el enemigo?

—¡El diablo! ¡Nunca la gente!

Mientras Al digería este concepto tan bíblico y radical, le nombré una segunda lección:

—A quien se puede alcanzar, se puede ganar. Pienso que lo ha demostrado mi labor —expliqué—. Los Hamas son alcanzables. Cualquier persona podría haber ido a verlos a Marj al-Zohour. Yo simplemente hice lo que Jesús hacía en su ministerio —salirles al encuentro en su momento de necesidad. Cuando están enfermos, voy con ellos. Cuando están en el hospital voy con ellos. Cuando están en la cárcel, voy con ellos. ¿De qué otra manera podrían conocer a mi Jesús? Solamente pueden conocer a Jesús si alguien en quien él habita va a ellos.

Era evidente que la mente de Al daba vueltas. Me preguntó con cautela:

—¿Qué resultados puedes demostrar? ¿Sabes cuántos miembros de Hamas han respondido al evangelio?

Al solo expresaba por medio de las palabras las preguntas que la mayoría de cristianos querían saber.

—Pienso que vamos por mal camino si nos atenemos solo a estadísticas. Nos concentramos demasiado en los resultados. Yo aspiro a concentrarme más en el destino. Hace poco me reuní con unas personas que formaban parte de un equipo cristiano de paz en Hebrón, y me preguntaron: «¿A cuántos fundamentalistas ha llevado usted a Cristo?» Les respondí: «Creo que todavía a ninguno». Se alegraron, porque uno de sus patrocinadores en Estados Unidos quería saber a cuántos musulmanes habían guiado a Cristo. Ahora podrían escribirle y decirle que ni siquiera el Hermano Andrés podía hacerlo. Nuestra obligación es la de ir. No podemos juzgar el evangelismo por los resultados, y mucho menos el evangelismo que se da por amistad.

Johan le recordó a Al sobre el llamado excepcional de Puertas Abiertas y el mío.

—No vamos a un país a evangelizar. Vamos a fortalecer lo que aún queda. Donde hay una iglesia, allí estamos con ellos. Les hacemos saber que nos preocupamos por ellos, e inquirimos en cuanto a sus necesidades —Biblias, materiales, capacitación. Los equipamos para que sean ellos la iglesia en esa zona. Nuestra esperanza es que la iglesia reviva en su comunidad, y que *ellos mismos* comiencen a evangelizar.

—Pero, Andrés, parece que tú *estás* evangelizando —interrumpió Al.

—No, ¡yo les enseño cómo hacerlo! —le respondí—. Mis visitas a Hezbollah y a Hamas no son un ardid. Yo voy con líderes cristianos de la localidad, porque quiero demostrarles que ellos lo pueden hacer. Si yo lo puedo hacer, ¡quiere decir que un millón de personas también lo pueden hacer! Como dice Johan, Puertas Abiertas fortalece lo que ya existe para que puedan entonces evangelizar.

»La iglesia palestina está a punto de extinción, y es por eso que yo me concentro en ella. La gente no lo interpreta correctamente, y aducen que yo me he puesto de parte de los palestinos. Eso no es cierto. Yo me he puesto de parte del cuerpo de Cristo. Y es por eso que trabajo con Bishara y el Colegio Bíblico de Belén. Todo el mundo sabe que él es un hombre de fe e integridad, y yo apoyo su visión de reclutar y capacitar líderes para la iglesia palestina, no solo para que sobreviva, sino también para que progrese. Permíteme darte otro ejemplo: Salim Munayer y Musalaha. Ese ministerio de reconciliación no fue idea mía. Surgió de la iglesia local, con el propósito de tratar de resolver el conflicto entre palestinos y judíos. Nosotros le damos nuestro apoyo porque estamos de acuerdo en que esta es la única solución, y queremos que tengan éxito.

Me di cuenta de que estaba predicando, pero quería que Al entendiera lo particular de esta misión.

»Permíteme darte otro ejemplo: Dos de los deportados de Hamas vinieron a visitarme al Colegio Bíblico de Belén, pero Bishara y yo no estábamos en ese momento. Mientras nos esperaban, varios estudiantes hablaron con ellos y les dieron una Biblia a cada uno. A Bishara y mí nos alegró muchísimo saberlo. Aquellos estudiantes ahora comprenden que *ellos mismos* pueden tratar de llegarles a los fundamentalistas. Este es el proceso del discipulado. Hay que reconocer que no es una tarea fácil. Pero uno se convierte en dos, dos en cuatro, y luego en ocho. Para poder tener impacto hay que darle un buen tiempo. Pero eso no quiere decir que no deberíamos empezar con ese uno. Yo comencé con Bishara. Durante veinte años, él ha multiplicado el número de discípulos por medio del Colegio Bíblico de Belén, y no creo que alguien que no pertenezca a esa cultura podría haberlo logrado.

Los tres dimos un respiro, y la conversación se encaminó hacia el futuro de la iglesia en la región.

—Queremos preparar a la iglesia para los tiempos difíciles— les dije sobriamente.

Johan comentó que los tiempos ya eran difíciles en Tierra Santa.

Yo le respondí:

—Nadie parece entender lo difíciles que se van a poner —vacilé por unos instantes, porque por lo general soy una persona positiva, y no me gustaba lo que tenía que decirles; pero mis años de trabajo en la región no me daban otra alternativa—.

A pesar de todos los acuerdos a los que se lleguen en Oslo, no habrá paz. Los palestinos se sienten profundamente defraudados. Yo preveo una erupción de la violencia.

En menos de un año, aquel volcán hizo erupción, y fue una de las peores que jamás la gente se hubiera imaginado. A mí solo me quedaba un consuelo. Ahora había gente en la iglesia, capacitada y lista, que sería una luz en la oscuridad. Gente como Salim, Labib, Hanna, Nawal y muchos otros.

Todos ellos estaban fuertemente impactados por el conflicto. A principios de la nueva intifada, la mayor parte del conflicto sucedía en los alrededores del Colegio Bíblico de Belén.

CUARTA PARTE

*La segunda intifada
Un levantamiento religioso
Septiembre del 2000*

Las esperanzas de una paz permanente se vieron truncadas en el verano del 2000. Durante dos semanas, el Presidente Clinton se reunió con el presidente palestino Yasser Arafat y el primer ministro israelí Ehud Barak en Camp David, en un intento de concretar un acuerdo que definiría su presidencia. Esta sería la culminación del proceso que había comenzado en Oslo en 1993. Aunque se habían dado muchos reveses en el ínterin, las expectativas de que finalmente ambas partes pusieran un fin a sus diferencias eran grandes.

Desdichadamente, tal cosa no ocurrió. Millones de palabras se han hablado y escrito tratando de explicar qué falló, y a quién se debe culpar.

Había tensiones en Israel, Cisjordania y Gaza. Entre los palestinos había frustración, no solo con el proceso de paz, sino también con la corrupción de la Autoridad Palestina, que demostraba muy poca capacidad para gobernar los territorios que controlaba. Además había un malestar económico que impedía que un número cada vez mayor de hombres pudiera sostener a sus familias. Una quinta parte de la población palestina tenía entre quince y veinticuatro años, y la mayoría de ellos no solo contaba con un nivel académico muy bajo (debido por lo general al tiempo perdido cuando los colegios cerraron durante la primera intifada), sino también se encontraba sin empleo. Yo los había visto vegetando en las calles sin nada qué hacer, y pensaba que podían ser el combustible para un levantamiento que solo necesitaba una chispa para explotar.

Esa chispa se dio el 28 de septiembre del 2000, cuando Ariel Sharon visitó la Explanada de las Mezquitas.

Esbozando una amplia sonrisa para las cámaras, declaró: «Soy un hombre de paz». Sin embargo, la mayoría de las cámaras no captó los mil policías y soldados que lo rodeaban. Tampoco mostró la humillación que sentían los musulmanes con la presencia de los militares judíos en su lugar sagrado. Al día siguiente, después de las oraciones del viernes, los jóvenes empezaron a lanzar piedras a la policía. Siete palestinos y un judío murieron ese día. Al día siguiente, otros trece palestinos murieron. Las protestas se regaron como incendio en monte seco. En las dos primeras semanas, ochenta y cinco palestinos y siete israelíes habían muerto, y no se vislumbraba una disminución de la conflagración.[1]

Para muchos, una imagen caracterizaba el conflicto. El 30 de septiembre, Mohamed al-Dura, un niño de doce años, recibió un tiro y murió en un intercambio de fuego entre soldados israelíes y manifestantes palestinos en Gaza. Momentos antes de su muerte, un fotógrafo había tomado una foto del niño, con el terror reflejado en su rostro, agachado detrás de su padre buscando protección. Los palestinos estaban en estado de shock, y se preguntaban cómo podrían proteger a sus hijos. Para algunos, la reacción era un deseo intenso de venganza que parecía insaciable. Muchos otros sentían que las reglas habían cambiado y nadie les había informado. Hasta ese momento, se habían enfrentado a balas de goma y gas lacrimógeno; ahora las balas eran letales.

Este levantamiento rápidamente adquirió una naturaleza diferente al de la primera intifada, que comenzó en 1987, y se prolongó de manera intermitente hasta que se firmaron los Acuerdos de Oslo en 1993. La imagen principal de aquel levantamiento era la de niños lanzando piedras contra los militares de Israel, y gran parte del mundo simpatizaba con ellos. Hubo también varias formas de manifestaciones sin violencia. La cifra total de muertos fue mucho menor que la que se dio durante el segundo levantamiento.[2]

Esta vez había cuarenta mil guardias de seguridad armados que operaban bajo la Autoridad Palestina dentro de los territorios, a pesar de que su capacidad de lucha era muy inferior al del ejército israelí. Además, los grupos fundamentalistas islámicos desempañaban un papel muy importante: los atacantes suicidas se volvieron muy pronto la imagen más prominente del segundo levantamiento. Ahora le era más difícil al mundo identificarse con esta rebelión, cuando se veían las horripilantes imágenes de destrucción causados por los "mártires" de la yihad.

Para la comunidad cristiana palestina, la segunda intifada tenía un trasfondo religioso. Debido a que el incidente que la había instigado había ocurrido en el tercer lugar más sagrado de los musulmanes, el levantamiento se llegó a conocer como la Intifada de Al-Aqsa, tomando el nombre de la mezquita sobre la Explanada de las Mezquitas. Muchos cristianos nos decían de manera enfática que no tenían nada que ver con esta violencia; pero en sus esfuerzos por sofocar el levantamiento, Israel no distinguía entre cristianos y musulmanes. Evidentemente, los creyentes comprendían la ira y frustración de sus compatriotas; ellos mismo eran víctimas de los mismos problemas y humillaciones que los musulmanes de Cisjordania y Gaza, y bajo estas circunstancias se identificaban con su gente. No querían que se les considerara traidores, pero a la vez no estaban de acuerdo con tomar las armas. Sentían rabia contra los militantes por el uso de la violencia, rabia con la Autoridad Palestina y con Yasser Arafat por su mal desempeño como gobernante o negociador de paz, y rabia contra Israel por exacerbar el conflicto con la expansión de los asentamientos, y por las constantes restricciones que les imponían a sus actividades.

La situación entonces se complicó aún más. Militantes palestinos empezaron a disparar desde Beit Jala a Gilo, un suburbio de Jerusalén, aunque se trataba más que todo de algo simbólico pues sus armas causaban muy poco daño. Pero Israel contraatacaba con poder, disparando desde sus tanques y helicópteros Apache. Cientos de casas fueron destruidas. Los cristianos montaban retenes en Belén y en Beit Jala por las noches para prevenir que los militantes se posicionaran para disparar a Gilo, pero no tenían mucho éxito.[3]

La lucha se intensificaba cada vez que el ejército israelí entraba a Belén. Un edificio de siete pisos frente al Colegio Bíblico de Belén fue confiscado para uso del ejército. Los edificios del instituto perdieron la mayoría de sus ventanas durante las batallas que prosiguieron.

Los reportes eran desalentadores. Yo hablaba con Bishara por teléfono casi todas las semanas, y trataba de darle ánimo orando con él. Pero pasaron varios meses antes de que pudiera ir a visitarlo. Pensaba constantemente en mis hermanos en medio del conflicto y oraba por ellos. Me preguntaba si los cristianos debían morir peleando, o vivir arrodillados, y si estas eran las únicas alternativas.

Bishara era muy realista en cuanto a los problemas que afrontaba la iglesia, pero sus soluciones eran muy distintas a las de la mayoría de palestinos. Él tenía una alternativa contra la violencia. Estaba organizando un Ejército de Luz.

29

Lanzando la piedra de Jesús

Belén, junio del 2001

—Las cosas han estado calmadas en las dos últimas semanas —dijo Bishara, mientras Al, en su primera visita a Tierra Santa, y yo, subíamos al techo del edificio principal del Colegio Bíblico de Belén—. En Semana Santa nos quebraron sesenta y siete ventanas. Pero, gracias a su ayuda, las pudimos arreglar todas. Se refería a una donación especial que hizo Puertas Abiertas cuando nos enteramos que el Colegio Bíblico de Belén había caído en medio del fuego cruzado entre militantes palestinos y soldados israelíes.

Desde el techo teníamos una vista panorámica de 360 grados del área. Frente al instituto, en un lote vacío, con basura acumulada por varias semanas, unos muchachos jugaban un animado partido de fútbol. Bishara señaló un edificio de siete pisos frente a la carretera Jerusalén-Hebrón, a no más de cien metros de distancia. Ahora no quedaba sino la armazón —todas las ventanas habían sido voladas.

—Desde allí era que los soldados israelíes disparaban —justo sobre nuestras cabezas.

—O a sus cabezas —repliqué, a la vez que me daba vuelta para mirar la puerta de acero que conducía a las escaleras por las que acabábamos de subir. Tres agujeros de bala perforaban la puerta, dejando afiladas extrusiones, como pétalos de flor, del otro lado. Las balas se habían incrustado en colchones almacenados en el descanso de la escalera. Caminamos hacia el otro lado del techo, pisando con cuidado para no pararnos sobre algunas tuberías, para ver los paneles solares que suplían la calefacción del instituto. Estaban despedazados, dirigidos inútilmente hacia el sol. Detrás de ellos había tanques de agua nuevos —los viejos estaban llenos de agujeros de bala.

—Casi todas las casas y empresas perdieron los tanques de agua —explicó Bishara—. Daba la impresión de que los soldados los usaban para practicar tiro al blanco.

Comprendimos la insinuación. Belén compartía el agua con los asentamientos de la zona. En meses recientes, el flujo de agua era cada vez menos frecuente. A veces el servicio de agua era suspendido por una o dos semanas. Los tanques de almacenamiento se llenaban cada vez que restauraban el servicio, lo que nos hizo entender cuán preciada era cada gota. Sabíamos que no debíamos desperdiciarla cuando nos parábamos bajo el débil chorro para bañarnos.

Bishara señaló un lote pequeño que contenía unos cincuenta árboles de oliva. Un edificio imponente se erguía detrás de ellos.

—Ese es el Hotel Intercontinental —comentó—. Lo construyeron para las celebraciones del año 2000 y el nuevo milenio. Esperábamos miles de turistas para la época de Navidad, pero fue cuando comenzó la intifada. Desde entonces, solo lo usan cuando los soldados israelíes se hospedan allí.

Bajamos de nuevo por las escaleras y nos dirigimos al auto de Bishara, que estaba estacionado en la parte posterior del instituto. Camino al garaje, pasamos frente a un mural que representaba el anuncio del nacimiento de Jesús a los pastores. Ese evento glorioso había ocurrido a menos de diez kilómetros de este punto. Varios balazos habían hecho huecos en el mural. Una bala había penetrado la cabeza de una oveja. De alguna manera, era algo simbólico.

Bishara condujo por las calles adoquinadas de Beit Jala, hasta el límite oriental de la ciudad, donde la colina empieza su descenso al valle. Asentada sobre otra colina a menos de un kilómetro estaba Gilo —el punto neurálgico del conflicto reciente. Los palestinos alegaban que Gilo era un asentamiento judío construido en tierras de propiedad de los residentes de Beit Jala. Israel alegaba que era parte de Jerusalén, que ellos habían sido los dueños de la tierra desde antes de 1948, y solo la habían recuperado después de la guerra de 1967.

Asemejando una fea cortadura, sostenida por pilares de cemento, una autopista de cuatro carriles conectaba unos túneles a cada lado del valle.

—Esa es la carretera del túnel —explicó Bishara—. Es para el uso exclusivo de los israelíes. Les permite ir a Gilo desde Hebrón pasando por debajo de Beit Jala.

Al notó que un muro de cemento se había erigido al pie del camino del lado de Beit Jala.

—Para que las milicias no puedan dispararles a los autos, aclaró Bishara.

Nos dimos vuelta para mirar las casas llenas de agujeros de bala. En muchos casos las paredes se habían caído, lo que nos permitía ver los cuartos donde las familias acostumbraban comer, hablar, estudiar y descansar. Las casas eran ahora inhabitables.

—Más de 450 casas han sido destruidas —dijo Bishara en voz baja—. Y señalando una en la que un piso entero había sido derribado, añadió: —Cuatro familias cristianas vivían en esa casa. Uno de nuestros estudiantes vivía allí.

—¿Dónde están ahora? —pregunté, tratando de imaginarme el horror de aquella noche, cuando su casa era derribada por una descarga de artillería de tanques y ametralladoras.

—Tienen parientes en la zona, pero viven en hacinamiento. Es una carga muy pesada para las familias.

Señalando por encima de la casa, Bishara preguntó:

—¿Pueden explicar por qué ocurrió una cosa así? Los militantes no son de Beit Jala. Ellos, Hamas o las milicias Tanzim de Arafat, llegan hasta aquí, y disparan armas automáticas hacia Gilo —señaló luego en dirección a los edificios de apartamentos ubicados al otro lado del valle, que relucían en el sol de la mañana, y añadió:

— Sus armas apenas alcanzan a Gilo. Pero tan pronto como las milicias disparan, los tanques israelíes empiezan a cruzar el valle con gran estruendo, disparando hacia donde ellos creen que están las milicias.

—Pero con seguridad ya se han marchado cuando los israelíes disparan —observé—, y la gente de aquellas casas queda atrapada en medio de la lucha.

—Sí, quedan atrapados en medio de la lucha. Los musulmanes creen que pueden obligar a los cristianos que viven aquí a ponerse de su parte. Pero la gente que vive en esas casas está enojada con las milicias palestinas, y está también enojada con los israelíes por los fuertes contraataques.

Manejamos otras cuantas cuadras, y nos detuvimos cerca de un edificio cuyas puertas y ventanas estaban tapadas con tablas. Un letrero indicaba que se trataba de un teatro de niños. Cerca de él había una casa con el segundo piso prácticamente a la intemperie.

—A esta casa le pegó el cañonazo de un tanque. La pared se derrumbó y mató a un joven musulmán de dieciocho años. —Suspirando, Bishara añadió— Esta gente no tiene nada que ver con el conflicto, y los israelíes lo saben.

En otra calle nos detuvimos de nuevo, y vimos un carro calcinado por la artillería de un tanque. En el lado opuesto de la calle, Bishara reconoció a una pareja que aprovechaba la luz del día para regresar a rescatar algunas de sus pertenencias.

Nos invitaron a pasar, disculpándose por no podernos brindar una taza de café. El hombre tenía una bolsa de albaricoques frescos. Aceptándole uno, disfruté su delicioso sabor.

—¡Sin duda, es el mejor albaricoque que me haya comido jamás!

El hombre sonrió encantado.

—¡Los mejores se encuentran aquí en el Medio Oriente! —asintió.

En el interior de la sala, casi toda una pared estaba tapada con sacos de arena. Pero aun así, una gran parte del estuco de las paredes y el cielo raso formaban una pila en el piso.

—El primer ministro Sharon amenazó con destruir la primera fila de casas —dijo el hombre cuando me vio observando la sala—. Si las milicias siguen disparando, entonces va a derribar la segunda fila. Y así sucesivamente, hasta que todo el pueblo haya sido destruido.

—Imposible enfrentarse a los tanques —dije.

—No queremos pelear —replicó el hombre—. No tenemos armas.

De regreso al instituto pasamos por el Colegio Esperanza. Debido a que la calle estaba bloqueada, tuvimos que estacionar el auto y caminar por encima de los escombros.

—El Colegio Esperanza se encuentra ubicado en la Zona C —explicó Bishara—. Belén, Beit Sahour y Beit Jala quedan en la Zona A, la cual es dirigida por la Autoridad Palestina. Pero la Zona C está bajo control israelí.

Nos detuvimos en la pila de escombros, y dirigí mi mirada hacia el sitio donde Bishara y yo nos habíamos conocido. Recuerdo que tenían unas gallinas que le suplían huevos para el desayuno de los niños.

—Ahora tienen seis mil pollos —dijo—. Venden la mayoría de los huevos para sostener el colegio. Todos los días los cargan en un auto, llegan aquí y los tienen que pasar a pie por encima de la pila y luego los trasbordan a otro vehículo para poder repartirlos en las tiendas en Belén.

La graduación en cualquier cultura es motivo de celebración. Sin embargo, esta ceremonia se sentía diferente a causa del contexto. Los cincuenta y cuatro estudiantes que asistían al Colegio Bíblico de Belén, y los catorce que recibían sus diplomas, habían pagado un gran precio para aprender las Escrituras y prepararse para el ministerio. ¿Cuántos jóvenes en Holanda o Norteamérica se someterían a requisas permanentes en retenes, a tiroteos que los mantendrían despiertos en las noches, a temer por su seguridad y la de sus familias, y aun así estudiarían con diligencia en un local ruidoso debido a todas las familias que habían tenido que albergarse allí porque sus hogares habían sido destruidos?

Estos estudiantes habían sufrido mucho, y ahora sus padres y demás familiares, luciendo sus mejores galas, se sentaban orgullosamente en sillas plegables en el salón más grande del colegio. Entre los cantos que el coro del instituto entonó en árabe con gran entusiasmo estaba «Castillo fuerte es nuestro Dios».

Ese himno, unos de nuestros favoritos, adquiría ahora un sentido nuevo al ver que toda esta gente en verdad necesitaba protección, y confiaban en que Dios sería su fortaleza.

El discurso de graduación lo dio el padre Peter Du Brul, de la Universidad de Belén.

—¿Qué hace un instituto bíblico? —formulando esta provocativa pregunta, dio inicio a su alocución—. Hace algo muy peligroso. Más peligroso que una fábrica de dinamita. Más peligroso y más poderoso que un reactor nuclear. No produce bombas ni energía eléctrica, sino estudiantes y maestros de la Biblia —el más peligroso y a la vez el más sanador de todos los libros.

Dado el contexto, con atacantes suicidas habiendo arremetido de nuevo hacía tan solo unos días, y viendo la devastación que dejaban los tanques y los cañones, ¿en verdad creíamos que estos estudiantes tenían algo más poderoso que las bombas?

—Estudiar la Biblia no se trata solo de aprender a citarla, sino de vivirla —continuó el padre Du Brul—. Estudiar y vivir la Biblia es, para los estudiantes de Belén, más peligroso que en cualquier otro país del mundo, porque se enfrentan y caen bajo casi toda la gente a la cual la Biblia se refiere. Ustedes son oprimidos por ciertas interpretaciones de la Biblia que, según alegan, revoca sus derechos a la tierra, a la identidad con la cual Dios los dotó, y a su futuro.

El padre Du Brul no se andaba con rodeos al expresar las tensiones que existían entre la gente del Libro. Los judíos ortodoxos, los creyentes mesiánicos y los palestinos cristianos —todos veían las Escrituras desde un contexto de vida diferente. Entonces, ¿cómo responderían estos estudiantes? Al cabo de duros años de estudio, ¿estaban preparados para causar una diferencia en esta tierra tan dividida? ¡El padre Du Brul creía que la respuesta era un contundente ¡Sí!

»Las soluciones de estos asuntos no se encuentran en libros, o memorizadas como respuesta a las preguntas. Las soluciones deben ser vividas por personas dispuestas a arriesgar sus vidas y sus reputaciones; a arriesgar demostrando, a través de fe en Jesucristo, su propia ignorancia e insuficiencia ¡Qué gran reto es vivir, enseñar y estudiar la Biblia, a partir de la mismísima posición de alguien que es, en gran parte, excluido de las páginas del Antiguo Testamento! Pero deben recordar que los «no elegidos» existían, y a veces hasta salvaban a los «elegidos».

El padre ofreció una serie de ejemplos del Nuevo Testamento de forasteros que vivían la verdad: los sabios, el buen samaritano, el centurión romano en Gólgota y el gobernador romano Sergio Paulo en Chipre.

—Ellos no vinieron a reemplazar a los elegidos, sino a unírseles.

¿Y cómo podrían estos graduandos enseñar el camino? Du Brul les ofreció una imagen muy familiar, para quienes veían los noticieros de televisión en todo el mundo, de muchachos palestinos lanzando piedras a los bien resguardados y protegidos soldados israelíes, citando el mensaje a la iglesia de Pérgamo, en Apocalipsis 2: «Al que salga vencedor. . . le daré también una piedrecita blanca en la que está escrito un nombre nuevo que solo conoce el que lo recibe». Pienso que las iglesias palestinas reciben tal piedrecita. Y esta es la piedra que deben lanzar. Esta es la piedra que espero que el Colegio Bíblico les haya enseñado a lanzar bien, no para matar a Goliat, ni para apedrear a la mujer adúltera, sino para sanarlos. Porque el nombre escrito en esa piedrecita es el nombre de Jesús. ¡Qué más podría darle Jesús de recompensa al que salga vencedor, sino darse a sí mismo! Ese es su trabajo, su vocación y su misión.

»Como gente «no elegida», plantada justo en medio de la que asegura ser la «elegida», su existencia misma es testimonio de algo más, de Alguien que tiene un plan más profundo, más grandioso, más fuerte —el ensamblaje de todas las naciones en una sola unidad.

Al y yo estábamos hondamente conmovidos por estas palabras, por el reto planteado a estas personas que se sentían excluidas y a la vez llamadas por Dios a ser parte de su Gran Comisión. Debían llevar las Buenas Nuevas a sus conciudadanos. Debían vivir las Buenas Nuevas entre cristianos y musulmanes. Debían ser luz, enseñando el camino de una paz verdadera en medio de la convulsión.

La conclusión del padre Du Brul les hizo comprender a estos jóvenes el reto que enfrentarían:

—Prepárense para una vida más difícil. Ustedes no van a conocer un camino más fácil que el que Jesús recorrió. Pero no conocerán un gozo más grande que el que conlleva el gozo de caminar con él. Nosotros no vamos a enviarlos a discotecas o a centros comerciales a que se suiciden en nombre de la justicia o la misericordia o en nombre de Cristo. Los enviamos a sanar y a ser sanados de sus propias heridas, por medio de la caridad hacia los demás.

Aún meditando en las poderosas palabras del padre Du Brul, nos reunimos en el comedor para compartir un pedazo de pastel y un refresco. En el trascurso de conocer a otros miembros del cuerpo docente, hablamos con Samia, una maestra de inglés que trabajaba medio tiempo.

—Mi trabajo normal es en Nortre Dame en Jerusalén —dijo.

—¿Y le es posible ir a trabajar todos los días? —le preguntó Al.

—No se me permite pasar el retén —respondió—. No he podido regresar al trabajo desde octubre pasado.

En otras palabras, había quedado sin trabajo regular desde el comienzo de la segunda intifada.

—¿O sea, que eso quiere decir que no le están pagando?

Sonriendo dulcemente ante la pregunta del ingenuo americano que redundaba sobre lo obvio, le contestó:

—No me pueden pagar si no se me permite ir a trabajar.

Bishara se acercó por un rato, y nos contó que dos meses atrás, durante la Semana Santa, Samia había sido herida por las esquirlas de una granada. Le pedimos a ella que nos contara qué había sucedido.

Samia acababa de terminar su clase. Era ya el final de la tarde del martes antes de la Pascua. Cuando salió a la calle, instintivamente trató de escuchar si había ruido de artillería.

—Si hubiera oído algún tiroteo, me habría refugiado en el sótano.

La calle estaba calmada, y solo se veía a un muchacho en la acera. Cuando se dirigía a su auto, que estaba estacionado en la carretera Jerusalén-Hebrón, oyó el silbido característico de una granada, y una explosión la tiró al suelo.

Le tomó unos instantes mientras sus oídos se aclaraban después de la embestida inicial, y entonces se dio cuenta de que estaba dando gritos; pero nadie parecía escucharla. La calle estaba desierta. Se miró las piernas, y vio que estaban bañadas en sangre. Sin poder ponerse de pie, se arrastró hasta el auto, se subió del lado del conductor, y manejó hasta el hospital de Belén, que quedaba a un poco más de un kilómetro de distancia. Esa noche, un médico le extrajo diez esquirlas de sus piernas.

—Aún me quedan dos esquirlas en el pie —dijo Samia, mientras se quitaba la sandalia para mostrarnos la fea cicatriz que tenía en el dedo gordo.

—Aparte de las heridas, ¿cómo te sientes? —le pregunté.

—Todavía tengo pesadillas —contestó, tratando de contener las lágrimas—. Al día siguiente, mientras estaba aun en el hospital, hubo un gran bombardeo en Beit Jala. Trajeron a mi habitación a un muchacho, pero murió a causa de las heridas.

Le pregunté por el joven que había visto en la calle momentos antes de la explosión de la granada.

—Alguien me dijo que había recibido solo seis esquirlas. Pero sus heridas fueron mucho más graves que las mías.

Guardamos silencio por un instante, reflexionando sobre el horror que esta amable mujer había sufrido. Entonces nos dijo:

—Dos días después fui a la Tumba de Raquel, desde donde los soldados habían lanzado la granada. Caminé directamente a ellos y les enseñé las heridas que habían causado. Sencillamente se burlaron de mí y me dijeron que me fuera.

Por la manera en que hablaba, era evidente que la risa socarrona de los soldados era más dolorosa que las heridas que había sufrido.

30

No es suicidio —es religión

Gaza, junio del 2000

Hanna Massad, el pastor de la Iglesia Bautista de Gaza, se bajó de un taxi y nos abrazó cariñosamente a Al y a mí cuando entramos a la zona de Gaza controlada por los palestinos. Como era su costumbre, Hanna vestía saco y corbata, acorde con su papel de líder en la comunidad cristiana. Su amplia sonrisa nos revelaba cuán agradable le era nuestra visita.

Nos acompañaban dos académicos, uno de Inglaterra, el otro de Estados Unidos. Debido a que traíamos una agenda muy apretada, Hanna había alquilado un taxi por el día, para llevarnos a todas las reuniones. Nuestra primera parada era en la Universidad Islámica de Gaza, para una reunión con Mahmud Zahar. Yo consideraba importante que mis amigos escucharan lo que este líder de Hamas tenía que decir sin los filtros de la prensa.

Para beneficio de mis amigos, le pedí a Mahmud que nos hablara de su fe y cómo se entretejía con sus políticas.

—No hay cabida para un estado secular dirigido por musulmanes, si no es controlado por el Islam —explicó—. Los islamistas no aceptan el liderazgo de los países árabes actuales (por ejemplo, Arabia Saudita), porque están implementando un régimen secular no religioso.

Debido a que el Talibán estaba firmemente en control de Afganistán, le pregunté si esa era la clase de sistema por la que él abogaba.

—Ellos no representan el Islam apropiadamente. Creemos en los derechos humanos del musulmán. Por ejemplo, ¿quién dice que les es prohibido a las mujeres que se eduquen? El Islam apoya a los hombres y a las mujeres en todo sentido, pero hay unas cuantas excepciones. Por ejemplo, a una mujer le es imposible ser líder del ejército. El Islam es mi religión, pero el Islam aquí es también cultural.

Reconociendo entonces que se dirigía a un grupo cristiano, añadió:

—Estamos muy orgullosos de las raíces cristianas aquí, porque son tan ciudadanos como lo es cualquier ciudadano palestino. Todos servimos a la misma causa nacional. Por esta razón puedo decir que disfrutamos del apoyo popular en esta postura política. Debido a nuestra participación en la intifada, hemos tenido éxito en enviar un mensaje candente a los israelíes, de que su seguridad no está garantizada sin una retirada y no un redespliegue; sin desmantelar los asentamientos y no solo deteniendo la expansión. Cuando hablo, me refiero a objetivos nacionales. Estamos ayudando a nuestros hijos, tanto musulmanes como cristianos; ayudamos incluso a los judíos, porque si se empeñan en mantener la ocupación, tarde o temprano, el mundo árabe se unirá en contra de los israelíes. ¡Así será!

—¿Realmente crees eso? —interrumpí—. ¿Esperas que sea así?

—¡Así será! Está escrito en el Corán que la gente bajo nuestro mando habrá de venir, y juntos entraremos a la mezquita. Creemos que Israel, como estado, será desmantelado. Los árabes se unirán para establecer un estado panislámico sin fronteras. No hablamos de esperanzas. Hablamos de nuestra realidad.

—Pero entonces no habrá cabida para judíos o para cristianos.

—¡Andrés, sabes que siempre habrá cabida para cristianos como tú!

Todos nos reímos con tan amable declaración. Pero Al y yo sentimos que debíamos confrontarlo en cuanto al terror de los ataques suicidas. Tan solo una semana antes, un ataque en una discoteca de Tel Aviv había matado a veintiún adolescentes, casi todas mujeres. El horrendo ataque había causado indignación a escala mundial.

Dando su primer paso vacilante al cuestionar al internacionalmente temido líder de Hamas, Al le preguntó:

—Mahmud, ¿no condena el Corán el suicidio?

—Sí, es prohibido.

—Entonces, ¿cómo puede usted respaldar los actos de un hombre que se suicida. . .

—No es suicidio —lo interrumpió— es religión.

Yo lo cuestioné:

—Ahora lo estás haciendo peor. Ahora cuentas con un millón —un suministro inagotable— de «mártires». Y ellos están matando mujeres y niños inocentes. ¿Cómo puede un buen musulmán respaldar eso?

—¿Son inocentes? —exclamó, apoyándose agresivamente sobre su escritorio—. Dime, ¿a quién hemos matado en Israel que sea inocente?

—Aquellas adolescentes en Tel Aviv. Ellas no representaban ninguna amenaza para ustedes.

—Está bien, les voy a hablar con claridad. Nadie en Israel se puede describir como civil. ¡Nadie!

Nuestras expresiones de asombro le eran evidentes, mis invitados se movían en sus sillas incómodamente. Pero Mahmud prosiguió con fuerza:

—Porque todo hombre y toda mujer, a los diecisiete o dieciocho años, tendrá que prestar servicio militar. Es obligatorio. Se pasan al menos tres años portando armas, y están aquí, disparándole a nuestra gente en los territorios ocupados. Y los que no son soldados profesionales, después de concluir su servicio quedarán de reserva hasta la edad de cincuenta y cinco años. Entonces, denme un ejemplo de alguien en Israel que no sea militar. ¡Todos ellos son militares!

Había una lógica perversa en su declaración. Otro líder de Hamas, Mousa Abu Marzouk, de Damasco, había dicho: «No debería haber distinción entre un ocupante en uniforme o en traje civil. Si un hombre vestido de civil, portando un arma, se adueñó de mi casa y de mis derechos, ¿cómo puedo decir que es un civil, y que no tiene nada que ver con ello?»[1]

Mahmud se recostó en su silla y suavizó el tono:

—Miren, no admiramos el derramamiento de sangre. Somos seres humanos que sufrimos al ver tanto derramamiento de sangre. Sufrimos profundamente debido a la frustración de no tener ningún conducto pacífico para lograr nuestro objetivo. Por eso no tenemos otra opción. No nos queda alternativa.

Me había comprometido a predicar tres veces en menos de veinticuatro horas en la Iglesia Bautista de Gaza. La primera reunión del sábado por la noche se había llenado, e incluso había gente de pie contra las paredes del fondo. Bajo el liderazgo del pastor Hanna Massad, la iglesia había crecido mucho.

—No lo he hecho yo solo —decía, y nombrando a varios líderes jóvenes, enfatizaba —somos un equipo ministerial. La librería bíblica ha tenido un fuerte testimonio evangelístico, lo que ha contribuido al crecimiento.

Los resultados eran admirables. Había dos coros, uno para adultos, y otro que incluía a una media docena de niños. La música era muy entusiasta, y Al y yo pudimos unirnos al coro cuando cantaron «Dime la antigua historia» y «Oh, cuánto le amo». La pianista, que había soportado los años difíciles, se volteaba con frecuencia para mirarnos y nos ofrecía una alegre sonrisa mientras tocaba con ímpetu las melodías. Ciertamente que todo era mucho más animado y alegre ahora que cuando solo había una docena de asistentes. En silencio, le agradecí a Dios por reanimar a esta congregación: *Que sea este parte de tu Ejército de Luz en Gaza.*

En el culto matutino del domingo, me sentí inclinado a predicar sobre la persecución.

—Si no hay vida en nosotros, nunca seremos perseguidos —les dije.

Para establecer mi mensaje, leí de 2 Corintios 3:

«Ustedes mismos son nuestra carta, escrita en nuestro corazón, conocida y leída por todos. Es evidente que ustedes son una carta de Cristo». Todos deberíamos leer la Biblia, pero no deberíamos esperar que quienes no son cristianos la lean. *Nosotros* somos la Biblia que los no cristianos leen. Nosotros somos la epístola de Dios, y todo el mundo debería leer nuestras vidas.

Mi texto principal era 2 Corintios 4:7-9:

«Pero tenemos este tesoro en vasijas de barro para que se vea que tan sublime poder viene de Dios y no de nosotros. Nos vemos atribulados en todo, pero no abatidos; perplejos, pero no desesperados; perseguidos, pero no abandonados; derribados, pero no destruidos». Esos eran los versos que estaban resaltados en una Biblia salpicada de sangre, y la levanté para que la congregación la pudiera ver. Las palabras eran en ruso, y la hoja era de la Biblia de una de diez personas que habían sido asesinadas en una iglesia ocho meses atrás en Dushanbe, Tayikistán, por fundamentalistas islámicos.

—Existe una Iglesia Sufriente enorme alrededor del mundo —les dije—. Hacía años había aprendido que las iglesias que se encontraban en situaciones difíciles, se sentían animadas al saber que no eran las únicas que sufrían. Un árbol que nunca ha enfrentado una tormenta, no es fuerte.

Mientras hablaba, escuchamos un rugido por fuera de la iglesia. Dos aviones F-16 hacían su recorrido sobre Gaza.

—Somos perseguidos, pero no nos sentimos descorazonados. Sus hermanos en muchas partes del mundo están sufriendo. Pero una parte del cuerpo siempre cuida de la otra.

—Les recordé la historia de Esteban en Hechos, y cómo sus últimas palabras fueron de perdón. «El perdón es la llave que abre el corazón del enemigo. El mundo islámico los observa para ver cómo vive Cristo en ustedes. Quizás no ganen una discusión, pero ¿podrán ver ellos a Jesús en ustedes?»

Durante la reunión social al final del culto, un hombre de unos cincuenta años se acercó a Al, con el pánico reflejado en su rostro. Con los ojos desorbitados, y prácticamente parado sobre los pies de Al, le explicó su situación desesperada:

—¿Podría usted hablar por mí en la embajada estadounidense?

—¿Es ciudadano de Estados Unidos? —le preguntó Al.

—Tengo pasaporte americano. Pero no así mi esposa y mis dos hijos, y no se les permite salir de Gaza. ¿Cómo los puedo sacar?

—Estoy seguro de que la embajada podrá ayudarles.

—No se me permite ir allí —dijo—. Siempre me detienen en la frontera. He llamado, pero nadie me puede ayudar. ¡A nadie le importa!

Sentimos tristeza por este hombre que quería desesperadamente marcharse de Gaza con su familia, pero en realidad no había nada que pudiéramos hacer para ayudarlo. Una vez que intenté interceder por veintisiete palestinos de Belén que portaban pasaporte estadounidense en el consulado americano de Jerusalén, me dijo el cónsul:

—Tratamos a los palestinos con pasaporte estadounidense de la misma manera que tratamos a todos los palestinos.

La insinuación era que no había esperanza para esta gente. Y era por eso que tantos se marchaban para siempre cuando se les presentaba la oportunidad.

Antes de retirarnos, el pastor Hanna nos habló. Profundamente conmovido, invitó a la congregación a que meditaran sobre la iglesia en Tayikistán que había perdido a diez de sus miembros.

—Creo que deberíamos tomar una ofrenda para esa iglesia —anunció Hanna—. Esta noche tendremos una ofrenda especial para nuestros hermanos.

Durante el culto de la tarde, el pastor Hanna recogió la ofrenda especial. Después de terminar de predicar y cantar un himno, Hanna, esbozando una gran sonrisa, me llamó al frente del santuario y puso en mis manos lo recaudado en la ofrenda.

—Queremos pedirte que lleves esto a nuestros hermanos que sufren tanto. Son 800 dólares estadounidenses. Queremos que esto les sea de bendición.

Yo quedé estupefacto. *¡Esto es demasiado!*, pensé, siendo consciente de que muchas personas de la congregación se encontraban sin trabajo —más de la mitad de los residentes de Gaza estaban desempleados, y las cifras aumentaban rápidamente. Y aun así, esta gente se había metido la mano al fondo del bolsillo, y había dado con amor a otra iglesia de la que solo había escuchado en un sermón. Me sentía profundamente conmovido, y les prometí que les entregaría la donación.

31

Escape de Belén

Harderwijk, marzo del 2002

La intifada se intensificó a comienzos de marzo del 2002. Con frecuencia me hallaba en mi oficina, pegado a los noticieros de CNN o de la BBC, horrorizado por las imágenes de Israel y Cisjordania. Cada día había otro reporte de un ataque suicida o de un pistolero palestino disparándoles a los colonos; pero el número de muertos entre los palestinos aumentaba dramáticamente —tres veces mayor que el de los israelíes. Parecía que no hubiera una sola mente que pudiera pensar en calma en medio de tanto caos.

Al norte, en Beirut, líderes árabes sostenían una cumbre. Entre los temas a tratar estaba el de una tierra para una propuesta de paz del príncipe heredero Abdulah, de Arabia Saudita, quien prometía el reconocimiento de Israel si se establecía un estado palestino. Pero varios líderes no asistieron. A Yasser Arafat no se le permitió viajar al evento, y los palestinos se salieron de la reunión cuando a Arafat se le negó el permiso para dirigirse a la asistencia a través de una conexión por vía satelite.

El 28 de marzo, un atacante suicida mató a veintidós personas durante la cena de Pascua en un hotel de Natanya. Ariel Sharon alistó a veinte mil reservistas. Los tanques entraron a

Ramala, rodearon el complejo de Arafat, y empezaron a bombardear. Los soldados irrumpieron en las oficinas de la Autoridad Palestina y capturaron a docenas de burócratas y personal de seguridad. Arafat, proclamando que prefería morir que rendirse, se atrincheró en un sótano con sus asistentes. Los ataques suicidas continuaron —cinco en cinco días. El ejército empezaba a montar tropas y equipos en las afueras de otras ciudades de Cisjordania, incluyendo a Belén y los pueblos vecinos de Beit Jala y Beit Sahour.

Belén, marzo del 2002

El fragor de los helicópteros Apache, seguido de atronadoras explosiones, despertó bruscamente a Bishara y a Salwa. Bishara miró el reloj: era la una de la madrugada. Acababa de regresar de un recorrido por Singapur, donde había ido como invitado a predicar, y tenía que prepararse para otro viaje al poco tiempo. «¡Por favor, no vayas!», le urgía su esposa. El ejército había penetrado en Belén durante varios días mientras él estaba por fuera, y luego se había retirado a la frontera de Jerusalén. El día anterior dos atacantes suicidas habían explotado sus bombas en Haifa y Efrat. Todo el mundo sabía que no era sino cuestión de tiempo hasta que Israel marchara de nuevo sobre la ciudad.

Bishara y Salwa trataron de conciliar el sueño, pero les fue imposible. Esperaron. Oraron. A las tres de la mañana, escucharon el estruendo de una larga fila de tanques y vehículos blindados transportando tropas, que se movilizaba por la carretera Jerusalén-Hebrón. El edificio completo era sacudido cada vez que pasaba un tanque. Los vehículos rompieron la fila, y empezaron a hacer presencia en todas las calles del área. Se oyó un crujido escalofriante cuando un tanque aplastó un carro. A lo lejos Bishara podía escuchar el tronar de los cañonazos. El eco de toda la artillería retumbaba en las murallas y colinas que rodeaban la ciudad, intensificando el terror.

Esta invasión era mucho mayor que cualquier otra que hubieran visto. Había gran una sensación de incredulidad —¿cómo podría estar pasando esto en Belén, la ciudad sagrada de los cristianos de todo el mundo? Hacía tan solo tres años la ciudad había sido hermosamente remozada para las celebraciones del milenio. Y ahora era una zona de guerra.

Bishara pensó en su hijo, Sami, cuya esposa esperaba su primer hijo —el primer nieto de Bishara y Salwa. El bebé estaba por nacer en cualquier momento. Se imaginaba los tanques rugiendo al pasar frente al edificio donde quedaba el apartamento de su hijo. Había incluso la posibilidad de que el ejército decidiera usar el edificio como un buen punto para ubicar a sus francotiradores, y entonces Sami y Rana quedarían atrapados en su apartamento. Bishara agarró la mano de Salwa, y ella se aferró a la suya, sin duda pensando en lo mismo.

La oración, naturalmente, fluía a torrentes: «Señor, protege a Sami y a Rana y al niño que esperan». Entonces Bishara pensó en los estudiantes y maestros esparcidos por toda la región, y que con seguridad experimentaban el mismo asombro y temor que les robaba el sueño. Probablemente algunas de sus casas serían allanadas. Empezó a orar en voz alta por cada uno de los profesores, empleados y estudiantes. El puño de Salwa se aflojó a medida que abrían sus corazones al único que podía calmar todos sus temores y traer una solución a la crisis.

Un tanque se detuvo justo enfrente del instituto. Bishara se quedó inmóvil, preguntándose si debía levantarse a dar una ojeada por la ventana. Si un soldado lo veía, podía tener consecuencias. Pudo oír el duro chirrido que hacía el cañón al girar. Quizás estaba apuntando hacia el campo de refugiados al otro lado de la calle. Oró por los residentes que en ese momento debían estar aterrorizados. Una cubierta de nubes impedía la llegada del sol, pero no así la de los aviones F-16, que volaron muy bajo sobre la ciudad. En la distancia, cerca de la Plaza del Pesebre, Bishara alcanzaba a escuchar un prolongado tiroteo. Durante los momentos esporádicos en que cesaban los disparos, se oían los gritos de hombres, de niños y de mujeres que lloraban en el vecindario. Bishara trató de prender la luz, pero no había electricidad. Cuando creyera que era seguro, saldría a encender el generador de corriente. No muchos en Belén contaban con un generador, pero el Hermano Andrés había insistido que era necesario para mantener el funcionamiento del ministerio, y se había asegurado que lo obtuvieran. Bishara levantó el teléfono, pero no había línea. Se alegró de tener un teléfono celular. Buscó un radio portátil, y sintonizó las noticias.

Un poco después de las 7:00 a.m. se anunció que Belén era zona militar. Se le advertía a la gente, con severidad, que permaneciera dentro de sus casas. Cualquiera que se atreviera a salir a la calle podría recibir un tiro. Al poco rato empezó a llover. Aún el cielo lloraba, pensó Bishara. Luego siguió la rabia. ¿Qué se lograría con tal demostración de poderío? ¿Cómo esperaban que al privar a la gente de comida, electricidad, agua y abrigo podrían prevenir los ataques suicidas en Israel?

Había muy poco que hacer a lo largo del día, aparte de escuchar los continuos reportes informativos. Estos decían que la lucha más intensa se daba en los estrechos callejones de los alrededores de la Plaza del Pesebre. Había muertos, pero no se sabía cuántos. Bishara podía escuchar los ecos de los disparos sobre las calles adoquinadas a menos de dos kilómetros de distancia. Se reportaba que una monja había recibido un impacto de bala cuando trataba de impedir que los soldados entraran al convento en busca de miembros de la resistencia palestina. Una mujer y su hijo de treinta y ocho años habían sido gravemente heridos y murieron mientras esperaban una ambulancia que nunca llegó.

Entonces el locutor informó que algunas gentes habían

entrado buscando refugio a la Basílica de la Natividad, y que varios pistoleros palestinos los habían seguido a su interior para escapar de los francotiradores israelíes. Después de varios reportes contradictorios, se había determinado que más de doscientos hombres, mujeres, niños y pistoleros, se habían refugiado en la iglesia más antigua en la historia de la cristiandad. Ahora estaba rodeada de tanques y soldados listos para dispararle a cualquiera que se atreviera a salir de las gruesas paredes de la iglesia. Eso era lo más impactante de todo. Uno de los lugares más sagrados para los cristianos estaba sitiado.

Bishara recordaba cómo esta iglesia había servido de santuario para quienes sentían que sus vidas corrían peligro, más recientemente en la Guerra de los Seis Días, cuando Israel conquistó Belén. En la Biblia, Dios proveía «ciudades de refugio». En Números 35 dice que incluso un asesino podría ir a la ciudad y encontrar protección. Bishara sentía que la iglesia era como una ciudad de refugio, pero que, desdichadamente, la presencia de las milicias armadas y los soldados israelíes que los perseguían ponían en peligro las vidas de todos.

Salwa tomó la mano de Bishara y le pidió a su esposo que llamara a su hijo: «Por favor, averigua cómo está Rana».

Empezaba ya a anochecer, pero Sami Awad no podía tranquilizarse.

—¿Con qué frecuencia tienes las contracciones? —le preguntó a su esposa mientras se paseaba de un lado para otro en la acogedora sala de su apartamento.

—Están muy apartadas —le respondió Rana—. El médico dice que son falsos dolores de parto. ¿Te podrías sentar? Me estás poniendo nerviosa.

Sami se dejó caer en el sofá junto a su esposa, pero escuchaba claramente el ruido de los tanques a solo un par de cuadras. En la distancia se oyó una explosión, seguida del traqueteo de una ametralladora. Su mente corría. Esta era la invasión más grave que había visto, y no parecía que el ejército israelí tuviera planes de marcharse pronto. El retén principal de la carretera Jerusalén-Hebrón estaba cerrado. Toda la zona estaba bajo toque de queda las 24 horas del día, y pensaba que dentro de 24 a 48 horas todas las demás salidas de Belén estarían bloqueadas. Y su primer hijo podría llegar en cualquier momento.

Sami se paró de un salto y corrió a la habitación. Agarrando la maleta, le dijo a su esposa:

—¡Tenemos que irnos *ya mismo*! No vamos a arriesgar quedarnos atrapados aquí en el apartamento cuando empiece el parto. Nuestro hijo tiene que nacer en el hospital.

Rana acomodó su peso, y se levantó con dificultad.

—No podemos ir al hospital todavía. Nos harán regresar.

—Llama a Alex y a Brenda. —Alex era tío de Sami, hermano de su padre. Alex y su esposa vivían justo al otro lado de la frontera de Belén, en un suburbio de Jerusalén—. Ellos dijeron que podríamos usar el primer piso de su apartamento por el tiempo que lo necesitáramos.

Después que Rana habló con Brenda, dijo:

—Voy a llamar a tus padres también.

—¡Diles que oren con fuerza! —dijo Sami mientras cerraba la maleta.

A los pocos minutos, el carro estaba cargado. Como medida adicional de precaución, Sami agarró cinta eléctrica azul y pegó un aviso grande que decía «TV» en el capó del auto. De esta manera, si se topaban con una patrulla, quizá se les permitiría pasar como miembros de la prensa. Y en realidad no era una mentira, pues él había filmado algunos documentales con su organización, Fundación Tierra Santa.

Las calles estaban vacías, y Sami se mantenía apartado de las calles principales. Hubo un momento de tensión cuando atravesaban la carretera Jerusalén-Hebrón, y vio un jeep militar a lo lejos. Afortunadamente el coche se alejaba de ellos.

Conducían en dirección norte hacia Beit Jala por las estrechas calles auxiliares. Cuando hacían un giro, los espejos laterales casi raspaban las paredes. Antes de llegar a la cima de la colina que demarcaba la frontera norte de Beit Jala, Sami hizo un giro en una calle empedrada que serpenteaba a lo largo del valle entre Gilo y Beit Jala. Era un lugar peligroso, debido a los frecuentes tiroteos entre las dos comunidades. Rana hacía gestos de dolor cada vez que el auto rodaba torpemente sobre los numerosos baches, y Sami redujo la velocidad casi completamente cuando empezaron a ascender la otra colina que los llevaría a Jerusalén.

Era una travesía angustiosamente lenta, pero el terreno accidentado y el malestar de su esposa no les permitía ir más rápido. Sami pensó en María y José a lomo de burro, tratando de esconder al bebé Jesús de los ojos perversos del ejército de Herodes. La Fundación Tierra Santa patrocinaba un programa especial para niños en Belén el día designado por la iglesia para conmemorar la Matanza de los Inocentes. Hacía dos mil años que las tropas habían marchado sobre Belén desde todos los rincones, a buscar y a matar al potencial bebé «terrorista» que un día habría de dirigir una revuelta contra el rey Herodes. Ahora las tropas del ejército israelí marchaban sobre todos los rincones de Belén, con el propósito de erradicar toda célula terrorista.

Cuando la carretera empedrada desembocó a una calle auxiliar de Jerusalén, él vio un jeep del ejército y tres soldados que le hacían gestos para que se detuviera. Sami se preguntó cómo habrían María y José manejado tal situación. Sin duda, habrían escondido al bebé Jesús. Pero Sami quería que los soldados vieran a su esposa con sus nueve meses de embarazo. Quizás así tendrían compasión.

—¿Me permite ver sus documentos? —le preguntó el soldado cuando Sami bajó el vidrio de la ventanilla, y él le entregó su pasaporte estadounidense.

Otro soldado le ordenó que se bajara del auto:

—¡Quítese la chaqueta!

Sami se despojó lentamente de su chaqueta, mientras dos soldados le apuntaban con sus rifles.

—¡Ábrase la camisa!

Sami se desabotonó la camisa y se levantó la camiseta interior para que el soldado pudiera verle la piel y entendiera que no representaba ninguna amenaza.

—Soy ciudadano norteamericano —dijo Sami con los brazos levantados, asegurándose de no hacer algún movimiento espontáneo—. Mi esposa está embarazada, y está a punto de dar a luz a nuestro primer hijo. La llevo al hospital.

—¿Dónde está el pasaporte de su esposa? —le preguntó el primer soldado, mientras agitaba el pasaporte.

—Todavía no lo tiene.

—Con una sonrisa burlona, el soldado le dijo sarcásticamente:

—Entonces usted puede pasar, pero ella no.

Sami observó los cañones de los rifles que le apuntaban, y comprendió que no había manera de discutir con ellos. No le quedaba otra alternativa que buscar otro modo de escape.

Mientras Rana oraba, Sami analizaba sus opciones. Evidentemente todas las calles estarían bloqueadas. Había otras calles auxiliares, pero tendrían también mas riesgo de ser atrapados, y más lejos de su destino en Jerusalén. La ruta más directa era la carretera del túnel, que iba a Gilo pasando por debajo de Beit Jala. Sería un desafío llegar allí, y probablemente tendrían que detenerse cuando los vieran; pero suponía que lo peor que les pudiera pasar era que los soldados los obligaran a dar vuelta. Cuando salieron a la congestionada calle, se unieron a la larga fila de autos y camiones que esperaban pasar el retén. Los soldados le habían ordenado a los ocupantes de un auto que se bajaran e inspeccionaban minuciosamente el vehículo. Los conductores impacientes tocaban las bocinas. Era obvio que los conductores israelíes no querían ser importunados por las medidas de seguridad, y los soldados sentían la presión. Finalmente terminaron la inspección del auto y le permitieron seguir. Ansiosos de descongestionar el embotellamiento, hicieron señas para que pasaran los carros siguientes, incluyendo el de Sami. ¡Ya estaban seguros en Jerusalén!

A la mañana siguiente, mientras Rana dormía, Sami y su tío veían un noticiero de televisión internacional por vía satélite. La noche anterior, mientras Sami y su esposa escapaban, otra mujer palestina se vio obligada a dar a luz en el auto junto a un retén nuevo que el ejército había montado cerca del Hospital Infantil de Belén. Los soldados israelíes le habían impedido el paso. El bebé había muerto. Sami y Alex lloraron.

Me tomó varios días poder hacer contacto por teléfono con Bishara.

—El miedo se ha apoderado de la ciudad —me dijo—. No se nos permite salir de la casa, ni siquiera asomarnos a las ventanas.

Obviamente el instituto estaba cerrado y no tenía idea de cuándo lo pudieran abrir otra vez. Aparte de Bishara y Salwa, Doris, una voluntaria alemana, era la única otra persona en el complejo que les ayudaba a cuidar las instalaciones. Mientras continuara el sitio a la Basílica de la Natividad, a nadie en Belén se le permitiría moverse.

—¿Te gustaría ser el orador en la ceremonia de graduación? —preguntó Bishara con cierta burla en su voz—. No sé cuándo se va a poder realizar, ¡pero nos encantaría que vinieras!

—Voy a planear un viaje tan pronto me digas que lo haga —le —, agradecido que mi amigo todavía pudiera mantener un buen sentido del humor en medio de tanto caos.

—Evidentemente, si esto dura demasiado, vamos a tener que cancelar el semestre —dijo, y entonces cambió de tema—. ¿Sabes? Salwa y yo en cualquier momento vamos a ser abuelos. Sami y Rana lograron escapar hace un par de días, y se están quedando con Alex y Brenda.

—Felicitaciones. Ojalá que esto termine pronto, para que puedas estar con ellos.

—Mi hijo fue muy valiente al irse en la manera que lo hizo —se escuchó un suspiro en el teléfono, y entonces Bishara agregó— Todo está muy difícil aquí. Conocemos a varias personas cuyas casas han sido allanadas. Los soldados les han destruido todo, supuestamente en busca de terroristas. Pero es algo perverso. Agarran las provisiones de comida —azúcar, harina, arroz, trigo, todo— y las riegan en el piso para que no las puedan usar. Muchos edificios y casas han sido totalmente destruidos. Les disparan a las ambulancias, y la gente se muere porque no alcanzan a llegar al hospital.

—Quisiera poder estar con ustedes.

—Hemos recibido muchos correos electrónicos y llamadas. La gente está orando por nosotros, y eso nos ayuda a seguir adelante. Muchos judíos mesiánicos han enviado alimentos y ayuda médica. Dios es bueno, y él nunca abandonará a la gente que ha aceptado a su Hijo.

—Aférrate a esa fe, amigo mío. Y tan pronto como me lo digas, viajaré para estar con ustedes.

El 5 de abril, Layaar Awad nació en un hospital de Jerusalén. Sami y Rana estaban felices, pues la bebita recibía cuidados maravillosos de los doctores y las enfermeras. Pero a la vez no podían dejar de pensar en sus amigos de Belén y otras ciudades de Cisjordania bajo control militar. Mientras, sostenía la mano de su esposa y admiraba a su hijita, durmiendo plácidamente junto a su madre, Sami dijo:

—Quiero consagrar a Layaar en memoria de todos los niños que han muerto tanto en Palestina como en Israel.

Rana le apretó la mano, mientras los ojos se le llenaban de lágrimas. Sami cerró los ojos, y oró en voz alta:

—Te pido que el mensaje del Príncipe de Paz sea de nuevo una luz desde Belén a todos los rincones del mundo.

32

Un milagro en Holanda

Voorthuizen, Países Bajos, abril del 2002

Salim Munayer dio una mirada al salón en el centro de conferencias de Ministerios Near-East (NEM). Pastores y líderes de iglesias con sus familias —noventa y cuatro personas en total— habían sido sacados de la zona de guerra que era ahora Israel y Cisjordania, por cortesía de NEM, y con la ayuda de Puertas Abiertas. El noticiero internacional *Daily* reportaba las incursiones del ejército israelí a Cisjordania, después de una racha de ataques suicidas. Los tanques patrullaban Belén. Hebrón estaba bajo un estricto toque de queda. El ejército israelí enfrentaba una feroz resistencia en el campo de refugiados de Jenin. Por eso muchos consideraban como un milagro el que esta reunión se estuviera realizando. Debido a la situación de Israel, a palestinos y judíos les era prácticamente imposible reunirse dentro del país. Se había necesitado mucha oración y negociaciones para obtener el permiso para que unos pocos hombres, sus esposas y sus hijos pudieran salir del país y reunirse en un punto neutro por cinco días.

Ahora se sentía la tensión en el ambiente. Los palestinos se sentaban en un lado, los creyentes judíos en otro. Los niños participaban en actividades especiales en otra parte del complejo, lo que le permitía a sus padres concentrarse en el duro trabajo que tenían por delante.

«*Señor, ¿derribarás las barreras esta semana?*», oró Salim. Esta conferencia podría fomentar un proceso de reconciliación que podría conducir a la sanidad y la paz verdadera de una región devastada por la guerra. Salim respiró profundo y pasó al frente del salón. Después de darle la bienvenida al grupo, fue directo al grano:

—Somos dos naciones que comparten una casa. Compartimos la sala, la cocina, el corredor, el baño, el inodoro, pero no la alcoba. La verdad es que no nos gustamos mutuamente. Peor aún, nos odiamos mutuamente.

No tenía sentido evitar lo obvio, pero debía establecer un marco para el tiempo que iban a pasar juntos. Salim había orado durante largas horas sobre las palabras que siguieron:

»Los especialistas que se dedican a estudiar y a evaluar conflictos entre grupos han observado cierto fenómeno que nos puede ayudar a entender mejor el odio y los prejuicios. Primero, es la división entre *nosotros* y *ellos*. Ambos lados se culpan mutuamente, aduciendo que han perdido todas las normas morales y éticas. Podemos entender a nuestro propio grupo y reconocer sus cualidades, a la vez que pasamos por alto nuestros defectos, porque es importante distinguir entre nosotros (que tenemos la razón y somos buenos y compasivos) y ellos (que son malos y están equivocados).

»El segundo problema es que no logramos ver la pluralidad que hay del otro lado. Nos damos a generalizar y a catalogar al otro grupo, diciendo cosas como: «nos odian y quieren matarnos». Somos incapaces de verlos como seres humanos con sentimientos y pensamientos únicos. Debido a la barrera del idioma, los israelíes y los palestinos no leemos los periódicos del otro lado. Por eso cada parte depende de información muy parcial que se da sobre ellos.

»Tercero, hay un problema de superioridad moral. Por eso decidimos que *nosotros* somos quienes más anhelamos la paz, somos más confiables y honestos, y vemos con desdén a aquellos cuyos valores son diferentes a los nuestros.

»Y, por último, existe la percepción de parte y parte de que ellos son las víctimas, y por tanto no pueden verse a sí mismos como una amenaza para el otro. Si somos víctimas, entonces no podemos ser verdugos. La mentalidad de víctima nos ciega al dolor del otro, a sus aspiraciones y necesidades.

»Estas predisposiciones son obstáculos en el proceso de reconciliación. Sin embargo, esta semana tenemos frente a nosotros una magnífica oportunidad de derribar estas barreras y reconocer que cada persona, ya sea judío o palestino, es creado a imagen y semejanza de Dios, y redimido por la sangre del Mesías. Pablo nos instruye sobre la manera en que debemos tratarnos los unos a los otros: «Ámense los unos a los otros con amor fraternal, respetándose y honrándose mutuamente . . . Bendigan a quienes los persigan; bendigan y no maldigan . . . No paguen a nadie mal por mal . . . No tomen venganza, hermanos míos, sino dejen el castigo en las manos de Dios . . . No te dejes vencer por el mal; al contrario, vence el mal con el bien.»[1]

El proceso de reconciliación empezó con cantos de adoración. David Loden, el fundador y uno de los ancianos de Beit Asaf, una organización mesiánica en Natanya, tocaba la guitarra y cantaba. Jack Sara, el pastor de la iglesia Alianza Palestina-Jerusalén, tocaba el teclado. Hubo una selección de himnos y cantos de alabanza tanto en árabe como en hebreo, con el sonido fonético escrito en el idioma que se cantaba para aquellos que no lo hablaban. Algunos de los coros se cantaban en inglés, idioma que la mayoría de los participantes entendía.

David y Lisa Loden, oriundos de Norteamérica, habían vivido en Israel por casi treinta años. En 1978 habían ayudado a crear una congregación mesiánica en Natanya, una ciudad en la costa mediterránea, ubicada a unos treinta y tres kilómetros al norte de Tel Aviv. En aquella época sabían de solo unas cinco congregaciones de esa clase en Israel, que realizaban sus cultos en hebreo. Cinco años después, Evan Thomas, de Nueva Zelanda, se les unió a la obra y la congregación adquirió el nombre de Beit Asaf. Actualmente la iglesia crecía, y había entre ochenta y cien congregaciones mesiánicas en Israel.[2] David, un compositor y maestro de música, y Lisa, habían ayudado a crear música autóctona para este movimiento.

Aunque la congregación de Netanya era cordial para con los creyentes árabes, la idea de participar en un esfuerzo de reconciliación como este nunca se le había ocurrido a los Loden, hasta que David tuvo lo que él denominó como una visión.

—Se presentó en forma de pregunta —le contó a su esposa—. El Señor me preguntó si lo amaba. Por supuesto, mi respuesta fue «Sí, te amo». Entonces él comenzó a repasar una lista. «¿Amas a mis hijos?». «Sí, amo a tus hijos». «¿Amas a todos mis hijos?». Pensé en toda la gente maravillosa que conocía en todo el mundo. «¡Claro que sí!». Luego me preguntó: «¿Amas a mis hijos árabes?» Pensé ahora en los hermanos árabes en Israel, en congregaciones del norte —ellos hablaban en nuestras iglesias, y nosotros en las de ellos. «Sí, los amo». Entonces me preguntó: «¿Y a mis hijos palestinos?» El Señor usó específicamente la palabra *palestinos*. Le respondí: «Señor, eso es distinto. Ellos no creen en la Biblia como nosotros. Ellos no creen como nosotros en cuanto a Israel y las profecías de los últimos tiempos. Además, tú sabes que son nuestros enemigos». Al tiempo que estas palabras salían de mi boca, me llenaba de sentimientos de vergüenza y traición.

Poco tiempo después de este dramático encuentro, David recibió una llamada de Salim Munayer, del Colegio Bíblico de Belén, pidiéndole que fuera a rescatar el coro del instituto y a enseñar un curso de música. «Una extraña oferta», pensó David.

—Prácticamente junto a ustedes en Jerusalén hay al menos unas quince o veinte personas especializadas en música que podrían hacerlo —replicó—. Yo vivo en Natanya, a unas dos horas de camino de Belén.

—Le he preguntado a todos los que conozco —respondió Salim—. Nadie está dispuesto a venir.

En ese instante David comprendió que Dios lo estaba probando. ¿Obedecería a la revelación de Dios? Era algo casi insólito el que un israelí se quedara a pasar la noche en Cisjordania para ayudar a una entidad palestina. No obstante, después de esa llamada, David empezó a manejar hasta Belén todos los domingos por la tarde a dirigir el coro en el culto vespertino del domingo, y a enseñar la clase el lunes en la mañana. Muy pronto esto se convirtió en la parte favorita de su semana, y lógicamente le siguió su participación en Musalaha.

Para Jack Sara, trabajar con David Loden era un milagro aun mayor. Mientras acompañaba con el teclado los himnos y coros, no podía dejar de acordarse de los encuentros con soldados israelíes durante la primera intifada. Tenía solo catorce años cuando lo detuvieron en la Ciudad Antigua de Jerusalén, donde vivía en el sector cristiano. Los soldados lo cuestionaron bruscamente y lo golpearon por su participación en una manifestación a la cual él no había asistido. Cuando al fin le permitieron salir y regresaba cojeando a su casa, tomo una decisión: *¡Si me van a arrestar y a golpear, entonces voy a estar bien seguro de que sea por algo que sí haya hecho!*

Jack participó en la siguiente manifestación —lanzando piedras a los soldados, pintando graffiti en las paredes y enarbolando la bandera palestina. Al poco tiempo se unió al partido comunista, y perdió la cuenta del número de veces que fue encarcelado durante los siguientes tres años; pero la última estadía fue la más larga— tres meses. Acostado sobre una colchoneta delgada y llena de bultos, trataba de comprender qué sentido tenía su vida. ¿Qué estaba logrando con este ciclo de protestas, insultos a los soldados, arrestos y encarcelamientos, para luego salir a repetir el proceso? ¡Con seguridad la vida tenía que ser mucho más que eso!

Recapacitando sobre su vida, entendió que estaba asqueado con el hombre tirado en esa colchoneta. Aunque de crianza era católico, muchos de los musulmanes que conocía llevaban vidas moralmente mejores que la suya. Fumaba dos paquetes de cigarrillos al día y bebía cada vez que tenía la oportunidad. Si en verdad quería ayudar a los demás, necesitaba poner su vida en orden.

Después de salir en libertad, oyó de un hombre llamado Yohanna. Uno de sus vecinos le dijo:

—Yohanna es parte de una secta.

—¿A qué te refieres? —le preguntó Jack.

—No cree como nosotros los católicos.

Dos días después, Jack se encontró con Yohanna y le dijo resueltamente:

—Quiero hablar contigo.

Yohanna y su compañero de apartamento, Labib Madanat, se reunieron con el adolescente y le hablaron de las Buenas Nuevas de Jesucristo. Jack estaba listo para comenzar de nuevo. Aquella noche, el 10 de agosto de 1991, no muy lejos de donde Nicodemo conoció a Jesús en esta misma ciudad, Jack Sara nació de nuevo.

—¿Y ahora qué? —le preguntó a los dos hombres—. Quiero estudiar, quiero aprender. Y quiero ayudar a mi gente.

Al poco tiempo, Jack ingresaba al Colegio Bíblico de Belén. ¿Y qué obtuvo Jack del instituto? Años más tarde le explicaba a Al que había aprendido una «perspectiva cristiana global».

—Tiene que entender que el noventa y ocho por ciento de los palestinos son musulmanes. Cuando vamos a la escuela, nuestros maestros son musulmanes. Nuestro currículo de estudios es escrito por musulmanes. Casi todos nuestros compañeros de clase son musulmanes. Nuestros periódicos están dirigidos a los musulmanes. Por lo tanto, sin darnos cuenta, los cristianos árabe-palestinos estamos muy influenciados por el pensamiento islámico y por los movimientos palestinos, y meramente asistir a la iglesia no es suficiente para sobreponerse a todo eso. En el Colegio Bíblico de Belén se nos confronta con una perspectiva bíblica mundial. Fue allí que empecé realmente a estudiar la Biblia y a entender quién es Dios y, por lo tanto, cómo ver la vida.

Sentí que pisaba tierra santa. Johan Companjen y yo éramos parte de los invitados a esta reunión abierta en la última noche de esta asamblea histórica. Nuestros hermanos se habían pasado tres días en reuniones privadas, trabajando duro en conocerse mutuamente, confesando sus pecados unos a otros, y experimentando esa unidad por la que Cristo había orado para Su iglesia. David Loden, con su aspecto de patriarca bíblico con la coronilla calva y una larga barba blanca, se dirigió a nosotros desde una perspectiva judía.

—Estamos aquí porque hemos hecho un desbarajuste de las cosas en nuestra tierra. Comprendí que no puedo amar a Dios y a la vez odiar a mi hermano. Dios me ha enseñado que soy responsable de mis hermanos. Los palestinos, al igual que los judíos, son hijos de Adán y de Abraham. Ellos son mis hermanos. Sin embargo, durante el último año, han ocurrido muchas cosas en nuestro país y todos estamos llenos de heridas. Comprendemos que necesitamos sanidad y descanso. Y eso estamos logrando aquí. Este es un momento de sanidad para nosotros y para nuestros hijos.

Alex Awad, el hermano menor de Bishara y pastor de una congregación bautista multinacional en Jerusalén, nos habló desde su perspectiva palestina:

—Jesús abandonó la comodidad y el lujo del cielo, se convirtió en hombre y vino a la tierra. Para poder lograr la reconciliación, nosotros también tendremos que estar listos para abandonar nuestra «zona de comodidad» y buscar a nuestros hermanos con quienes tenemos dificultades, para examinarlas y corregirlas. Este es el mandamiento que nos da Jesús en Mateo 5:23-24: «Por lo tanto, si estás presentando tu ofrenda en el altar y allí recuerdas que tu hermano tiene algo contra ti, deja tu ofrenda allí, delante del altar. Ve primero y reconcíliate con tu hermano; luego vuelve y presenta tu ofrenda». Estamos aquí esta semana para realizar esa difícil obra de reconciliación con nuestros hermanos.

Hubo un tiempo de adoración que concluyó con todos los participantes entonando un canto nuevo, compuesto por Lisa Loden años atrás, después de una penosa ruptura de la relación con una hermana. La canción se entonaba en inglés, en hebreo y en árabe:

Él es nuestra paz; hemos de ser uno.

Él es nuestra resurrección.

La pared divisoria él la ha derribado.

Él es nuestra paz; hemos de ser uno.

Salim me pidió que dijera unas palabras a los asistentes. Me sentí muy insuficiente cuando me presentó al auditorio y les contó que había presenciado una de mis charlas a Hamas hacía nueve años, y añadió:

—Andrés realmente les predicó el evangelio. Y les rogamos que cesaran sus actividades terroristas.

Yo sabía lo que Hamas necesitaba —necesitaba las Buenas Nuevas de Jesucristo.

¿Qué necesitaba este auditorio? No un sermón, sino más bien una palabra de aliento.

—Hoy hemos presenciado un anticipo de la verdadera solución para el conflicto del Medio Oriente —les dije—. El muro que se ha erigido para separar a las personas y a las naciones se ha derribado aquí, en una demostración maravillosa del poder de Dios. Y como cristianos devotos, nuestra reacción es: «Si Dios puede hacer esto con unas cuantas docenas de personas, también lo puede hacer con un millón».

Sí, yo creía eso. ¿Por qué tenía que limitarse esta hermosa imagen a unos cuantos valientes? Tenía que existir una manera para que la gente viera esta imagen, y para que ésta creciera y abarcara a cientos, luego a miles, y así sucesivamente.

»Señor, que la capacidad extraordinaria de Jesús para unir a la gente se apodere de nuestros corazones: a los israelíes y a los palestinos, a los cristianos de Occidente y de Oriente, comenzando por el lugar donde deberíamos haber estado todo este tiempo —a los pies de la cruz. Solo hay un nombre bajo el cielo mediante el cual podamos ser salvos, y eso incluye salvos de la violencia y el terrorismo, del odio y la venganza. Dios ya ha tomado la iniciativa, y ahora nos llama a que le sigamos. Sí, hemos descubierto el principio de la solución de Dios. Ahora debemos continuar trabajando duro en pos de ella, para que este concepto de Musalaha se convierta en un movimiento— ¡como un río caudaloso, como una avalancha, y no como un hilillo!

Cuando me senté, comprendí que eran momentos como este los que me impulsaban a seguir, aunque ya rondaba los setenta y cinco años de edad, y la gente me sugería que era hora de aminorar la marcha. Yo quería decir a gritos: «¿Por qué recurrir a los planes de los hombres, cuando Dios se ha ofrecido a sí Mismo como la solución?» Obviamente, una sola reunión no iba a resolver el problema, incluso con este grupo de líderes. Se necesitaba trabajar mucho más, y Salim dijo que planeaban continuar reuniéndose, cuando las condiciones de Israel y Cisjordania fueran propicias. Una de sus esperanzas era que este grupo de pastores y líderes de la iglesia estudiaran juntos las Escrituras, especialmente los temas que tanto los separaban, como los pasajes que hablaban de las profecías y la tierra.

Le pedí a Dios que, en verdad, estos hombres y mujeres continuaran reuniéndose y que le demostraran a judíos y a palestinos que la paz real se encontraba al pie de la cruz.

33

Belén, abril del 2002

Cada dos o tres días se levantaba el toque de queda en Belén por unas horas para permitirle a la gente que obtuviera alimentos y medicinas. Desdichadamente, eso no se aplicaba a las 250 familias que vivían en las inmediaciones de la Plaza del Pesebre. Eran prisioneros en sus propias casas, mientras que el ejército rodeaba la antigua iglesia alumbrando por las noches con potentes reflectores, dando anuncios por altavoces a todo volumen día y noche y apostando francotiradores sobre las murallas con órdenes de dispararle a cualquier cosa que se moviera. Las calles que conducían a la plaza estaban llenas de carros aplastados, vidrios quebrados y cartuchos de bala desocupados. El agua se derramaba por las tuberías rotas. Las puertas de las tiendas estaban quebradas, y sus estantes habían sido saqueados. Muchos de los edificios habían sido alcanzados por la artillería y habían dejado que se quemaran, pues los bomberos no podían acercarse a hacer su trabajo. Las balas habían dañado las paredes de la iglesia. Los nervios estaban de punta, y nadie sabía cuándo terminaría esta pesadilla.

Bishara trataba de ponerse en contacto con todos sus estudiantes y profesores. Su secretaria, Alison, su esposo y sus tres hijas, eran ejemplos típicos de familias que se estaban enloqueciendo en sus hogares. Sin embargo, nadie se atrevía a salir.

—Ayer mataron a un vecino en su carro cuando regresaba del mercado —le contó a Bishara por el celular. Su esposo, Jorge, había hecho el mismo recorrido el día anterior—. Pensamos que habían levantado el toque de queda. No siempre nos damos cuenta, porque no siempre lo anuncian. Los francotiradores israelíes están ubicados en un edificio sobre nosotros.

La familia pasaba el tiempo viendo televisión, cuando había electricidad. Había cobertura de noticias las veinticuatro horas del día, pero cuando esta se volvía demasiado difícil de resistir, cambiaban a películas viejas o a repeticiones de comedias estadounidenses. El esposo de Alison estaba al borde de la desesperación. Ya llevaba un mes sin poder ir a trabajar, y se acordaba de cada una de las humillaciones que había sufrido a manos de los israelíes —los soldados jóvenes insolentes que le gritaban en el retén; los colonos que le apuntaban con sus armas mientras trabajaba la tierra en compañía de su madre y sus hermanos; el juez militar que había desestimado la legitimidad de la pertenencia de la finca; el soldado que había encuellado a su hermano menor; el capitán que le había negado el permiso para ir al hospital en Beer Sheva, para la operación de corazón abierto de su hija. Y la lista continuaba. Los recuerdos de estas humillaciones parecían hacer más insoportables sus preocupaciones. ¿De dónde sacaría dinero para la comida del mes próximo, y para los gastos de agua y electricidad y alquiler y pagos de colegio de sus hijas?[1]

Ellos no eran más que una familia cristiana tratando de llevar una vida decente, a la vez que se enfrentaba a una frustración y una rabia que iban en aumento. No iban a tomar medidas extremas como algunos en los grupos militares, pero de alguna manera tenían que lidiar con sus sentimientos. ¿Por cuánto tiempo serían capaces de resistir tanta presión? Multiplíquese esto ahora por cientos y cientos de familias. Bishara sabía que tenía que hallar la manera de ayudar a la gente que se encontraba en medio de esta vorágine. Todo lo que podía hacer por el momento era enviarles correos electrónicos y llamarlos por teléfono. Varias organizaciones se habían comprometido a suplir los fondos para ayudar a la Sociedad del Pastor, el brazo de ayuda humanitaria del Colegio Bíblico de Belén que Bishara había instituido para ayudar a las familias que más sufrían, pero a quienes en estos momentos ni siquiera podía alcanzar.

A medida que los días se convertían en semanas, Bishara trataba de mantenerse ocupado. Debido a que el huerto quedaba por debajo del nivel de la calle, y estaba rodeado de un muro alto, podía ir allí con Salwa y con Doris para trabajar en él. Le escribía a sus amigos que había algunos «puntos buenos» al ser obligados a permanecer en casa semana tras semana:

Tienes más tiempo para orar y para leer la Palabra de Dios.

Puedes dormir hasta tarde.

Puedes disfrutar el desayuno, sin tener que apurarte por llegar al trabajo.

Puedes ayudar a tu esposa a guardar los artículos de invierno y prepararse para el verano.

Puedes arreglar cosas dañadas en la casa —algo que disfruto.

Puedes ponerte al día en la correspondencia.

Belén, mayo del 2002

El sitio a la Basílica de la Natividad se levantó finalmente al cabo de treinta y nueve días. El acuerdo que se negoció comprendía la deportación de trece hombres. Otros cuantos fueron enviados a Gaza. Al resto, que simplemente se habían visto involucrados al tratar de hallar refugio durante los ataques, se le permitió regresar a sus hogares.

Dos hombres de Puertas Abiertas viajaron inmediatamente a Belén apenas se retiró el ejército. El reporte que enviaron me conmovió profundamente. Mientras que los lugares de interés daban lástima, las historias desgarradoras dolían mucho más. Una familia que vivía cerca de la Basílica de la Natividad se pasó las seis semanas en una alcoba, sin atreverse a levantar la cabeza por encima del nivel de la ventana por temor a que le dispararan. Otra pareja tuvo tanques parqueados junto a su casa por dos semanas. «Nos quedamos en la casa por dos semanas, comiendo lo que tuviéramos solo una vez al día».

Una viuda, con dos hijos que cuidar, les enseñó a los hombres las ruinas de su casa, a solo unos metros de la Plaza del Pesebre. Ella y sus hijos habían escapado al comienzo de los ataques y, debido al toque de queda, no habían podido regresar. Todas las ventanas estaban rotas, y el polvo y la tierra se metían por todos lados. No había un solo mueble intacto. Sus pertenencias estaban ahora amontonadas en un rincón, y el piso estaba mugriento. En una de las paredes había un calendario de la iglesia Ortodoxa Siria, el único adorno que no había sido destruido. En la cocina, la lavadora de platos y demás accesorios habían sido arrancados de la pared.

—¡Miren mi nevera! —les dijo—. Es nueva. Durante varios meses ahorré para poder comprarla.

Estaba en una esquina, las puertas dobladas a la fuerza, los estantes de vidrio quebrados, y su interior manchado con la comida que se había descompuesto en las semanas que habían estado por fuera.

Después de caminar por la ciudad y de presenciar la devastación, los hombres de Puertas Abiertas se reunieron con varios pastores de la localidad. Al tiempo que estos hombres trataban de ministrar a sus congregaciones, ellos mismos tenían que lidiar con su propia rabia y frustración.

—¿Dónde está la iglesia del mundo? —dijo uno—. ¿Dónde está el mundo cristiano? ¿Cómo puede pretender que no ve?

Otro agregó:

—Mientras mantenían como rehén a la mayoría cristiana de Palestina, ¿qué hacía la iglesia de Occidente?

¿Qué pastor ha sido capacitado para ministrar bajo tales condiciones?

—¿Qué se puede predicar en medio de los bombardeos y de los disparos? —preguntaba otro—. ¿O cuando un miembro de la iglesia me llama a mi celular y me dice: «Por favor, ore por nosotros. Hay israelíes en mi casa», o «mi hija esta enferma, y la ambulancia no quiere venir debido al combate»?

El reporte concluía: «Los últimos cuarenta días han sido un golpe devastador para la iglesia —el peor en cincuenta años. Ha sido el nocaut culminante para una población cristiana que aún no se recuperaba de veinte meses de sufrimiento causado por la intifada más reciente. Los combates constantes han ahuyentado a los turistas, y muchas personas han perdido sus trabajos».

Una persona le comentó a nuestros colegas:

—Veinte meses sin trabajo es algo humillante. Yo tenía algo de dinero, pero ya todo se ha acabado.

Su pastor añadió:

—Multiplíquenlo por miles, y tendrán entonces la historia de Belén.

Ciertamente, ¿cómo se ministra en medio de tal caos? Todas estas personas tenían profundas cicatrices emocionales. Según nuestros colegas, la primera consecuencia sería que muchos se marcharían del país: «El flujo constante de emigración se va a convertir en una hemorragia. Las consecuencias de la falta de trabajo y de la constante inseguridad indican que la gente no tiene esperanzas para el futuro. Solo ven una posibilidad —marcharse, e irse para Estados Unidos o Australia o...»

Pero aun en medio de esta oscuridad, se veían rayos de luz.

Por medio de la ayuda humanitaria, las puertas se abrían para ministrarles a la población musulmana de la localidad. Leí en el reporte: «Tarde una noche, unos hermanos de la Sociedad Bíblica visitaron a una familia musulmana con una caja de alimentos. Cuando la recibieron, la gente rompió a llorar».

Un pastor de Belén decía: «Estamos tratando de ser una luz en medio de la oscuridad, pero para eso debemos mantener encendido el aceite de las lámparas».

¿Cómo podríamos nosotros, la iglesia de Occidente, ayudar a nuestros hermanos de la zona de Belén? Obviamente teníamos que responder de manera pronta y substancial.

—Podemos empezar ayudando a satisfacer algunas de sus necesidades básicas —dijo uno de los colegas a su regreso—. La Sociedad del Pastor quiere ayudar a siete mil familias. Hay una necesidad urgente de medicinas y alimentos para los que lo han perdido todo, y necesitan contratar a gente de la localidad para que les ayuden a distribuir las ayudas.

A los pocos días, Puertas Abiertas anunciaba un proyecto llamado «Compasión Ahora». El objetivo era recaudar 500.000 dólares estadounidenses tan pronto como fuera posible para proveer ayuda de emergencia en alimentos y medicinas, además de subsidios para ayudarles a pagar las cuentas vencidas de los servicios. Parte de los fondos irían a ayudar a expandir un programa de consejería debido a los traumas que se daban, especialmente entre los niños y los jóvenes que habían sufrido emocional y sicológicamente.

No podía dejar de pensar en las palabras de Jesús en Mateo 25 sobre el juicio, cuando las ovejas fueron separadas de las cabras. Yo había predicado acerca de este pasaje en la Universidad Islámica de Gaza. A las ovejas —los justos—, Jesús les había dicho: «Tuve hambre, y ustedes me dieron de comer; tuve sed, y ustedes me dieron de beber». Jesús había dicho que aquellos beneficiados eran sus hermanos, y por tanto, «lo hicieron por mí». Estos cristianos en Belén eran, sin duda, más hermanos y hermanas que los miembros de Hamas que yo había visitado en el sur del Líbano. ¿Cuánto más debíamos entonces esforzarnos para ayudarles en su momento de necesidad?

La invitación que Bishara me había hecho para hablar en la ceremonia de graduación se cumplió a mediados de julio, más de un mes después de lo planeado. Las invitaciones se habían enviado aclarando que si había toque de queda en el día indicado, la ceremonia se llevaría a cabo un día después de que este se levantara. Hice un breve viaje a Tel Aviv. Uno de los amigos de Bishara me llevó sigilosamente a Belén, donde esperamos tres días a que se levantara el toque de queda. Cuando se hizo el anuncio temprano en la mañana que habría seis horas de gracia, se hicieron rápidamente las llamadas y los anuncios se pasaron por la televisión local. Ese día, quince líderes cristianos nuevos se graduaron, listos para empezar su servicio en el Ejército de Luz.

34

La luz es un poco más brillante

Gaza, diciembre del 2002

Frustrado tratando de maniobrar a través de congestionadas esquinas en las que no funcionaban los semáforos, nuestro taxista se tomó el chance de conducir por callejones serpenteantes empedrados y llenos de huecos en la ciudad de Gaza. Pero cuando nos faltaban tres cuadras para llegar a nuestro destino, se topó de nuevo con el embotellamiento de la calle principal. Las bocinas tocaban incesantemente, pero sin resultado. El taxista meneó la cabeza, y balbuceó:

—Ramadan.

Frente a nosotros, grandes números de mujeres se dirigían a un mercado callejero a comprar comida y regalos para Eid al-Fitr, la mayor festividad musulmana del año, que celebraba el final del mes de ayuno. Viendo que se abría un carril, el conductor, guiando loma arriba, pasó los carriles atascados. Con horror nos percatamos que este era para los carros que iban en dirección contraria. Afortunadamente llegamos a la cima de la colina sin toparnos con ningún carro. Entonces hicimos un giro, a través de tres carriles, a una calle angosta, pasamos frente a un cementerio, y luego dimos vuelta para entrar al complejo donde quedaba nuestro edificio de apartamentos. Solo al rato nos dimos cuenta de que esta calle tenía una señal que decía «Una vía», y habíamos viajado en dirección contraria.

El edificio de apartamentos era parte del complejo bautista, pero había sido usado muy poco desde el comienzo de la segunda intifada hacía más de un año. Al y yo nos podíamos hospedar allí por solo $10 la noche.

—Recuerden, estamos en Ramadan —dijo el dueño—. Si salen antes de que caiga el sol, no coman o beban nada en público. Aunque no estemos bajo su ley religiosa, semejante falta de insensibilidad nos podría acarrear problemas.

Al y yo nos dirigimos a nuestras habitaciones a desempacar. De pronto se escuchó una fuerte explosión, y la onda hizo estremecer el edificio. Otras dos explosiones siguieron en rápida sucesión. Al corrió al balcón y vio a varias personas que, bloqueando el sol con sus manos, miraban tres helicópteros Apache que volaban alto, dirigiéndose hacia Israel. Una mujer del apartamento de la planta baja miró al aire, luego a Al y a mí, y nos dijo:

—¡Bienvenidos a Gaza!

El pastor Hanna nos recogió a las 4:00 de la tarde. El tráfico ya había disminuido. Las mujeres se hallaban en casa cocinando, y la mayoría de los hombres habían salido temprano del trabajo para celebrar tan anticipado festín. Al y yo le preguntamos a Hanna por las explosiones. Nos explicó que los helicópteros habían atacado el Departamento de Salud, matando a un hombre e hiriendo a cinco.

—Generalmente no bombardean durante el día —dijo Hanna mientras conducía hacia el restaurante en el centro de la ciudad—. Probablemente su inteligencia les informó que el hombre que buscaban estaba en esa oficina, y enseguida añadió: —Anoche, un helicóptero israelí sobrevoló nuestra casa toda la noche. No pudimos dormir, y nos sentimos muy intimidados.

Rápidamente empezábamos a familiarizarnos con el estrés cotidiano de Gaza.

Todas las mesas del restaurante estaban listas, con una gran selección de ensaladas y cantidad de pan árabe. A eso de las 4:30, todas las sillas estaban ocupadas. La gente hablaba en voz baja, pero nadie tocaba la comida ni tomaban una gota de agua. Había un televisor prendido en una esquina, y el propietario esperaba la noticia oficial de que el sol se había puesto, y que el ayuno final de Ramadan se podía interrumpir. La noticia llegó a las 4:42 p.m., e inmediatamente todos empezamos a comer. Un mesero se acercó a la mesa, pidiéndonos escoger entre un pollo entero o brochetas de cordero o de pollo. Había más de veinte personas compartiendo nuestra enorme mesa. Algunos eran miembros de la iglesia bautista. Otros trabajaban en los campos de refugiados o en alguna agencia de ayuda humanitaria musulmana. Juntos, celebrábamos la alianza que había hecho posible proporcionar ayuda humanitaria a cinco mil quinientas familias en los campos de refugiados aledaños.

Más tarde fuimos a casa de Hanna por café y postre. Su esposa Suhad nos saludó cariñosamente cuando entramos al apartamento. Al poco tiempo de haberlos visto el año pasado en Gaza, ella había viajado a Jordania a visitar a su familia. Cuando regresó, le negaron la entrada a Gaza. Pasaron diez angustiosos meses tratando de conseguirle una visa.

—Aunque sabían que estaba casada con un pastor, no querían permitirle la entrada —dijo Hanna—. Pienso que nos estaban presionando para que nos marcháramos.

—¿Para que se marcharan de Gaza? —pregunté.

—Eso es lo que creemos

Hanna había solicitado la visa en tres ocasiones para que su esposa pudiera regresar. Pero tres veces se la habían negado. Finalmente, interpuso una demanda ante la Corte Suprema de Israel.

—Si la corte la negaba, tenía mi equipaje listo para marcharme a vivir a Jordania. Pensamos que no podíamos vivir así. Ha sido muy penoso, muy difícil. Mi madre y mis dos hermanas tienen distrofia muscular y necesitan mucha ayuda. O sea, que te debates entre tu esposa y tu madre, dos hermanas y tu iglesia.

—Qué terrible dilema. ¿No existe la compasión?

En aquella época, Gaza tenía autonomía bajo el control de la Autoridad Palestina. Pero aun así, Israel restringía a los ciudadanos de Gaza el regreso a sus hogares.

—Una vez me reuní con el embajador israelí en Jordania. Había cantidades de personas que le escribían al embajador en favor nuestro. Pero él me dijo:

—Nos estamos cansando de que la gente nos siga escribiendo a nombre de Suhad.

Suhad detestaba ir a la embajada por la forma en que la trataban.

—Se sentía como si estuviera mendigando.

Afortunadamente, la Corte Suprema falló a favor de ella.

—¿Cuánto tiempo puede quedarse ahora? —le preguntó Al.

—Siete meses. Se puede quedar más tiempo, pero si viaja a ver a su familia no tiene la garantía de que se le permita regresar.

Medité en la presión bajo la que se encontraba este hombre. Él dependía muchísimo de su esposa, y Suhad era parte integral de su ministerio. Mientras disfrutábamos del helado con frutas, le pregunté:

—Cuéntanos cómo está la iglesia en este momento.

—Le ministramos a unas ciento cincuenta personas a lo largo de la semana.

—¿No asisten todos el domingo? —preguntó Al—, tratando de entender.

—Tenemos un culto el domingo por la mañana a las 10:30, y otro por las tardes a las 4:30. Y durante la semana, casi a diario, tenemos alguna reunión. El lunes tenemos reunión con los creyentes nuevos y con líderes nuevos. El martes tenemos una reunión de mujeres, y otra para jóvenes entre los 12 y los 18 años el jueves. El viernes tenemos «Escuela Dominical» para niños de 5 a 12 años [La mayoría de la gente en Gaza tiene el viernes libre]. El sábado trabajamos con los estudiantes universitarios. También tenemos otras reuniones por fuera de la iglesia. Hemos realizado capacitación de liderazgo para líderes de la Autoridad Palestina. Creemos que esta es una buena manera de llegarle a la comunidad. Pronto estaremos comenzando otro grupo.

Me acordé de la iglesia, que apenas respiraba cuando la había visitado hacía seis años. Y ahora crecía y se integraba a la comunidad. Verdaderamente, la luz era un poco más brillante.

Los primeros llamados a oración empezaron justo antes de las 4:00 de la mañana y, como era día festivo, había cultos especiales en todas las mezquitas.

Los altavoces transmitían estos cultos para quienes no fueran lo suficientemente dedicados para levantarse y asistir. El ruido no nos permitía dormir, y por tanto Al se levantó a preparar café. La algarabía de los predicadores y canturreos no nos dejaban concentrar en la lectura de la Biblia. En particular notábamos cuando la que parecía ser la voz de un jovencito se hacía cargo de los cantos por unos minutos en una de las mezquitas. Con su voz aguda repetía: «*Alahu, Akbar; Alahu, Akbar*», o sea, «¡Dios es más grande!», una y otra vez, haciendo particular énfasis en la penúltima sílaba.

Al leyó del Salmo 80: «¿Hasta cuando, SEÑOR, Dios Todopoderoso, arderá tu ira contra las oraciones de tu pueblo? Por comida, les has dado pan de lágrimas; por bebida, lágrimas en abundancia. Nos has hecho motivo de contienda para nuestros vecinos; nuestros enemigos se burlan de nosotros».

Cuando los últimos rezos de las mezquitas se iban apagando a las 7:30, notamos que las palabras del salmo describían muchas de las oraciones de los musulmanes, judíos y cristianos. La gente clama en la hora de la angustia, «Abba, Padre». Los musulmanes no pueden conocer a Dios como Padre. Ellos claman a Alá, *el que escucha*, pero sin saber si él habrá de responder sus oraciones. Nos preguntamos si esa sería la razón para la monótona repetición que habíamos oído esa mañana —que ellos esperaban que quizás fueran respondidas a causa de sus muchas palabras. ¡Pero Dios nos ha hecho libres, y nos ha guiado a una relación personal consigo mismo! Ese era el mensaje que la iglesia, de alguna manera, debía transmitir a la gente de Gaza.

Después de un desayuno ligero con manzanas y tostadas, dimos una caminata por el vecindario. En las afueras del complejo, notamos un lote vacío lleno de sillas plásticas. A la entrada había un hombre que se veía orgulloso, luciendo un traje negro recién planchado, con una flor roja en la solapa. Los hombres del vecindario se acercaban para darle las condolencias. Los dos extranjeros eran muy notorios.

—¡Por favor, entren! —dijo el hombre, muy erguido y

orgulloso a la entrada de la carpa de duelo—. Mi hijo murió el 28 de Ramadan.

Eso eran tan solo tres días antes. No pudimos determinar cómo había muerto, porque tan pronto ocupamos las sillas de honor, el hombre, con una gran sonrisa en su rostro, dijo:

—Mi hijo murió como mártir y ahora está en el paraíso. Por favor, ¡háganse musulmanes! ¡Es maravilloso!

Durante los minutos siguientes nos predicó un sermón tan lleno de pasión como el de cualquier evangelista. Los asistentes a su alrededor asentían con la cabeza indicando su aprobación.

Alguien nos sirvió un vaso de jugo, otro hombre nos ofreció dátiles y un tercero pasó un plato con dulces. Mientras recibíamos los refrescos, el hombre continuaba exhortando:

—¡Alá es la única respuesta! No Bush, ni Arafat, ni Europa ni Estados Unidos. ¡Solo Alá!

Cuando sentimos que nos podíamos marchar sin ofender, nos pusimos de pie y, estrechando calurosamente las manos del padre, de nuevo le dimos el pésame. Al continuar nuestra caminata, nos preguntábamos si seríamos tan orgullosos y arrojados en nuestro testimonio tres días después de la muerte de uno de nuestros hijos. Este hombre nos decía que su hijo estaba en el paraíso porque había muerto como «mártir». La fe de este hombre era absoluta. Y de ella dependía toda su vida. ¿Cuántos cristianos habría tan seguros de su fe? ¿Y los creyentes de Gaza? Sin fe y pasión similares, ¿cómo pretendían ser oídos entre más de un millón de musulmanes?

Manejábamos a lo largo del Mar Mediterráneo en dirección sur hacia uno de los campamentos de refugiados. Era triste ver que nadie disfrutaba de la hermosa playa. Cantidades de pequeños cafés, algunos con quitasoles sobre las mesas, estaban cerrados. En algunas partes, la arena estaba desfigurada por los alambrados de púas. Este sitio, ideal para el turismo, se había convertido en una zona de guerra. Nos estacionamos frente a las oficinas de una ONG (organización no gubernamental) musulmana que estaba a cargo de coordinar las labores de ayuda humanitaria en la región. La iglesia bautista trabajaba con ellos para distribuir alimentos a las familias más necesitadas. El director, Khalid, nos explicó que esta era una ONG pequeña:

—Todos los que trabajan aquí son voluntarios —dijo—. Todo esto es por Dios. Nuestros amigos de la iglesia bautista son una gran ayuda.

—¿La gente acude a ustedes, o ustedes los van a buscar? —le preguntó Al.

—Nuestros voluntarios los buscan.

—Ellos nos dicen quién necesita ayuda —añadió Hanna—. Algunas ONG discriminan. Esta es muy honesta, y se basa en necesidades reales. Nos gusta tener contacto directo con las familias, y por eso nosotros mismos les repartimos las comidas y los cupones de carne.

Mientras nos dirigíamos a Deir el Ballah (Campo de la Palma), a unos minutos de distancia, Hanna nos enseñó uno de los cupones que se le entregarían a las familias. En la parte superior había un versículo de las Escrituras. El cupón indicaba que este era un regalo de la Iglesia Bautista de Gaza. Nos estacionamos a la entrada de un callejón de piedra con una pared de ladrillos de cemento a un lado, y casas destartaladas al otro. Graffiti verde en árabe era prominente sobre la pared. Parte de la misma tenía gran cantidad de cuerdas de tender, cargadas de ropa de niños. Varios niños jugaban junto a un camión, y gritaban alegremente: «¡Hola!», y se aglomeraban alrededor de los visitantes extranjeros.

Al sacó su cámara digital, y los niños me rodearon para

tomar una foto. Entonces estudiaban la foto en la pantallita, y hablaban entre ellos emocionados. Más tarde noté en la foto que uno de los niños tenía una pistola de juguete, y apuntaba a mi cabeza sin darse cuenta. Después de esto, por dondequiera que fuéramos en el campamento, vi que casi todos los niños tenían pistolas o ametralladoras de juguete. Jugaban constantemente, escondiéndose detrás de los carros y pretendiendo estar en balaceras con sus «enemigos».

La primera casa que visitamos era en realidad un complejo que consistía en varias habitaciones. Hanna explicó que varios hermanos habían unido sus familias y sus recursos y vivían ahora juntos. Sumaban sesenta y cinco personas. Los muchachos dormían en una habitación, las niñas en otra. Ambos dormitorios estaban extremadamente ordenados, con las colchonetas apiladas en un rincón, para poder disponer del espacio para otras actividades durante el día.

La pareja que visitábamos nos invitó a pasar a su habitación, en la que los únicos muebles eran la cama y un armario. Sobre el piso de tierra bien comprimida, había, cojines para sentarse. De una de las paredes colgaban un tapete y unos ganchos para abrigos. Completando la decoración, tenían dos retratos familiares pequeños y un reloj digital que no se movía de las 12:00. La habitación estaba ordenada y extremadamente limpia.

—¿Sabían que los íbamos a visitar? —le preguntó Al a Hanna.

—No, nunca decimos a cuáles familias vamos a visitar.

La pareja se sentaba muy cerca el uno del otro en el borde de la cama, mientras nosotros nos sentamos en los cojines del piso. Hanna les ofreció una de las bolsas con víveres, más un cupón que podía cambiarse por dos kilos de carne en una carnicería cercana. El hombre estaba muy agradecido. Cuando su esposa se levantó y salió del cuarto, él explicó en árabe, por medio de Hanna, que tenía dos esposas y once hijos. Su hijo mayor tenía dieciséis años, el menor cuatro. Llevaba más de dos años sin trabajo, y por eso su hijo mayor había tenido que abandonar sus estudios.[1]

La esposa del hombre regresó con un racimo de bananas maduras, y recorrió la habitación ofreciendo una a cada uno de nosotros. Estas personas eran muy pobres, pero a la vez tenían dignidad —se sentían obligados a brindar hospitalidad, compartiendo cualquier cosa que tuvieran, por poquito que fuera. Me sentía profundamente conmovido, y cuando terminamos la breve visita les pregunté si podía orar por la familia. Ellos asintieron, y oramos por un momento. Era lo menos que podíamos hacer: dejarles el nombre de Jesús en esa habitación.

Cuando salimos, pasamos por la cocina que quedaba a la intemperie. Había una caldera sobre la candela en una esquina del fogón, en la que se cocinaba la comida del día. Las mujeres acababan de asar el pan árabe, y nos ofrecieron un poco de este. ¡Indudablemente que en cualquier cultura, el sabor del pan recién horneado es una delicia! Vi que la familia criaba unos cuantos pollos y una cabra, y que tenían dos escuálidos caballos de trabajo. Evidentemente, hacían hasta lo imposible por ganarse los medios para sostener a sus hijos. Al comentó que lo primitivo de la situación le recordaba la manera en que probablemente vivían los pioneros en el occidente americano hacía ciento cincuenta años. La diferencia era que a aquellos pioneros les había esperado un mejor futuro.

Cuando regresábamos al auto, Al preguntó:

—¿Hay algún cristiano en este campamento?

—No, es cien por ciento musulmán —replicó Hanna—. Pero siempre les ofrecemos orar por ellos, y usualmente nos lo agradecen.

—¿De dónde obtiene los fondos?

—Parte, de la congregación. Parte, de amigos de la iglesia. Y la Bolsa Samaritana nos está dando $15.000 mensuales durante seis meses. Eso nos ha permitido expandir el programa.

En el viaje de regreso a la ciudad no podíamos dejar de pensar que nuestros esfuerzos por ayudar parecían muy pequeños comparados con el tamaño de las necesidades que nos rodeaban. No obstante, la luz brillaba, y ¿quién sabía lo que Dios podría hacer, producto de los esfuerzos de esta pequeña, pero fiel congregación en el centro de Ciudad de Gaza?

35

Un burro llora por Gaza

Gaza, diciembre del 2002

Eran las 4:00, la hora en que debía comenzar el programa, y en el salón de baile del hotel en la playa de Gaza no había más que unas cien personas, esparcidas entre los cientos de sillas plásticas de patio. El pastor Hanna no parecía muy preocupado, mientras supervisaba los detalles finales. Las invitaciones al evento se habían enviado durante los tres días anteriores.

—No hay razón para enviar las invitaciones más temprano —explicaba el pastor Hanna—. La gente se olvida. Y, además, no hay muchas otras opciones para la gente de Gaza en estos momentos.

Hanna nos enseñó la invitación. Estaba en un sobre con un CD-ROM que contenía segmentos de la película Jesús, unos textos del libro *Más que un carpintero* de Josh McDowell, un Nuevo Testamento y «Las cuatro leyes espirituales». No podía dejar de acordarme de aquellos tres hombres desolados de esta iglesia hacía seis años, que querían realizar una campaña evangelística. En aquel entonces, no tenían un plan de seguimiento. Ahora, la Iglesia Bautista de Gaza estaba lista. Tenían libros y otros recursos, hombres y mujeres que podían encargarse de las reuniones de seguimiento, y grupos dentro de la iglesia para que la gente se integrara a la comunidad.

Al y yo salimos del hotel al patio que bordeaba la costa mediterránea. Hombres en tres botes pescaban a unos doscientos metros de distancia de la playa. Uno de los hombres lanzaba una red para ver qué podía pescar. Probablemente no mucho —los peces buenos estaban más adentro, pero las patrullas israelíes les prohibían adentrarse a pescar allí. Muchas pescaderías de la localidad se habían ido a la quiebra, y los restaurantes raramente servían pescado fresco a sus clientes.

Oramos por la campaña. Estaba particularmente enfocada hacia las personas que decían ser cristianas, pero que por una u otra razón no estaban involucradas en ninguna de las iglesias locales. No teníamos idea de cuántas personas podría haber en esa categoría —quizás mil, o tal vez más. Pero, sin duda, otras personas podrían sentirse atraídas también. Oramos: «Señor, que tu mano esté sobre este evento. Pedimos que tu Espíritu mueva los corazones y que haya mucho fruto que cosechar esta noche».

Cuando empezó el programa a las 4:35, el salón estaba casi lleno, con unas cuatrocientas personas. Nos reímos, entendiendo que en Gaza operábamos bajo el horario árabe.

La primera hora se dedicó a música y testimonios. Un grupo de niños entonó una canción especial que Labib Madanat, que había llegado desde Jerusalén para el evento, nos tradujo:

Tu paz sobrepasa el entendimiento,
y vive en nosotros,
y nunca, nunca nos dejará.
Cualquier cosa que el enemigo diga,
Tu paz nunca nos dejará.

El coro decía:
Paz, paz al pueblo de Dios,
dondequiera que esté,
dondequiera que esté.

Labib nos explicó que esta canción se había hecho muy popular en los campamentos donde la Operación Niño Palestino realizaba cirugías a niños musulmanes. Este era un programa patrocinado por la Sociedad Bíblica Palestina. La letra contrastaba fuertemente con las canciones que glorificaban el martirio que los niños de Gaza cantaban con frecuencia.

Otra canción evocaba una tristeza más profunda:

¿Quién siente mi dolor?

¿Quién siente mi debilidad?

Solo Tú, Jesús.

Nuestras miradas se concentraron en uno de los cantantes, un joven que tocaba la guitarra, y cuyo cantar parecía fluir de lo profundo de su alma. Sí, esta gente comprendía el dolor y la debilidad. El orador principal era Kamal, un evangelista de Jordania. Era oriundo de Nazaret, y bromeaba sobre Natanael, que había preguntado: «¿Puede algo bueno salir de Nazaret?»[1]

—La gente aquí necesita un milagro para llegar a la fe —dijo Kamal—. Son duros. Pues bien, yo soy uno de esos milagros.

Kamal contó un poco de su propia historia, de cómo había trabajado en un club nocturno y usado drogas, tratando de encontrar la felicidad. Cuando no la pudo encontrar, se dedicó entonces a buscar la verdad. Para ilustrar esa búsqueda, nos condujo a través de las Escrituras, buscando el consejo de Moisés, de Daniel, de Isaías, de Miqueas, de Juan el Bautista y de María. Concluyó con Jesús, quien dijo: «Vengan a mí».

Kamal formuló una poderosa invitación, y más de cien personas se pusieron de pie, indicando que estaban entregando sus vidas a Cristo. *La luz se ha puesto un poco más brillante.* Los pastores y líderes de la Iglesia Bautista de Gaza iban a estar ocupados durante varias semanas, dando seguimiento a todos aquellos que habían llenado las tarjetas de respuesta.

Más tarde, aquella noche, conocimos al muchacho que nos había llamado la atención cuando cantaba en el evento. Muy bajo, hablando por medio de intérprete, Rami nos contó cómo su niñez había terminado a los nueve años, durante la primera intifada:

—Éramos una familia pobre, pero grande y fuerte. Mi hermano Kader, quien si viviera hoy, tendría treinta y dos años, era muy inteligente. Él trabajaba vendiendo oro.

Pero Kader, el héroe de Rami, había muerto a los dieciocho años. En una manifestación cerca de la plaza de mercado, jóvenes y niños lanzaban rocas a los soldados israelíes. Cuando iba en camino a comprar víveres, Kadir quedo atrapado en medio de la manifestación. Recogiendo una piedra, la tiró y le pegó al casco de protección del capitán. Inmediatamente, varios soldados salieron tras él. Kadir corrió velozmente por uno de los callejones sin pavimentar, escogió una casa al azar, y se escondió debajo de una cama —pues no había dónde más hacerlo.

Los soldados no tuvieron ningún problema localizando al muchacho. Rami podía imaginarse el terror que su hermano sentía cuando empezaron a pegarle con los bastones.

—¡Alto! —ordenó uno de los superiores, mientras les pasaba un costal vacío—. Pónganle esto para que no nos salpique la sangre.

Después continuaron con la paliza.

Rami había escuchado que el primer ministro israelí Yitzhak Rabin había ordenado a los soldados «partir los huesos» de todo muchacho palestino al que le pegaran. *¿Cuántos huesos te partieron?* le quería preguntar a su hermano.

Mientras le pegaban, los soldados le ordenaron que les dijera a que religión pertenecía. Cuando les contestó: «Cristiano», lo arrastraron hasta un jeep que esperaba afuera de la casa, lo amarraron en forma de cruz sobre el capó y lo exhibieron así por las calles de Gaza. Cuando llegaron finalmente a los cuarteles, lo tiraron sobre el piso de cemento. «¡Necesita atención médica!», dijo alguien. Pero a ningún médico se le permitió acercarse. El muchacho murió allí, en el piso.[2]

—Una oscuridad penetró en mi corazón —dijo Rami, a raíz de ese incidente. A los pocos meses, su madre enfermó y murió. Otro de sus hermanos empezó a atacar a los soldados con bombas Molotov. Lo arrestaron y lo enviaron a prisión por cinco años y medio.

»Sentía una gran furia en mi interior. Necesitaba que alguien más fuerte me ayudara a controlar tal clase de furia. Después de eso, nadie se interesaba por mí. Me sentía muy solo. Mi padre se debilitó mucho, y yo me tenía que quedar con él; tenía que asearlo, darle de comer, cuidarlo. Pero sentía mucha furia porque mi padre no estaba conmigo para darme ánimo, y a la vez porque no podía estar con mis amigos.

Rami se propuso encontrar la manera de vengarse de quienes habían asesinado a su hermano y que, según él, eran también responsables de la muerte de su madre. Cuando estaba por terminar la secundaria, su padre murió. No logró pasar los exámenes obligatorios que hay que tomar si se quiere entrar a la universidad. Se entregó al alcohol.

—El vientre de la tristeza me dio a luz en una vida totalmente mundana —dijo.

¡Qué declaración tan profunda!, pensé. Rami sabía que necesitaba ayuda, y dio los primeros pasos cuando un sacerdote católico le animó a que estudiara y tomara los exámenes de nuevo. Luego le ayudó a aprender secretariado y le consiguió un trabajo en el Ministerio de Antigüedades.

—Sé que no eras musulmán, pero ¿alguna vez te sentiste atraído por grupos como Hamas o la Yihad Islámica? —le preguntó Al.

—Quería matar judíos. Por eso pensé en convertirme al Islam.

—¿Qué evitó que lo hicieras?

—Yo no sabía nada sobre mi religión cristiana.

Rami reconocía que había un gran vacío espiritual en su vida. En el verano del 2001, asistió a una conferencia, «Tierra de Verano», «porque me sentía muy aburrido». La conferencia era patrocinada por la iglesia Bautista de Gaza.

—Iba todos los días. Al tercer día, el Señor me habló a través del Espíritu Santo. En ese momento acepté al Señor Jesús, y mi vida cambió.

—Cuéntanos cómo ha cambiado tu vida —Le pidió Al.

—A pesar de haber aceptado al Señor, parte de esa oscuridad para con los judíos todavía permanecía en mi corazón. Tenía muchas luchas interiores. Empecé a estudiar la Palabra de Dios, y comencé a asistir a la iglesia. Mi vida empezó a cambiar poco a poco. Entonces leí en la Biblia: «Amen a sus enemigos. Oren por ellos y bendigan a quienes los persiguen». Esto me causó rabia. Cerré el libro. Era muy, muy difícil.

Entonces conoció a Abu Yahya, el gerente de la Librería del Maestro, quien trabajaba muy de cerca con el pastor Hanna, y era miembro de la Iglesia Bautista de Gaza.

»Fue él quien me ayudó a madurar en mi relación con el Señor. Me enseñó a amar a la gente. Me decía: «Tienes que orar». Empecé a orar en aquellas largas noches, para que pudiera aceptar a los judíos. Un día, hace menos de un año, quería ir a visitar a mi hermana en Jerusalén, pero tenía que obtener un permiso del gobierno israelí. Aunque estaba muy molesto, muy tenso, fui de todos modos. Pero iba orando. Entonces vi los soldados con sus grandes armas. Miré la cara del primer soldado, y vi la luz. Supe en ese instante que le amaba. Me registró minuciosamente, pero me sentía feliz. En mi corazón había paz. Me hicieron sentar en una silla. ¡Me ordenaron que lo hiciera! Yo los miraba. Quería decirles que les quería dar un beso a todos ellos.

Al sonrió:

—¡Al estilo árabe, en las mejillas! —dijo.

Rami esbozó una sonrisa y asintió con la cabeza. Este era el poder del evangelio. Esta era la esperanza para el Medio Oriente. El corazón de un hombre, lleno de odio, había sido cambiado por uno nuevo, uno lleno del amor de Dios.

—Y a partir de ahí, ¿qué sigue? ¿Te ha enseñado Dios lo que quiere que hagas con tu vida?

—Quiero ser un hombre de Dios. Estoy tocando distintas puertas. Quizá sea pastor —o aún mejor, un ministro. Quiero ser un gran cristiano. El Señor quiere moldearme para que pueda predicarle al mundo la Palabra de Dios, a los musulmanes, a los judíos, a los cristianos.

—Tu testimonio es la imagen de lo que yo creo que es la única solución para esta zona —le dije a Rami—. Es una imagen de lo que Dios puede hacer, pero cada persona necesita permitirle a Dios que sea él quien lo haga.

Más tarde, después que Rami se había marchado, Al y yo reflexionábamos sobre cómo la luz había estado a punto de extinguirse hacía unos años en esta iglesia bautista. Ahora, con la campaña evangelística y con cristianos jóvenes como Rami, había esperanza para que la luz brillara con más fuerza. Habría menos oscuridad, menos desesperación, menos violencia.

¿Cuál era la realidad de Gaza? Si se escuchaba a los líderes de los grupos terroristas y a los voceros israelíes, parecía que ninguno de ellos conocía la verdad del otro lado. Lo que sí sabíamos era que la gente moría a diario por el conflicto

—trece personas en tan solo los cuatro días que habíamos estado en Gaza.

El sol se había puesto, dejando solo una franja color naranja en el horizonte. A gran altura podíamos escuchar el sonido de los F-16, que de pronto dieron vuelta al sur. Le siguieron varias explosiones como las que habíamos escuchado el primer día en Gaza, aunque esta vez mucho más lejos. Era el cuarto ataque en cinco días. Al se veía inquieto. Yo trataba de asegurarle que esto no era nada comparado con lo que yo había presenciado en Beirut; pero ni aun así parecía encontrar sosiego.

Unos veinte minutos después escuchamos unas sirenas. Dos carros a gran velocidad llegaban al complejo del Hospital Al Ahli, ubicado junto al nuestro, y se detenían en la entrada de Urgencias. Una ambulancia les seguía. Era ya oscuro, y nos quedaba difícil ver qué pasaba. Pero parecía ser que un niño, con una de sus piernas colgando exánime, era llevado rápidamente a la sala de urgencias.

Un anciano, sostenido por alguien, entraba cojeando al edificio. No logramos ver al tercer.paciente, a quien llevaban en una camilla, pero sí podíamos ver a un hombre —probablemente el esposo o el padre— que estaba terriblemente agitado. Le pegó una patada al carro en el que había llegado, y dio un fuerte grito. Una multitud se aglomeraba a la puerta, y sus voces se oían por todo el complejo.

Llegaron otros cuantos autos seguidos de otra ambulancia, todos trayendo heridos. Luego vimos que alguien salió del hospital y habló con el agitado hombre. Todo se calmó por unos instantes. Entonces un alarido de dolor salió de aquel hombre, y enseguida corrió hacia el patio dando gritos tan angustiosos, que nos encogían el alma. Una camilla, con una sábana cubriendo el cuerpo, salió del edificio. La ambulancia recibió el cadáver y se marchó, seguramente a la morgue.

Nos peguntamos si al día siguiente este hombre estaría

luciendo un traje con una flor en la solapa, y nos invitaría a convertirnos al Islam.

A la mañana siguiente, mientras empacábamos las maletas, preparándonos para marcharnos de Gaza, un burro empezó a relinchar furiosamente afuera. Al se asomó por la ventana, y lo vio parado en medio de la calle rehusando moverse, bloqueando el tráfico sin inmutarse. Cuán simbólico. Toda Gaza, incluyendo a los burros, parecía llorar.

La noche anterior habíamos escuchado los gritos agonizantes y aterradores de angustia de un hombre que acababa de perder a un ser querido. Su llanto era como el de miles de palestinos e israelíes. Miles han muerto en esta intifada, y por cada uno, una madre y un padre, hermanos y hermanas, esposos y esposas han llorado. ¿Qué propósito tenía tanto sufrimiento? ¿Un pedazo de tierra? ¿Era eso todo? No, era por mucho más. Era por la dignidad, por la justicia, por la ambición, por la resistencia, por los derechos humanos y por la religión. El Salmo 88 parecía ser muy apropiado para esta mañana: «Señor. . . día y noche clamo en presencia tuya. Que llegue ante ti mi oración; dígnate escuchar mi súplica». Sin duda, este era el clamor de miles aquí. «Me has echado en el foso más profundo, en el más tenebroso de los abismos. El peso de tu enojo ha recaído sobre mí». Quizás así se sentían aquí, tanto los palestinos como los judíos.

En tan solo unos días los cristianos celebrarían la Navidad. Pensé en otro versículo que a menudo se lee en los cultos de Navidad: «Y la luz brilla en las tinieblas, y las tinieblas no la comprendieron». (Juan 1:5, *La Biblia de las Américas*). Dios hará brillar su luz por medio de Su gente, pero las tinieblas tal vez no la comprendan. Nosotros hemos tratado de aportar nuestro grano de arena, de brillar una luz a Hamas y a la

Yihad Islámica. La Iglesia Bautista de Gaza hacía su parte, brillando una luz al visitar a familias musulmanas en la indigencia en campos de refugiados y realizando campañas evangelísticas. La Librería del Maestro en ciudad de Gaza, también hacía su parte —muchos entraban a ella y veían la luz. En el Hospital Al Ahli, manejado por la iglesia anglicana, brillaba una luz para miles de enfermos y heridos.

Esa luz, aunque un poco débil, brillaba en Gaza, pero la oscuridad no parecía comprenderla. ¿No se daban cuenta de que esta luz era su única esperanza?

36

Entrando sigilosamente a Belén

Belén, diciembre del 2002

Al y yo queríamos visitar a nuestros amigos en el Colegio Bíblico, pero Belén estaba bajo toque de queda. Si nos dirigíamos a la única entrada oficial, los soldados no nos dejarían pasar.

—Hay una manera de entrar —me dijo Bishara por teléfono, y prosiguió a explicarme lo que debía decirle al conductor que nos iba a recoger en las afueras de Gaza y me dio un sitio en la entrada de Beit Jala—. Llámame del celular de Al un poco antes de llegar, y yo enviaré un vehículo para que los recoja.

Más tarde ese día pasamos por el túnel que circunvala desde Jerusalén, tomamos la primera salida y dimos vuelta hacia el camino que llevaba al Colegio Esperanza, en las afueras de Beit Jala. Una gran cantidad de tierra y piedras bloqueaban la entrada a la vieja ciudad. Encima de estos escombros había varios taxistas valientes que, desafiando a las autoridades militares, competían vigorosamente por el transporte de pasajeros. Varios de ellos se acercaron rápidamente para ayudarnos con las maletas.

—Alguien nos espera —le dije a uno que trataba de quitarme la maleta de la mano. Desde allí podía ver la camioneta con una bandera blanca improvisada, con una cruz negra pintada, que enarbolaba un palo atado a la camioneta, la cual estaba estacionada del otro lado de la pila de escombros. Otros dos hombres agarraron varias de las maletas y empezaron a cargarlas sobre el montón de piedras y arena. Luego exigieron una propina —cinco dólares, un dólar, rogaban— tenían hambre, tenían hijos que alimentar; y esta era la única manera en que podían ganarse un poco de dinero. Después de cargar las maletas en la camioneta, vimos que el camino estaba bloqueado por los taxis. Al le había dado cinco dólares a uno de los taxistas por cargarle sus dos maletas. El agradecido conductor dirigió el tráfico para asegurarse que pudiéramos salir del embotellamiento antes del atardecer. Una cuadra más adelante, las calles estaban vacías. Se sentía como si estuviéramos en un pueblo fantasma. Cinco minutos después de andar por callejones y calles auxiliares para evitar la carretera Jerusalén-Hebrón, cargábamos las maletas escaleras arriba a los cuartos de huéspedes del colegio, que quedaban en el cuarto piso.

Afuera, el viento aullaba. Desde mi ventana podía ver los árboles que se mecían, y en las casas, detrás del instituto, la ropa recién lavada parecía a punto de volar de las cuerdas donde se secaba. Dos niños jugaban en un patio que no se veía desde las calles principales. Aparte de esto, no había más señales de vida. De cierta manera esperaba ver las inmensas bolas de maleza seca rodando por las calles. Esta imagen le daba un significado nuevo a la conocida canción de Navidad, «Oh, aldehuela de Belén . . . qué calma vemos en ti».

El colegio estaba desierto. Doris nos dio la bienvenida y empezó a calentar el agua para el té. Bishara llegó a los pocos minutos. Había otra pareja de voluntarios con ellos que habían venido de Estados Unidos y vivían en un apartamento en el sótano. Al y yo aumentamos la población del instituto a siete.

Después de una comida ligera, nos dirigimos a la oficina de Bishara en el edificio administrativo. La calle frente al instituto estaba en oscuridad total. La electricidad que regulaba todos los semáforos y luces de la calle había sido cortada desde hacía ya varios meses. De día pudimos ver el daño que los tanques habían causado. El techo metálico de una tienda al otro lado de la calle estaba roto, y colgaba peligrosamente. Varios faroles callejeros habían sido doblados. Las huellas profundas que dejaban las orugas de los tanques estaban impresas en las calles y aceras. La ausencia de autos en las calles le daba a la ciudad una sensación amenazadora.

Frente al escritorio de Bishara hay dos sofás en los que —cuando el instituto está funcionando— se sientan los estudiantes y personas de la comunidad que pasan a conversar y a tomarse un café.

—Tenemos muchas noches así —dijo Bishara mientras preparaba un café—. Se siente muy triste y solitario el pasar por los salones de clase vacíos. Cada vez nos atrasamos más y más en los estudios. Si perdemos más semanas, quizás no logremos graduar a nadie este año.

—¿Cómo lidia la gente con el toque de queda? —preguntó Al—.

—Muchos cristianos ya no lo soportan. Venden lo que pueden, empacan y se marchan para Norte o Sudamérica, Australia —cualquier parte donde tengan parientes. Es fácil irse, siempre y cuando no pienses regresar. Pero si los cristianos siguen marchándose . . . el problema es que la iglesia está muriendo. Es allí, precisamente, donde más sufre la iglesia, porque pierde miembros todo el tiempo. Todos buscan un mejor futuro para sus hijos. En estos momentos, bajo el toque de queda, a los niños se les niega la educación.

—¿Cómo ha afectado la ocupación a tus estudiantes?

—Uno de ellos, Michel, estuvo a punto de ser alcanzado por un misil. Fue a contestar el teléfono justo segundos antes de que el misil cayera en el sitio donde estaba parado. Toda la familia salió a la calle, y otro misil cayó sobre la casa, destruyéndola. Es lo más cerca que le ha tocado a uno de nuestros alumnos.

—¡Es demasiado cerca! —le dije.

El instituto había establecido la Sociedad del Pastor para proveer ayuda humanitaria a familias que necesitaban alimentos o cuidado médico.

—Cada vez que se levanta el toque de queda, nos llega gente pidiendo ayuda —dijo Bishara—. Les damos lo que podemos. Para quienes la necesitan con urgencia, tengo unos paquetes de comida y unos cupones que se pueden cambiar por alimentos en tres tiendas distintas. Tienen un valor de doscientos siclos, y les permite obtener víveres para unas dos o tres semanas. El mes pasado le ayudamos a ciento setenta familias así. Para ayuda continua, usamos la Sociedad del Pastor.

El Proyecto Compasión Ahora, de Puertas Abiertas, proveía parte de los fondos para estas ayudas.

Bishara nos contó de Jorge, un padre de siete hijos. Vivían en un apartamento de una habitación cerca de la Basílica de la Natividad, y estuvieron encerrados allí por cuarenta días consecutivos durante la toma de la iglesia. En varias ocasiones, los soldados allanaron la residencia. La familia asiste a la Iglesia Emanuel, y participa en muchas de sus actividades semanales. Pero los dos, esposa y esposo, se habían quedado sin trabajo. Les hemos estado dando $100 mensuales, por medio de su iglesia, que ellos han usado para amortizar las deudas de los servicios que se acumulaban, además de la mensualidad de los colegios de los hijos.

Las historias abundaban. Julia, una viuda de setenta años que vivía sola, tenía cuentas de servicios acumuladas y no podía pagar los tratamientos médicos. La Sociedad del Pastor le ayudaba, pero lo que a ella más le llegaba era el tiempo que pasaba con la trabajadora social, escuchándola.

—Ahora tiene citas para que le hagan seguimiento médico en su casa, evitando así que empeore su situación.

Lo que la mayoría de la gente de la localidad, más que nada, era empleo.

—Muchas familias sienten una profunda vergüenza cuando tienen que pedir ayuda de cualquier tipo —explicó Bishara—. Por ejemplo, Víctor y su esposa tienen tres hijos. Él lleva casi dos años sin trabajo, y su desesperación ya alcanza un nivel alto. Aun así, demuestra sincera preferencia por un empleo remunerado, a diferencia de recibir ayuda humanitaria. Ha sido recomendado para un programa de trabajo que dará empleo a cientos de personas en organizaciones de la zona de Belén limpiando, reparando y restaurando la ciudad.

Evidentemente, ese programa no podría comenzar mientras que no se levantara el toque de queda.

Los grandes nubarrones que cubrían a Belén oscurecían los edificios de Gilo y las colinas aledañas. Los alminares de dos mezquitas parecían tocar la base de las nubes, y sus luces titilaban entre la niebla. A lo largo de la noche escuchamos cómo azotaba la lluvia las contraventanas. El viento seguía soplando con fuerza, y amenazaba con traer más lluvia; pero el ambiente era de alegría en el Colegio Bíblico de Belén esta mañana, con el anuncio de que se levantaría el toque de queda por seis horas, a partir de las 10:00. Había mucho ajetreo. Carlos, el voluntario estadounidense, se había llevado la camioneta, enarbolando la bandera cristiana improvisada, para recoger a los empleados en sus casas. Varios profesores preparaban los salones para las clases. El cocinero se alistaba en la cocina para preparar el almuerzo de profesores y estudiantes. Otros empleados contestaban los teléfonos y hacían fotocopias en el edificio administrativo, mientras que en el sótano, el personal de la Sociedad del Pastor se alistaba para la afluencia inevitable de gente que llegaría pidiendo ayuda.

La noticia que el instituto estaba abierto se difundía por la televisión local, por medio de mensajes que pasaban en cinta en la parte inferior de la pantalla. A eso de las 10:30, la mitad de los cincuenta y cinco estudiantes ya habían podido llegar. Junto con los profesores se reunieron en un salón del sótano para escuchar al decano académico, Salim Munayer, que había llegado a Belén desde su hogar en Jerusalén, para anunciar cuáles clases se darían ese día. Antes de terminar la reunión, Bishara les leyó Romanos 8:31: «Si Dios está de nuestra parte, ¿quién puede estar en contra nuestra?», y les dio palabras de ánimo:

—Estas palabras nos son de tanto consuelo. Dios vino a nosotros y vivió en nuestro medio. Uno de los nombres de Jesús es «Dios con nosotros». No olvidemos que él está con nosotros hoy.

Les recordó a los estudiantes sobre la fiesta de la ciudad, planeada para dos mil personas el 21 de diciembre, en uno de los hoteles locales —un evento anual que ofrecía el instituto para celebrar la Navidad en la comunidad.

—Nada nos puede impedir que celebremos el nacimiento de Jesús —agregó.

Bishara nos había dicho que seguían adelante con los planes de la fiesta, a menos de dos semanas, a pesar de las dudas considerables en cuanto a una mejoría de la situación política y al levantamiento del toque de queda.[1]

—Debemos colmar nuestras vidas de oración —dijo Salim— y glorificar a Dios en esta situación.

Y así, antes de comenzar las clases, estudiantes y profesores pasaron unos diez minutos en oración colectiva. Uno de los profesores, también pastor de una iglesia local, cerró la oración con un emotivo ruego en árabe. Aunque no podía entender las palabras, sí sentía el anhelo que expresaba lo que todos sentíamos. Cuando los estudiantes se retiraron a sus salones de clase, Al y yo aprovechamos la oportunidad para caminar libremente por la ciudad. Nos dirigimos hacia el sur por la carretera Jerusalén-Hebrón. En el cruce de esta con la calle El Murida, a solo una cuadra del instituto, había un embotellamiento de taxis y autos que trataban de doblar o de pasar la intersección. Con los semáforos apagados meciéndose al viento, un policía de tránsito voluntario trataba de dirigir los vehículos, mientras que una mujer musulmana, tapada con un *jilhab* negro, lo observaba divertida.

Era obvio por qué no funcionaban los semáforos. Una caja eléctrica grande, ubicada cerca de la reja verde de hierro forjado que rodeaba la sede del Patriarcado Latino, estaba achicharrada. A la vuelta de la esquina se hallaba la armazón ennegrecida de un auto. Pasamos por entre todo el tráfico, y continuamos calle abajo para ir a ver las ruinas del edificio local de la Autoridad Palestina. Era imposible saber cuán alto había sido el edificio. Sus pisos habían caído uno encima del otro. Hacia ocho meses, los aviones F-16 lo habían destruido. Garabateado sobre el muro de ladrillo gris frente al complejo, se leían las palabras, en inglés: «La ocupación mata».

Dimos vuelta en la calle Al-Mukata, y caminamos por los callejones angostos en los que la mitad de las tiendas estaban abiertas. Por lo general, las compras se limitaban a comida y otras necesidades básicas. Las calles estaban llenas de hombres y mujeres que se afanaban para aprovechar al máximo las seis horas de libertad. Nadie sabía cuándo los residentes de la ciudad podrían salir de sus casas-cárcel. En las últimas tres semanas, nos decía Bishara, el toque de queda se había levantado, en promedio, solo una vez cada cuatro días.

La Tienda de Regalos Johnny, ubicada junto al Hotel Alexander, era la única de una fila de tiendas de curiosidades en la calle Pesebre que estaba abierta. Al decidió entrar a hacer unas compras navideñas, y escogió algunos recuerdos de madera de olivo para familiares y amigos. Al y Johnny se habían conocido en una visita anterior, y le preguntó al dueño sobre la situación de los negocios. Esto le dio la oportunidad a Johnny de ofrecernos una taza de té, hecho con una ramita de menta que había cultivado en su casa. Nos contó que estaba ansioso de marcharse a norteamérica, de llevarse a su hijo, quien en ese momento leía un libro en un rincón de la tienda.

—Compré el hotel y esta tienda porque los negocios se iban a incrementar antes del año 2000. Le aumenté cuarenta habitaciones al hotel. Y ahora está cerrado. Nadie quiere viajar a Belén.

Al compró varios adornos y una caja con incrustaciones de madreperla para su esposa. Mientras le daba el cambio, Johnny le agradeció y le dijo que esta era la primera venta en diecisiete días.

Empezó a llover de nuevo cuando regresábamos al instituto para almorzar con los profesores y los estudiantes. Durante la sencilla comida, hablamos con varios alumnos. Louiza, una estudiante de cuarto año que hablaba excelente inglés, vivía en la Ciudad Antigua en Jerusalén. Esa mañana le habían negado el paso en el retén de Belén, a pesar de que el toque de queda estaba levantado.

—Es solo para ellos [refiriéndose a los residentes de Belén], no para ustedes —le había explicado ásperamente el guardia.

Por eso había tenido que saltarse el muro de piedra del complejo católico de Tantour, y caminar por un campo lleno de lodo para llegar al instituto.

—Este es mi último año —comentó—. Quiero terminar de estudiar y recibir mi diploma.

A su lado había dos hombres, y ella nos sirvió de intérprete. Walid estaba en cuarto año también. Vivía con cuatro hermanos y tres hermanas en Beit Sahour.

—Espero quizás, poder trabajar con los jóvenes de mi iglesia —dijo, cuando le preguntamos cuáles eran sus planes para después de graduarse—. Por ahora quiero estudiar la Palabra de Dios para poder enseñar la Biblia.

Fahdi nos comentó que creía que las pruebas que él y todos los residentes de Belén sufrían, eran como un fuego que los purificaba y que, eventualmente, produciría el bien.

—Nuestro sufrimiento es disciplina de Dios, porque nos hemos apartado de él, y hemos seguido nuestros caminos.

—¿Cómo les ha afectado la ocupación militar a usted y a su familia? —le preguntó Al.

—Los soldados nos allanaron nuestras casas buscando armas —dijo—. Me preguntaron: «¿Tiene armas?». Yo les respondí: «Sí, tengo la Biblia, tengo a Jesucristo y tengo el poder del Espíritu Santo». Mi respuesta no les cayó en gracia. Uno de los soldados agarró mi Biblia, y la tiró como si fuera basura. Pero se marcharon. Otro soldado golpeó nuestro auto y el de mi primo.

—¿Qué piensa hacer después de graduarse?

—Espero que Dios me use para acercar a mi gente a Cristo, tanto como él lo ha hecho conmigo.

A la 1:00, los estudiantes subieron a los salones para las demás clases. Pero al cabo de un rato, un jeep del ejército israelí, con una luz anaranjada girando amenazadoramente sobre su techo, pasó lentamente dando un anuncio por el altavoz.

—El toque de queda ha empezado de nuevo —dijo Bishara.

—Pero pensé que empezaría a partir de las 4:00 —alegó Al.

Bishara se encogió de hombros. Así era la vida. Las clases cesaron inmediatamente, y alumnos y maestros se afanaban para poder regresar a sus hogares. A las 2:15 las calles estaban vacías. Una lluvia fuerte caía sobre Belén, y azotaba el abandonado centro estudiantil. Hubiera sido muy deprimente si no hubiéramos escuchado las palabras de los estudiantes. Comentamos sobre el temple de Fahdi. Nos dijo que estaba armado de la Biblia y del poder del Espíritu Santo.

Sí había esperanza para Cisjordania, siempre y cuando los estudiantes fueran valientes y se prepararan para ser firmes y para proclamar su esperanza en Cristo.

37

Un juego peligroso

Belén, diciembre del 2002

—Tienes que conocer a Nawal —dijo Bishara. Al y yo hablábamos con él en su oficina sobre el impacto que causaban algunos de los egresados del Colegio Bíblico de Belén. Entre otros, habíamos conocido a hombres como Hanna Massad, el pastor de la Iglesia Bautista de Gaza, y a Jack Sara, pastor de la Iglesia Alianza de Jerusalén; pero queríamos conocer otro tipo de ministerio, particularmente, uno entre las mujeres.

Por lo tanto, durante otro levantamiento del toque de queda, Al fue a Beit Sahour, a la casa de Nawal Qumsieh y su esposo. Ellos vivían en el segundo piso de un edificio de dos plantas. Se sentaron en una sala espaciosa que se abría al comedor, mientras Nawal le contaba sobre sus estudios en el Colegio Bíblico de Belén, y cómo, durante diez años, había tratado sin éxito de alcanzar a sus vecinos con el evangelio. Entonces, después de la milagrosa sanidad y nacimiento de Jacob, el teléfono de Nawal había empezado a sonar constantemente. Emocionada, contaba cómo los que llamaban le pedían:

«¿Podría orar por mi hijo?» «Por favor, ore por mi hija». «Por favor, ore por mi esposo». Yo estaba asombrada, ocurrían muchos milagros. ¡Dios los hacía! Y ahora, durante los ataques, he recibido muchas llamadas.

—Hábleme de ellas —le dijo Al—.

—Una madre me llamó desde Beit Jala. Había un bombardeo cerca de su casa, y su hija estaba al borde de un ataque de nervios y llorando a causa del miedo. Le dije que le pasara el teléfono, y oré con ella. Le pedí que le orara a Jesús por protección, tanto para ella como para su familia. A la mañana siguiente, la niña me llamó y me dijo: «Anoche vi a Jesús. Tuve miedo, pero él se me acercó y me dijo: "No temas más porque Yo estoy protegiéndote. Yo cuido de ti y de tu familia." ¡El temor se ha disipado!» Y entonces ella empezó a animar a las demás niñas y niños, diciéndoles que Jesús está cuidando a Beit Jala. Muchos, muchos milagros así están ocurriendo.

Debido a que Nawal siempre insistía en que las mujeres hablaran con sus esposos antes de reunirse con ella, algunas puertas se le cerraban. Pero muchas otras se abrían. Nawal le dio un ejemplo:

—Un esposo era ateo. Su esposa quería que orara con ella por un problema, y él le dijo: «No me molesta que lo intentes», y se marchó al trabajo. Yo llegué a su casa, abrimos la Palabra de Dios y la empecé a leer. De súbito, su esposo regresó a casa. Ella se sorprendió —dijo que su esposo nunca regresaba a casa después de haberse ido al trabajo. Él quería escuchar lo que yo iba a decir. Se sentó en el cuarto contiguo, y escuchó nuestra conversación. Él tenía más hambre espiritual que su esposa.

La necesidad primordial de esta gente era un problema universal:

—¡Ellos necesitan amor! Fui a orar por una mujer que sufría de severos dolores de cabeza. Después de orar, me preguntó: «¿Le enseñó Dios algo de mí?» Sí, le respondí. Me enseñó cuánto te ama. Se echó a llorar desconsoladamente. «¿Dios me ama?», preguntó. «¿Por qué? Nadie me ama». Eso es lo que mucha gente aquí cree —que nadie los ama. Que nadie los quiere.

—Jesús le ministraba a la gente a través de sus necesida- des. Él iba a los que estaban enfermos, no a los que estaban sanos —gente enferma del espíritu, enferma emocionalmen- te. Eso es casi todo lo que tenemos aquí en Beit Sahour. Tenemos gente con el corazón partido. La mayoría piensa que Dios no los ama. Ellos creen que Dios ama a los judíos, pero que él no ama a los árabes. Ellos no son los elegidos y por eso no se merecen su amor. Todos los árabes lo ven así, especialmente los musulmanes.

—¿Cómo maneja usted esa situación?

—Les leo la Biblia, los versículos que hablan de cuánto ama Dios al mundo. Les explico la obra de la cruz, que tanto nos ama él, a usted y a mí, que fue a la cruz —por todo el mundo, aun por los criminales. Todo el mundo es amado por Dios, pero depende de cada persona el aceptar su amor o no. La mayoría de la gente a la que le hablo de Dios acepta su amor, porque eso es lo que busca, eso es lo que necesita. Algunas personas me preguntan por qué no les hablo del jui- cio. Estas personas ya conocen el juicio. Ya viven en un infierno con esta situación. Lo que necesitan es entender el amor de Dios. Una persona me dijo que ella nunca había oído de esta palabra *amor*, que solo sabía del amor sexual. Todo el mundo quiere saber que Jesús les ama, aun en medio de su condición, de su situación, con sus circunstancias.

¿Y qué hace Nawal cuando la gente responde al amor de Cristo?

—Les doy Biblias, y nos reunimos en las vecindades.

Debido a los toques de queda, tales reuniones eran ahora infrecuentes. Cuando se levanten todas las restricciones, Nawal no realizará las típicas reuniones al estilo occidental, donde se hace una invitación general para un estudio bíblico.

—Si le ministro a una mujer, ella no quiere que nadie de afuera se entere de lo que está ocurriendo aquí. No quiero forzarla a que asista a reuniones y comparta con otras mujeres, y por eso le digo: «Regreso a verte el próximo miércoles, ¿está bien?» Y así ella se siente libre de invitar a cualquier mujer —vecinas, tías, sobrinas, quienquiera que necesite ayuda. A veces llegan dos o tres. A veces seis. A veces diez o doce. Yo les ministro a todas las que lleguen.

Durante los toques de queda, Nawal no podía reunirse con mujeres en su vecindario, y entonces se pasaba mucho tiempo en oración.

—Estoy orando por una bendición económica para esta gente —agregó—. Esta zona vivía del turismo, pero desde hace dos años no hay nada. La mayoría de los hombres están sin trabajo (su propio esposo había estado sin trabajo por dos años). Por un lado está bien que esto nos haga volver nuestros ojos a Dios. Pero es muy difícil —cuando ves que tu hijo tiene hambre, y no tienes cómo darle de comer, te sientes mal. Mi esposo y yo tenemos la oportunidad de marcharnos a América a vivir con nuestros hijos y llevar una vida más placentera. Pero yo me quedo aquí por la obra de Dios. Él quiere que yo esté aquí.

La fe de esta mujer, expresada en dependencia total de la dirección del Espíritu Santo, permitía que el amor de Dios se regara por la comunidad. Quisimos saber si ella tenía algo que decirle a la Iglesia de Occidente.

—Le he dicho a Dios: «La gente allá tiene que oír nuestro clamor». Clamamos porque sentimos que estamos solos. Porque somos árabes, sentimos que ya no somos bienvenidos. Pero los israelíes, ah, ellos sí son bienvenidos. Nos sentimos totalmente rechazados, incluso los cristianos. Es casi como si no fuéramos seres humanos.

La sobriedad de Nawal manifestaba la tristeza de que parte del cuerpo fuera desdeñado.

»Digamos que somos un dedo de ese cuerpo. Estamos heridos. ¿Por qué no ayuda el resto del cuerpo? Pero no hacen nada, ni siquiera dicen: «Te amamos». Tantas veces he orado ante Jesús desde el fondo de mi corazón. Las mujeres me dicen que necesitan ayuda para medicinas o alimentos, y todo lo que puedo hacer es decirles que le oren a Jesús, y yo oro con ellas y lloramos juntas. Pero alguien tiene que traerles alimentos, para que sepan que Jesús las ama. Ese es el trabajo de la iglesia, el cuerpo de Cristo. Creo con todo mi corazón que Jesús ama al pueblo palestino. Jesús sufre por ellos. Jesús llora por ellos y quiere ayudarlos. Pero no lo puede hacer sin la iglesia —ellos son sus manos, sus piernas, sus ojos.

Más tarde, cuando Al me contaba de su reunión con Nawal, le dije que esas palabras me entristecían profundamente. Estuvimos de acuerdo en que Nawal tenía la razón, que Dios ama a su iglesia, a cada parte de su cuerpo, ya sea en Occidente o el Medio Oriente, ya sea palestino o judío. Nawal estaba haciendo exactamente lo que la iglesia necesitaba hacer en esta región, pero ella era solo una persona. Necesitamos mil Nawales más. Quizá entonces sí habría esperanza de paz. Pero si el resto del cuerpo no ayudaba, ¿cómo se podría hacer algo?

Rizek Sleibi tenía razón para sentirse estresado, pues el toque de queda había empezado hacía diez minutos y le preocupaba poder llegar a la casa sin percances, y sin toparse con patrullas. Era consejero en sicología, y dirigía el centro Al-Aman del Colegio Bíblico de Belén —un centro de consejería que el instituto había establecido para ayudar a las familias palestinas traumatizadas por el conflicto.

Conversábamos con él sobre la salud emocional de los niños de Belén, lo cual era de particular preocupación para los líderes de la comunidad. Al y yo habíamos charlado brevemente con Solomon Nour, el rector del Colegio Esperanza desde 1992, sobre la manera en que los muchachos se desenvolvían allí:

—Tenemos muy graves problemas de comportamiento —admitió—. He tenido que pedirles a los maestros que sean especialmente pacientes con los estudiantes, y que entiendan que sufren traumas emocionales terribles.

El Dr. Sleibi estaba de acuerdo con Solomon:

—Las circunstancias de Belén han presionado las vidas normales de los niños y los estudiantes, y los han dejado sin una sensación de seguridad personal —explicó, añadiendo que exhiben síntomas clásicos del trastorno por estrés postraumático. Hablando clínicamente, agregó:

—El factor decisivo que define el estrés involucra una amenaza a la vida, temor intenso, sensación de impotencia y horror.

Me entregó un artículo que había preparado sobre trauma infantil, y salió rápidamente a través de la puerta. Al y yo nos sentamos en una banca de madera en el vestíbulo de entrada del edificio administrativo, y leímos la evaluación. Los niños de educación primaria perdían el control sobre sus necesidades fisiológicas, lloraban frecuentemente y se chupaban el dedo pulgar. A menudo recreaban eventos traumáticos que habían presenciado o experimentado. Los niños mayores se quejaban de dolores de cabeza y de problemas de visión y audición; peleaban con sus compañeros o se apartaban de ellos, y sufrían de trastornos de sueño.

—Un reporte sombrío, ¿no es así? —Bishara había salido de su oficina y nos vio leyendo el artículo del Dr. Sleibi—. Estamos presenciando una generación entera de niños que se están criando disfuncionalmente.

Me estremecí al observar:

—Ellos serán la próxima generación de atacantes suicidas. ¿Qué posibilidades tenemos de hacer algo para revertir esta tendencia?

—Es por eso que estamos desarrollando este programa de talleres de capacitación para consejeros, trabajadores sociales y maestros de escuela. Y estamos también haciendo otros programas.

Por ejemplo, habían empezado el programa Operación Esperanza, que invitaba a médicos de Occidente por unos días para que realizaran operaciones y distribuyeran paquetes con regalos en cajas de zapatos de parte de la Bolsa Samaritana. Desdichadamente, el envío más reciente estaba detenido en el puerto de Tel Aviv. Los estudiantes del Colegio Bíblico de Belén llevaban a cabo un programa de escuela bíblica en el verano, a veces con la ayuda de voluntarios de una iglesia en California.

—Pero no es suficiente —admitió Bishara—, meneando la cabeza.

Yo sabía que la Sociedad Bíblica Palestina, bajo el liderazgo de Labib Madanat, tenía un proyecto llamado Operación Niño Palestino, que daba programas inspiradores en más de cincuenta comunidades para más de quince mil niños, musulmanes y cristianos. Incluía marionetas, grupos de música y un payaso haciendo trucos de magia. Al final de cada programa, cada niño recibía caramelos. Por una hora, los niños podían escapar de sus difíciles circunstancias, y en el proceso también recibían un anticipo del amor de Cristo.

Había un número cien veces mayor de niños que no podían disfrutar tan siquiera de esa hora de programa. Estos niños habían aprendido a canturrear la conocida cita de Yasser Arafat: «Vendremos a Jerusalén, aunque tome millones de mártires». Pero al menos unos cuantos veían una alternativa. Labib me había enseñado un reporte en el que un trabajador social escribía: «Los niños son, literalmente, esponjas secas. Cualquier cosa que se les arrime los puede llenar. Si no hacemos algo, el diablo lo hará, y el diablo está listo».

Bajo los oscuros nubarrones que amenazaban con más lluvia, los niños salieron a jugar un peligroso juego. A ambos lados de la calle, frente al Colegio Bíblico de Belén, grupos de niños rodaban los toneles de basura y recogían escombros para construir una débil barricada contra los vehículos militares que inevitablemente habrían de pasar por la calle. Bishara los observaba junto a nosotros y nos explicaba que el ejército debía tener cuidado cuando se acercaba a las barricadas. Quizás había una bomba escondida en uno de los tubos o en los toneles. Por eso, los militares tenían que detener los vehículos y bajarse a investigar, y en algunos casos pedían refuerzos para remover los materiales potencialmente letales. Por supuesto, este día solo habían encontrado un tonel vacío. ¡Qué vergüenza! Los niños se reían desde sus escondites, complacidos de haber —al menos en su imaginación— «derrotado» al ejército israelí.

Esta tarde los soldados no les interrumpieron el juego. Los niños hicieron una fogata en la esquina de la calle siguiente, y se mantenían mirando calle abajo al búnker junto a la Tumba de Raquel, listos para correr y esconderse en los angostos callejones del campo de refugiados si los soldados salían a perseguirlos. Solo podíamos imaginar su aburrimiento y su rabia. Se pasaban la mayor parte del tiempo hacinados en diminutos apartamentos, sin ningún escape para sus frustraciones. ¿Qué esperanza podía ofrecérseles? *Señor, tiene que haber una respuesta.*

38

Un modelo que otros pueden seguir

Petah Tikva, Israel, diciembre del 2002

A menudo pensaba en esos niños. ¿Qué esperanza tenían? Esta pregunta me atormentaba; pero había gente que nos animaba a ver las cosas desde otro punto de vista.

Karen Alan, una joven mujer recién casada, había presenciado un ataque suicida triple particularmente horripilante en 1997, mientras trabajaba en el Colegio Rey de Reyes. Ahora ella trabajaba en las oficinas de Musalaha, y estaba a cargo de coordinar los encuentros en el desierto, las conferencias, los retiros y otros eventos que juntaban a palestinos árabes cristianos y a judíos creyentes en Cristo.

La posibilidad de un ataque nunca estaba lejos de la mente de los israelíes.

—Recientemente me encontré a solo un minuto de distancia de una bomba que explotó en un bus, y me encaminé precisamente en esa dirección —nos contó—. Mi esposo también ha estado increíblemente cerca de algún carrobomba o de un pistolero.

—¿Cómo puede usted funcionar con tanta amenaza de violencia a su alrededor? —preguntó Al.

—Tragedias de este tipo son muy comunes aquí, y usted se encuentra con mucha gente traumatizada por el simple hecho de haber «oído la bomba». Desde que conozco a hermanos y hermanas en ambos lados que han sufrido, y continúan sufriendo por situaciones peores que las que yo he pasado, me he obligado a ver más allá de mi propio dolor. Hay muchas personas tan absortas en su propia pena, que piensan que han sufrido más que los demás. Por lo tanto, estamos atascados. Se me ha llamado a construir puentes, y sé que mi identidad, primero que todo, proviene de ser ciudadana del cielo.

—¡Por eso Musalaha le es ideal para trabajar!

—Lo que Musalaha hace es esencial. Hay tanta separación y segregación entre los creyentes de Israel y los de las zonas palestinas. Hay demasiados malentendidos, y hay fricciones entre los líderes de ambas comunidades de creyentes, debido a la mínima interrelación personal y, por supuesto, a las teologías opuestas. Si lográramos unir ambas partes, este sería en verdad el mejor testimonio de Cristo que alguien podría ofrecer aquí.

De todos los ministerios que había en Israel, me sentía más atraído por este que por ningún otro. Parecía ser el más ambicioso, pero a la vez el más arriesgado. No era una idea propuesta por misioneros extranjeros, sino que había nacido en la comunidad cristiana local. No se limitaba a hablar del problema ente palestinos y judíos. Juntaba a las dos partes, y les ofrecía los medios para una reconciliación. Las historias eran dramáticas. ¿Quién no se conmovería con la experiencia de hombres como Yitzhak y Wa'el, que habían cerrado la brecha de lenguaje y cultura en un encuentro en el desierto?

Y aun así, parecía muy idealista. Incluso entre los mismos cristianos había realidades desafiantes que los dividían. Yo era consciente que había creyentes en ambos lados que se negaban a tener contacto con hermanos o hermanas del lado opuesto, y que quizás cuestionaban la validez de su fe. Si los cristianos no lograban la unidad, ¿qué esperanza habría para la enorme división entre musulmanes y judíos?

Para tratar de contestar esas preguntas, Salim Munayer nos invitó a un rústico campamento, junto a otras veinte familias. Yo quería saber que había sucedido desde que pastores y ancianos de ambos lados se habían reunido en Holanda hacía ocho meses.

—Nos reunimos una vez desde abril —respondió Salim. Esta noche sería la segunda reunión—. Estas reuniones de seguimiento son muy importantes. Tienes que poner de tu parte, porque si no lo haces, la gente regresa a su antiguo modo de pensar.

Mucho de lo que había sucedido en Holanda ocurrió tras puertas cerradas.

—El segundo día, concordamos en que teníamos que arrepentirnos —dijo Salim—. Todos participamos, nos arrepentimos de la rabia, del odio, de permitir la contaminación de nuestros corazones. Todos llorábamos. Fue un momento de mucha purificación.

Aparte de sus instalaciones deportivas, el campamento en Petah Tikva, cerca de Tel Aviv, era muy rústico. El centro era un complejo que incluía cuatro campos de béisbol, el único de su tipo que se ofrecía en Israel, completo con grandes reflectores. De cierta manera era difícil imaginarse que el pasatiempo favorito de los norteamericanos se disfrutaba también aquí en Tierra Santa.

Las familias llegaban una por una a lo largo de la tarde, cargando niños y pañaleras. Se abrazaban, dándose los tradicionales besos en las mejillas. Muchos de los participantes, tanto judíos como árabes, vivían dentro de los límites de Israel. Nos preguntamos si líderes de iglesias palestinas vendrían de Cisjordania, especialmente de Belén, que aún permanecía bajo toque de queda.

Howard, un anciano de la Congregación Mesiánica de Beersheba, reconoció a Botrus, un abogado y anciano de la Iglesia Bautista Árabe de Nazaret. Los dos hombres se abrazaron, y enseguida comenzaron a ponerse al día en los eventos. Howard le contó a Al que las reuniones en Holanda habían sido un «descanso para todos, dejar las tensiones atrás y disfrutar un tiempo juntos». Para Botrus, en el viaje a Holanda era la primera vez que se relacionaba con hermanos judíos desde sus tiempos en la universidad.

—Este encuentro te ayuda a ver el otro lado —nos dijo cuando entrábamos al salón—. Hay algo que es más importante que las barreras nacionales. Somos hermanos en Cristo. Eso es lo importante.

Mientras unos cuarenta niños pasaban a otro salón, donde un grupo del personal de Juventud con una Misión se había ofrecido como voluntario para dirigir un programa especial para ellos, sus padres se relajaban frente al fuego que ardía en la chimenea de piedra, cortando el frío del salón. Era una hora después del horario acordado para comenzar la reunión de las 3:00, pero a nadie parecía molestarle. Como lo habían hecho en Holanda, el programa empezó con un tiempo de adoración, dirigido por David Loden y Jack Sara, quienes concluyeron la sesión musical cantando «"Él es nuestra paz. Seremos uno. Él es nuestra reconciliación».

No hubo necesidad de romper el hielo. Cada pareja estaba ansiosa de que le llegara el turno de compartir con el grupo sobre sus familias y sus asuntos ministeriales. Lisa Loden reportó que uno de los ancianos de su iglesia sufría de una enfermedad del riñón. Un pastor pidió oración para un joven voluntario de su iglesia, de solo dieciocho años, que acababa de ser diagnosticado con cáncer. Varias iglesias planeaban realizar campañas por la Navidad. Un pastor de Nazaret contó que su iglesia, tras años de declive, empezaba a mostrar señales de vida y recuperación. Un anciano alababa a Dios por la sanidad de su hijo: «¡Después de cuatro años de oración, la respuesta llegó cuando oramos por él en Holanda!».

Por unos instantes, la difícil intifada parecía haber desaparecido de las mentes de todos los presentes. Estaban unidos por asuntos comunes a todos los cristianos —la salud y la seguridad de sus familiares, los esfuerzos ministeriales, el crecimiento de sus congregaciones. Pero, obviamente, no podían evadir la realidad de la vida por fuera de esas paredes. Nihad, un pastor de Belén, se los recordó cuando les contó:

—Ayer pensé que no iba poder asistir. Bajo el toque de queda, los militares niegan casi todos los permisos de salida. Pero los milagros todavía ocurren. ¡Nos permitieron salir a mi familia y mí! —entonces pidió oración por su familia y para los creyentes de Belén—. Es muy deprimente. Ya vamos en la cuarta semana de toque de queda. Es muy difícil, especialmente para alguien como yo que siempre está en movimiento.

Algunos en el salón asintieron con sus cabezas —la mayoría de estos líderes sentían el mismo deseo de permanecer en servicio cristiano activo. También se daba el impacto en la familia:

»Mis hijos están perdiendo clases. En la primavera pasada perdieron tres meses de colegio. Por ahora, mi esposa se dedica a enseñarles en casa.

Prosiguió a informar sobre las condiciones en que se encontraba la Iglesia de Belén.

»Quinientas familias cristianas se han marchado este año. Muchas otras han solicitado su emigración. Al final del próximo año, una tercera parte de los cristianos se habrán ido. Ministrar es difícil. Me pregunto qué sermón debo predicarles. Antes de hacer llamadas, lo pienso dos veces; ¿qué puedo decirle a la gente? Y, en todo caso, es más importante preparar a las personas que preparar un sermón; necesito sabiduría para saber qué decirles. Que Dios tenga misericordia de nosotros y que acorte estos tiempos.

Fue un momento de sincera humildad, uno, que conmovió cada corazón presente. Uno de los pastores mesiánicos se levantó y rodeó a su amigo con su brazo.

—Quiero orar por ti.

Todos los asistentes empezaron a orar fervientemente por Nihad y su familia, por su congregación, por los cristianos en Belén, por paz en la nación y por todas las necesidades y los asuntos que se habían reportado. El tiempo parecía haberse detenido. Nadie notó que la cena debía haberse servido media hora antes.

Era el atardecer, el comienzo del *Shabbat*, y con un sentimiento de familiaridad acorde con la reunión, David y Lisa Loden dirigieron el rito tradicional con el que empieza el día de reposo en los hogares judíos. Lisa encendió dos velas, y pasó sus manos sobre ellas para darle la bienvenida al *Shabbat*. Enseguida se cubrió los ojos, y rezó en Hebreo: «Bendito eres, Señor nuestro Dios, Rey del Universo, que nos santificas por la sangre de Yeshua, y nos ordenas ser luz a las naciones».

David levantó una copa de vino con las manos, mientras recitaba el *Kiddush*, tomado de Génesis 1-2: «Y vino la noche, y llegó la mañana: ése fue el sexto día. Así quedaron terminados los cielos y la tierra, y todo lo que hay en ellos. Al llegar el séptimo día, Dios descansó porque había terminado la obra que había emprendido. Dios bendijo el séptimo día, y lo santificó, porque en ese día descansó de toda su obra creadora. Bendito eres, Señor, nuestro Dios, Dios del universo, que has creado el fruto de la vid».

Le siguió con un lavado de manos ceremonial, y entonces David bendijo dos piezas de pan, y las espolvoreó con sal, recordándonos así que, como creyentes en Yeshua, somos la sal de la tierra: «Bendito eres, Señor, nuestro Dios, Rey del universo, que nos das el pan de la tierra». Luego partió el pan y dio una porción a cada mesa. Cada uno de nosotros tomó un pedazo, y nos servimos vino de las botellas que había en cada mesa. Entonces llegó el momento de participar de un suntuoso buffet de pollo, arroz, espagueti y pastelitos.

Además de la ceremonia, David y Lisa Loden nos dieron también un vistazo de las condiciones en las que viven los judíos mesiánicos en Israel. David dijo que, aunque a él no le gustaba usar la palabra *persecución*, todo creyente mesiánico sufría algún tipo de acoso.

—Se me ha acusado de todo, desde robo y engaño, hasta de pagarle a las personas para que se bauticen —cosas así de absurdas.

Algunas congregaciones han sufrido más que otras. Una sinagoga mesiánica en Haifa fue atacada con una bomba incendiaria en 1997. Judíos ortodoxos hostigaban a creyentes mesiánicos en el norte de Galilea, cuando se reunían a bautizar a trece adultos. Las casas de varios líderes mesiánicos fueron atacadas con bombas de gasolina. Afortunadamente no hubo víctimas mortales. También había incidentes de creyentes mesiánicos que eran expulsados de sus apartamentos, o que perdían sus trabajos, generalmente bajo presión de judíos ortodoxos.[1]

Pero David nos aseguraba que las cosas mejoraban:

—Oficialmente, tenemos lo que se conoce como libertad de religión y libertad de expresión. Ningún tipo de acoso ocurre a nivel oficial. Sentimos mucha presión por parte de las autoridades religiosas, en particular de los establecimientos rabínicos y ortodoxos judíos. Recientemente ha habido un grado más alto de tolerancia, porque hay un poco más de conciencia en la población general, de la existencia de los judíos mesiánicos, y mucha gente está cansada de la coacción religiosa.

Evidentemente, los judíos mesiánicos sufrían con el resto de la población israelí. Varios ataques suicidas habían ocurrido en áreas concurridas de Natanya.

—Cuatro o cinco de nuestros miembros han estado justo en la vecindad de estos ataques —explicó David—. Ustedes no pueden ni imaginarse las imágenes, los sonidos, los olores. No queremos adentrarnos en detalles. No obstante, les quiero contar una historia:

»Había una joven no creyente, quien, cuando prestaba su servicio militar, se enamoró de un joven de nuestra iglesia. Él oraba mucho por ella, y nosotros lo hacíamos también. El ejército le dio unos días de vacaciones, y se fue a un centro comercial grande en Natanya. Un atacante suicida detonó sus explosivos frente al local, matando a veintidós personas. Obviamente, ella escuchó y vio todo. En estado de shock, localizó otra salida del centro comercial, y se dirigió a su apartamento. Se encerró con llave y, llorando, abrió la Biblia y leyó el Nuevo Testamento de principio a fin. Ese mismo día le entregó su vida al Señor. Luego tuvimos el privilegio de bendecir el matrimonio de esta pareja, bautizarlos y ver la llegada de su primer hijo. Aun en medio de las circunstancias más difíciles, Dios está obrando. Es por eso que nuestras congregaciones crecen con tanta rapidez. Es por eso que las congregaciones de iglesias árabes en Cisjordania y en Israel están repletas.

Muchos miembros de la congregación de Beit Asaf han participado en los eventos de Musalaha. Lisa, la esposa de David, y uno de los copastores, Evan Thomas, son parte de la junta directiva del ministerio. Lisa participó en la primera conferencia de mujeres de Musalaha en 1995, y desde entonces ha estado organizando el lado femenino del movimiento. Lo que las mujeres árabes y las judías han descubierto es la similitud de su fe.

—Nuestras expresiones pueden ser muy distintas —dijo Lisa—, pero nuestra experiencia íntima con Dios es muy similar. He estado en sitios donde mujeres árabes han tenido contacto con judías creyentes por primera vez, y han quedado impactadas al enterarse de que se puede ser judío y a la vez creer en Jesús. Ellas creen que si se cree en Jesús, entonces se es cristiano, y ya no se puede identificar uno como judío. También nos podemos identificar unas con otras en cosas comunes a las mujeres —somos madres; somos hijas; somos mujeres luchando por nuestro lugar en la sociedad. Estos son asuntos en común. El conocerse en este terreno es esencial, porque en otras esferas de nuestras vidas hay fuerzas que buscan dividir, separar, crear desacuerdos, sospechas y temor.

Un estudio bíblico se había planeado para las dos últimas horas de la noche. Pero este estudio sería un poco insólito, debido al tema que se iba a tratar.

—Parte del proceso de reconciliación es aprender juntos sobre ciertos temas bíblicos en los cuales podamos estar de acuerdo o no —dijo Salim a modo de presentación—. Nuestra tarea es debatir estos asuntos de una manera que fomente la unidad. Es por eso que hemos dedicado la primera parte a desarrollar relaciones. Hemos establecido confianza; hemos compartido amor fraternal. Esto nos proporciona una plataforma para presentar otras perspectivas y lidiar con opiniones diferentes. Por eso esta noche tendremos el primero de lo que esperamos sea un buen número de estudios bíblicos. Queremos explorar temas como la profecía, los asuntos de la tierra, autoridades gubernamentales y justicia.

Mientras se repartía una hoja con una lista de preguntas en ambos lados a cada persona en el salón, Salim dijo:

—En la última reunión, muchos participantes manifestaron el deseo de estudiar la palabra *Israel*, y plantear la pregunta: ¿Quién es el pueblo de Dios? No es posible abarcar todo el tema esta noche —la palabra *Israel* se nombra unas 2.300 veces en Biblias en inglés, 2.267 en Biblias en hebreo. Hemos escogido varios puntos pertinentes al tema. No trato de proponer una postura, sino más bien algunas pautas para un estudio juntos. Animémonos y fortalezcámonos mutuamente, en un espíritu de verdad y amor.

Le dimos una mirada a la lista, y enseguida comprendimos que este sería un debate muy volátil en cualquier entorno, pero especialmente ahora en Tierra Santa, entre pastores palestinos y judíos, en medio de la segunda intifada. Las preguntas iban a causar fuertes reacciones en ambos lados:

¿Quiénes son los descendientes de Abraham?

¿Cuál era su identidad, y cuál era la señal del pacto?

¿Qué relación había entre el no judío y el pacto de Dios con Abraham?

¿Quiénes son los herederos del pacto?

¿Podría reencausarse el pacto?

Si es el caso, ¿qué pasaría con las promesas para el «pueblo de Dios»?

¿Cómo identifica Dios a su pueblo?

¿Quién es el «Israel de Dios» actual?

¿Quién está incluido?

¿Quién está excluido?

Bajo cada pregunta había referencias bíblicas, y yo sabía que se podrían incluir muchas más. Durante siglos, los eruditos las habían debatido en entornos «seguros». Se habían escrito muchas tesis de doctorado sobre estos asuntos. Pero aquí, los riesgos eran mucho más altos. Yo sabía que algunos de mis amigos palestinos se sentían como ciudadanos de segunda categoría en el reino de Dios. Y algunos de los creyentes mesiánicos estaban convencidos de que las promesas del Antiguo Testamento sobre la tierra eran para ellos solamente, no para toda la iglesia. ¡Y ciertamente no para los palestinos! El espíritu de la reunión se había establecido ya en el tiempo de adoración y alabanza, de compartir y de oración. Por lo general, las mujeres permanecían en silencio mientras los hombres debatían al estilo del Medio Oriente. A veces las declaraciones eran fuertes, pero en ningún momento alguno de los participantes se salió de sus casillas.

La primera pregunta era sencilla: ¿Quién era Abraham?

—¡Obviamente, no era un judío! —dijo un pastor.

—Se le identifica, más que todo, como un hombre de fe —dijo otro.

Salim, el moderador, preguntó entonces por la semilla de Abraham. Un pastor observó que la palabra estaba en singular. Otro, que siempre estaba conectada con la tierra.

—¿Y cuál es la definición de semilla? —preguntó Salim.

Aquí las cosas se pusieron un poco más interesantes. Un palestino dijo:

—Gente que tiene la fe de Abraham. Vean Génesis 17. En el pacto de la circuncisión, todos los hombres de la casa eran circuncidados.

Un líder mesiánico agregó:

—Los hijos de Abraham —eso fue lo que Abraham entendió. Él solo pensaba en un heredero.

Los comentarios llegaban rápidos e intensos, y yo no alcanzaba a darme cuenta de quién los hacía. Pero nadie interrumpía al que tuviera la palabra —el espíritu del auditorio era amable, pero intelectualmente intenso. Salim tenía planeado dividirnos en grupos pequeños para un estudio más sistemático, pero los hombres y las mujeres no tenían intención de separarse. Aunque a veces se saltaba de un asunto a otro, todos querían escuchar las opiniones y el peso de la evidencia.

Alguien mencionó Romanos 4:

«¿Cómo definió Pablo a los hijos de Abraham? Él es el padre del judío y el no judío—de todo el que crea».

Un lado decía que la fe sustituía a la circuncisión. El otro, que era un asunto de identidad con base en el nacimiento y circuncisión.

—La promesa de la semilla no se puede cancelar —dijo un pastor— pero se le puede añadir.

David Loden se puso de pie para hablar:

—El asunto aquí es la obediencia. Hemos sido expulsados dos veces de la tierra porque hemos vivido en desobediencia a Dios. Jeremías 3:14 dice: «Regresen, hijos rebeldes» (*Versión Popular*). Yo opino que la palabra «rebeldes» es muy inofensiva. Literalmente, debería decir: Regresen, hijos *malos*».

Botrus entendió las implicaciones, y preguntó:

—Entonces, ¿dónde está la voz profética de judíos mesiánicos llamando a la nación al arrepentimiento y a la justicia?

Un pastor mesiánico replicó:

—Si no fuéramos cristianos, podríamos tener largas discusiones sobre injusticia en ambos lados, y no llegar a ninguna conclusión.

Esto llevó a una tensa discusión sobre el terrorismo y asuntos de rectitud y justicia. Un pastor palestino se preguntaba por qué los que abogaban con mayor fuerza por los palestinos eran izquierdistas y ateos, y no creyentes. Un pastor mesiánico quería saber el porqué no oía que los creyentes palestinos se pronunciaran contra el terrorismo y los ataques suicidas.

La tensión se elevaba. Salim calmó al auditorio, diciendo:

—No solo no tenemos suficiente comunicación entre ambos lados, sino también estamos teniendo tiempos difíciles dentro de nuestras propias comunidades.

Botrus dijo:

—Yo pienso que los que estamos aquí presentes, judíos y árabes, somos la esperanza de la tierra. El deseo de mi corazón es que yo los pueda entender a ustedes y que ustedes me puedan entender a mí. Cada vez que hay un ataque suicida, oramos como iglesia por las familias.

Salim estuvo de acuerdo:

—Estamos sumergidos en el sufrimiento de nuestro pueblo. Ambos sufrimos. No tenemos que decidir quién sufre más.

Aguantando las lágrimas, Nihad se puso de pie y anunció:

—Yo no soy un ciudadano de este mundo. —Se formó un silencio en el salón mientras él recobraba la compostura—. Por eso yo puedo hablar sin meterme en política. En el instante en que digan: «soy palestino» o «soy judío», están hablando políticamente. Me duele cada vez que escucho a los creyentes justificar porqué Israel está en Belén. Yo predico contra los bombardeos. No lo justifico. No soy palestino.

—¡Tú eres un ciudadano del cielo —le dijo David Loden.

El salón enteró estalló en aplausos, y Nihad sonrió al concluir:

—¡Exactamente! ¡Tú y yo pertenecemos a otro reino, y esa es la base de nuestra unidad!

Mientras el grupo formaba un círculo para orar, Salim les recordó:

—Por ahora, mantengamos la confidencialidad. Tengan cuidado cuando se refieran a esta reunión, debido al contexto en el que hemos hablado.

Al y yo reflexionábamos sobre esas seis horas extraordinarias. Indudablemente, se habían aireado algunos asuntos, pero se había hecho en medio de un espíritu de amor y respeto, cimentados en dos reuniones anteriores en los que se había establecido la confianza. El afecto era evidente al despedirse, al igual que una sensación de que esta era una ocasión histórica. El resto de la región quizás no prestaría mucha atención, pero yo sentía que Dios estaba complacido con lo que había acontecido allí esta noche.

Más tarde, en las apretujadas oficinas de Musalaha en Jerusalén, le preguntamos a Salim:

—¿Cuál es el futuro de este trabajo de reconciliación?

—Al principio, solo teníamos evangélicos involucrados de lado y lado. Ahora tenemos gente de las iglesias tradicionales participando. Ortodoxos, católicos y luteranos están trabajando con nosotros. El año entrante tendremos el primer campamento de verano para palestinos y judíos de diez a catorce años.[2] El próximo paso es involucrar a no creyentes. Cada uno de nosotros, en nuestras comunidades, tratamos con no creyentes. Por eso cada vez que nos reunimos, nuestros amigos, vecinos y colegas saben que nos estamos juntando con personas del otro lado. Luego nos preguntan qué impacto hemos causado a la otra sociedad. Por eso queremos, quizás el año que viene, hacer una conferencia solo para no creyentes.

—¿Puede tal cosa funcionar? Su enfoque es tan distintivamente cristiano.

—Nuestra opinión es que queremos ser un modelo. Queremos incluir más gente en el proceso hasta que alcancemos la masa crítica para que se convierta en un movimiento. Ya hemos causado cierto impacto. Hace diez años, el tema de la reconciliación era un tabú. Ahora existe una conciencia, y otros grupos están empezando a intentarlo.

—De acuerdo. A menudo decimos que debemos establecer modelos que otros puedan seguir. Musalaha necesita convertirse en un movimiento. Y es algo en lo que la iglesia está particularmente en posición para hacerlo.

Tenía algo más en mente, y pensé que este sería el momento ideal para hacer la pregunta:

—¿Cómo puede ayudar la iglesia de Occidente?

Salim suspiró y respondió:

—Quisiera que la iglesia entendiera las luchas que afrontamos los palestinos. Tenemos que lidiar con el judaísmo. Tenemos que lidiar con el islamismo. Y tenemos que lidiar con nuestra identidad, con nuestro nacionalismo. Y además tenemos que lidiar con el cristianismo occidental.

Le pedí que me explicara.

—He aquí el problema. ¿Cuál es el conducto de occidentalización del Medio Oriente? Es principalmente Israel. Son los judíos. Y eso plantea una interrogante sobre los cristianos palestinos, porque sus creencias y estilo de vida pueden indicar que prefieren el lado israelí más que el palestino, y por eso se les percibe como traidores en su comunidad. Y a eso, añádele otros grupos cristianos que manifiestan su desprecio por los palestinos. Es algo muy difícil de manejar.

Salim no entró en detalles, pero sabía que se refería a organizaciones que automáticamente aprobaban cualquier acción por parte de Israel, por encima de cualquier reclamo de los palestinos, cristianos o no. Entonces, ¿habría esperanza para aquellos niños que violaban el toque de queda en Belén, que construían barricadas para hostigar a los soldados israelíes? ¿Y dónde dejábamos a los niños israelíes que vivían con el temor de estar en un bus en el momento equivocado cuando lo abordara un atacante suicida, y que afrontaban la perspectiva del servicio militar y de tener que confrontar a los habitantes de la tierra?

Los políticos no estaban resolviendo los problemas. Las naciones del mundo emitían resoluciones que eran totalmente ignoradas. ¿Podría alguien hacer algo más efectivo? La reunión de Musalaha nos proporcionó la respuesta. La iglesia era la única esperanza para el Medio Oriente, y no precisamente porque tuviera un programa mejor, o mayor perspicacia política. No era así. Lo que ella sí tenía era la manera de reunir gente de ambos lados, como resultado del trabajo de un Hombre, cuyo nacimiento hace dos mil años íbamos a celebrar en unos días. Su luz aún brillaba a través de creyentes aquí en Tierra Santa. Muchos no comprendían la luz. Muchos se cubrían los ojos y rehusaban reconocer la luz.

Otros atacaban la luz y trataban de extinguirla. Pero, sin duda, había quienes se daban cuenta de la bancarrota de un proceso de paz que no había producido paz en cincuenta años. Aquellos que estuvieran dispuestos, podrían ver la respuesta:

—Palestinos y judíos reuniéndose al pie de la cruz.

39

¿Y ahora qué?

Ciudad de Gaza, octubre del 2002

Una multitud se aglomeró alrededor de una pantalla de televisión a ver la película cuando esta alcanzaba su clímax. Mientras los soldados romanos clavaban a Jesús a la cruz, un silencio cayó sobre el grupo. A la mayoría de estos curiosos palestinos se les había enseñado, como musulmanes, que Jesús no había sido crucificado, sino llevado directamente al cielo, y que Judas Iscariote había tomado su lugar en la cruz.

El Ministerio Palestino de Cultura había organizado una feria del libro en un centro comercial de Gaza, y quince librerías de la localidad exhibían una variedad de materiales sobre nacionalismo palestino, aprendizaje de inglés, tecnología, programas para computadoras y, especialmente, el Islam. Entre ellas, había una exposición de la Librería del Maestro, que exhibía y vendía materiales cristianos. Por cinco *shekels* (aproximadamente un dólar estadounidense), la gente podía adquirir un paquete que contenía el libro *Más que un carpintero* de Josh McDowell, un Nuevo Testamento y una versión en videocasete de la película *Jesús*. Se habían vendido más de cien paquetes, pero era la descripción visual de Jesús crucificado, muerto y resucitado lo que atraía las multitudes. Después de cada presentación de la película, la gente se quedaba para conversar con el personal de la Sociedad Bíblica Palestina y para ojear las Biblia y otros libros.

Un joven regresaba todos los días.

—No puedo llevar estos libros a casa —dijo disculpándose—. Mi familia los destruiría. Pero después de cada discusión se iba a casa a explorar la Internet para aprender más sobre Jesús, y regresaba al día siguiente con más preguntas.

Debido a que ésta era una sociedad controlada por los musulmanes, unos cuantos visitantes se ofendían por la exhibición de la librería cristiana; pero la mayoría sentía curiosidad. Los empleados del centro comercial traían gente al pabellón, y le pedían al personal que les hablaran de la Biblia. Numerosos grupos colegiales que visitaban, se enteraban que el Corán concedía que el Torá (el Antiguo Testamento) y el *Injil* (el Nuevo Testamento) eran del cielo. Entonces el personal de la Sociedad Bíblica les enseñaba que la Biblia es la Palabra de Dios y les presentaba el evangelio. Una niña de escuela elemental oyó, y luego dijo:

—Si me quedo un poco más de tiempo en su pabellón, me van a lavar el cerebro, pues es muy bonito de escuchar.

En el trascurso de diez días, seis mil doscientas personas vieron la exhibición. El último día, un hombre que había visitado en varias ocasiones, se acercó a ayudar al personal a empacar los libros y a limpiar los estantes.

—Los voy a echar de menos —les dijo.

Uno de los empleados le dijo que pasara a visitarlos a cualquier momento en la Librería del Maestro. Era evidente que este hombre había sentido el amor de Jesús. Mucho tiempo después que los libros y las discusiones teológicas se olvidaran, él recordaría el amor que había experimentado.

Colorado Springs, noviembre del 2003

¿Cómo termina uno este relato? La conclusión aquí no va a decir: "y vivieron felices". El conflicto del Medio Oriente no se ha resuelto. No se ha firmado un acuerdo de paz.

—¿Qué tanto has logrado? —me preguntó Al—. ¿Cuáles son los resultados de tu labor?

Yo sé lo que desean muchos lectores. Sus exigencias silenciosas son: ¡Enséñenos los terroristas que se han arrepentido! ¿Dónde está el acuerdo de paz que usted firmó, Andrés? ¿Qué impacto tuvo usted en Yasser Arafat y los líderes de Hamas, como resultado de sus conversaciones con ellos? Obviamente, no puedo presentar resultados tangibles. Solo puedo hacer esta pregunta: ¿Y si *nunca* hubiera ido? Concentrémonos un momento en el reporte que acabamos de leer proveniente de Gaza. En diez días, aproximadamente seis mil doscientas personas fueron expuestas a las Buenas Nuevas. Solo Dios sabe qué ocurrió en todos esos corazones.

¿Y si no hubiera una librería en Gaza? No hubiera habido exhibición en la feria del libro, y esas seis mil doscientas personas no hubieran tenido la oportunidad de ver la luz. ¿Y por qué existía esta librería? Porque un hombre, Labib Madanat, tuvo una visión. ¿Cómo recibió él esa visión? Al ver que se podía hablarles a fundamentalistas islámicos sobre el cristianismo, y ellos escucharían. ¿Y por qué escucharían esos líderes de Hamas? Porque yo fui a ellos en su momento de necesidad. Supongamos que nunca hubiera ido a Marj al-Zohour. Probablemente Dios hubiera enviado a alguien más. Pero he ahí la clave: Cada uno de nosotros debe responder al llamado de Dios. ¿Es el sentir de Dios alcanzar a los palestinos con las Buenas Nuevas de Cristo? Entonces por eso debemos ir. Más importante aun, debemos fortalecer la iglesia para que ella pueda predicar el evangelio.

Veamos otro escenario: Supongamos que no hubiera un instituto bíblico en Belén. ¿Quién pastorearía la iglesia Alianza de Jerusalén si Jack Sara, egresado del Colegio Bíblico de Belén, no fuera su pastor? ¿Quién estaría recibiendo llamadas de angustiadas mujeres cristianas y musulmanas, que necesitaban de una amiga como Nawal Qumsieh para que les enseñara la gracia de Cristo? Sin el Colegio Bíblico de Belén, ella no estaría en el ministerio. ¿Y quien habría capacitado al pastor Hanna Massad? Sin el pastor Hanna, ¿existiría todavía la iglesia Bautista de Gaza? Y si no existiera, ¿cómo habría encontrado Rami paz para su alma atormentada?

El instituto fue el resultado de un sueño y el increíblemente duro trabajo de Bishara Awad. Pero alguien tenía que ofrecerle ánimo a él, orar con él y por él, y contar su historia para que otros pudieran involucrarse y ayudarle de manera práctica, incluyendo apoyo económico. Cualquier cristiano puede hacerlo, y afortunadamente ahora muchos lo hacen con Bishara.

¿Podrían algunos obreros extranjeros haber hecho el trabajo que estos hombres y mujeres realizaron? En este momento (noviembre de 2003), Israel no está dando visas a obreros cristianos. Era casi seguro que sin un liderazgo local capacitado, la iglesia se hubiera dispersado, y por ende se hubiera vuelto ineficiente. La luz sería mucho más tenue. O probablemente se hubiera extinguido.

Veamos a Salim Munayer —ningún extranjero hubiera podido organizar los esfuerzos de reconciliación como Musalaha.

Veamos a Doron Even-Ari, el director de la Sociedad Bíblica de Israel, y a Labib Madanat, su contraparte en Cisjordania y Gaza —ellos cuentan con muchas más oportunidades de ministrar en Israel y en Palestina que cualquier obrero extranjero.

Hanna, Bishara, Salim, David y Lisa Loden, Nawal, Jack, Labib, Doron, y demasiados más para nombrar —ellos son el Ejército de Luz en Israel, Cisjordania y Gaza. Ellos son la única esperanza para el Medio Oriente, porque ellos son la luz de Jesús.

Pero ellos no lo pueden hacer solos. Ellos necesitan del resto del cuerpo de Cristo. Los miembros que son fuertes necesitan ayudar a los más débiles.

Al pensaba en mis vehementes declaraciones.

Finalmente, preguntó:

—Entonces, ¿qué pueden hacer los cristianos de Occidente?

Nuestros hermanos y hermanas nos han dicho lo que necesitan. Primero —y más importante que todo— nos han rogado que oremos A lo largo de mis cincuenta años de ministerio, siempre ha sido lo mismo: Dondequiera que vaya a animar a mis hermanos, siempre nos han pedido oración.

Permítanme reiterar lo que acabo de decir. En cuanto a nuestra labor en los países comunistas, la pregunta es la misma: ¿Qué hubiera pasado si nunca la hubiéramos realizado? Nunca le he dado mucho valor a nuestra labor, aparte del valor espiritual. Pero quién sabe que le hubiera sucedido a la iglesia de la Unión Soviética y de Europa Oriental si no hubiéramos ido y no hubiéramos orado. Pero por nuestras oraciones y nuestro trabajo, muchas cosas sí ocurrieron, por las que nadie, y en especial nosotros, se debe atribuir el mérito.

La oración es una parte imprescindible de la obra de Puertas Abiertas, y miles están orando por el Medio Oriente. La oración nos conecta con el cuerpo. Nos ayuda a identificarnos con aquellos que sufren y que luchan como cristianos en situaciones difíciles. La oración dirige a estos problemas a ese recurso que puede causar la diferencia; pero la oración debe ser inteligente, no algo como: «Dios, bendice a las misiones, dondequiera que estén». La oración inteligente es la que nos hace abrir los ojos y los oídos. Una manera de empezar es orar cada vez que vean noticias del Medio Oriente. Oren por las familias que sufren como resultado de las víctimas de lado y lado. Oren para que el evangelio pueda predicarse a judíos y palestinos. Oren por los hombres y mujeres sobre los cuales ustedes han leído en este libro —que sus ministerios produzcan fruto. Quizás también puedan orar por aquel asustado joven musulmán fundamentalista, que se prepara para ir a matarse detonando una bomba —que Dios le hable a su alma, tal vez por medio de un cristiano de la localidad que tenga el valor necesario para hablarle de las Buenas Nuevas de que Jesús murió por él.

Los creyentes palestinos no piden mucho —solo un poco de espacio en nuestros corazones. Los dos, Bishara y Labib, me han dicho:

—No dejes de amar a Israel, pero ámanos también a nosotros.

Y esto me lleva a mi próximo punto. La oración debería acercarnos al sitio y a las personas por las que oramos. Cuando oren, quizá encontremos que Dios quiere que contestemos nuestras propias oraciones, haciendo algo al respecto. Todos tenemos algo que dar. Las misiones que se mencionan en este libro siempre pueden hacer buen uso de nuestra ayuda: las Sociedades Bíblicas del Líbano, Israel y Palestina; la obra de Naji Abi-Hashem, por medio de Venture International; El Seminario Bautista Árabe del Líbano; el Colegio Esperanza en Beit Jala; el Colegio Bíblico de Belén; la Sociedad del Pastor; la congregación Beit Asaf en Natanya; Musalaha; Hanna Massad y la iglesia Bautista, a través de Mission to Gaza. (Véase el apéndice para información sobre cómo ponerse en contacto con estos ministerios.)

Usted también puede ayudar por medio del ministerio de Puertas Abiertas. Nos hemos comprometido a fortalecer la iglesia del Medio Oriente por medio de proyectos que apoyan muchos de estos ministerios. Este año, a petición de las congregaciones mesiánicas, vamos a empezar a ofrecer capacitación para discipulado de jóvenes, especialmente para aquellos que acaban de prestar el servicio militar.

Y, finalmente, ¡ustedes pueden ir! No es que me entusiasme el turismo, pero si están planeando viajar a Tierra Santa para conocer los sitios bíblicos, ¿por qué no visitar por igual las piedras vivas? Busquen a sus hermanos y a sus hermanas. Y quiero hacer énfasis en este punto —lo que yo he hecho, ustedes también lo pueden hacer. No se necesita ninguna habilidad especial. Asista a un culto el sábado o el domingo con los creyentes de la localidad, ya sea en una congregación mesiánica o en una iglesia palestina. ¡Sería de mucho ánimo tanto para ellos como para ustedes!

Quisiera poder acordarme dónde escuché este cuento por primera vez. A mi modo de ver, sintetiza la esencia del conflicto del Medio Oriente y señala poderosamente el camino a la solución. Concluyo el libro contándolo tal cual lo recibí:

Cierto hombre tenía dos hijos. Uno era rico y el otro pobre. Mientras que el hijo rico no tenía hijos, el pobre había sido bendecido con muchos hijos y muchas hijas.

Un día, el anciano padre cayó enfermo. Porque sabía que no le quedaba más de una semana de vida, el sábado llamó a sus hijos a su lecho de muerte, y a cada uno le dio la mitad de su tierra por herencia. Luego murió. Antes del anochecer, los hijos enterraron a su padre con mucho respeto.

Aquella noche, el hijo rico no podía conciliar el sueño. Se decía a sí mismo: *Lo que mi padre hizo no fue justo. Yo soy rico y mi hermano es pobre. Yo tengo abundancia de pan, mientras que los hijos de mi hermano comen un día y confían en Dios para el próximo. Debo mover la torre que mi padre puso en la mitad del terreno, de modo que mi hermano tenga la mayor parte. Ah, pero él no debe verme, pues si me ve se sentirá avergonzado. ¡Me levantaré de madrugada e iré a mover la torre!* Con esto, conció el sueño y durmió tranquila y plácidamente.

Al mismo tiempo, el hermano pobre no podía dormir. Inquieto en su cama, se decía: *Lo que mi padre hizo no es justo. Heme aquí rodeado del gozo de muchos hijos e hijas, mientras que mi hermano a diario sufre la vergüenza de no tener hijos que prolonguen su apellido, y sin hijas que lo atiendan en su vejez. Él*

debería tener la tierra de nuestros padres. Quizás esto compense
en parte su pobreza indescriptible. Ah, pero si yo se la doy, se sen-
tirá avergonzado. ¡Debo levantarme de madrugada e ir a mover
la torre que nuestro padre puso en el medio! Pensando en esto
logró conciliar el sueño, y durmió tranquila y plácidamente.

El primer día de la semana —muy de madrugada, antes
de que amaneciera, los dos hermanos se encontraron en la
antigua torre. Con lágrimas en sus ojos, cayó el uno en brazos del otro. Y en ese punto se construyó la *Nueva Jerusalén.*

ORGANIZACIONES

Los siguientes ministerios son mencionados en este libro. Si desea saber más sobre ellos, puede contactarlos directamente:

Seminario Bautista Árabe:
www.abtslebanon.org

Sociedades Bíblicas:
El Líbano: www.biblesociety.org.lb
Israel: www.biblesocietyinisrael.org
Cisjordania y Gaza: www.pbsociety.org

Colegio Bíblico de Belén:
www.bethlehembiblecollege.edu
(Oportunidades para voluntarios)

Congregación Mesiánica Beit Asaf en Natanya:
www.beit-asaph.org.il

Musalaha:
www.musalaha.org

Colegio Esperanza en Beit Jala:
www.hope-school.8k.com

Hanna Massad y la iglesia Bautista de Gaza:
Contactar a la Misión Cristiana a Gaza
Christian Mission to Gaza
3433 Ellesmere Dr.
Corona, CA 92882

Naji Abi-Hashem y Venture International:
Contactar a Venture International
P.O. Box 7396
Tempe, AZ 85281-0014

Puertas Abiertas:
Open Doors
www.opendoors.org
para información sobre la obra a nivel internacional.

Notas

Capítulo 1: El Horror
En 1999, el colegio recibió el nombre de *Colegio de la Biblia Israel*.
Ver Hermano Andrés con Vern Becker, *El Llamado de Dios* (1996; reimpr., Grand Rapids: Revell, 2002), 13-17
Judíos que creen en Jesús (llamado Yeshua) como el Mesías.

Capítulo 2: No es un simple terrorista inhumano
Una palabra árabe que significa «despabilarse», o «un brusco y súbito despertar». La primera intifada empezó en 1987, y duró casi seis años.
Injil es la palabra árabe que significa "Evangelio", y que usan los musulmanes para referirse al Nuevo Testamento.
Al día siguiente, cuando nos recogió para la reunión con el jeque Al-Shami, Abdul nos dijo que había leído la mitad de *El contrabandista de Dios*, y preguntó si podíamos conseguirle más libros sobre el cristianismo. Dieciocho meses después lo vimos de nuevo, y le dimos tres libros más, además de una Biblia en árabe. Nos dijo que tanto él como su hijo habían leído *El contrabandista de Dios*, y habían visitado la Librería del Maestro en Ciudad de Gaza.

Capítulo 3: ¿Dónde estaba la iglesia?
Kibbutzim son comunas en Israel, donde múltiples familias viven juntas uniendo recursos para agricultura y otras actividades empresariales.
D. H. Vogel, ed, *Paul Schneider, der Prediger von Buchenwald* (Berlín: Evangelische Verlagsansalt, 1961).

Capítulo 4: Llorando por el Líbano
Para una de las mejores versiones sobre la guerra en el Líbano, ver Robert Fisk, *Pity the Nation: The Abduction of*

Lebanon (New York: Simon and Schuster, 1990); ver también Thomas L. Friedman, *From Beirut to Jerusalem* (New York: Random House, 1989, 1990 y 1995).

Capítulo 6: Se necesita sensatez con la pasión
Marhaba significa «hola» en árabe.

Capítulo 7: Un plan para la paz
Después de obtener su doctorado, Naji se estableció en Seattle, Washington, y ahora trabaja como consejero y profesor. Pasa cuatro meses cada año ministrando activamente en el Líbano y el Medio Oriente. Entre otras actividades, enseña en el Seminario Bautista Árabe, y ofrece consejería a individuos y familias en conflicto.

Capítulo 8: ¡Es un desastre!
Ver Fisk, *Pity the Nation*, 437.

Capítulo 10: No tengo ningún poder
Ver William Dalrymple, *From the Holy Mountain* (New York: Henry Holt, 1997), 217

Capítulo 11: Reunión con un ayatollah
Esta escena está inspirada en las historias de varios rehenes. Las fuentes incluyen: Terry Anderson, *Den of Lions* (Ballantine Books, 1993); Brian Keenan, *An Evil Cradling*(Vintage, 1992): Sis Levin, *Beirut Diary* (InterVarsity Press, 1989); John McCarthy y Jill Morrell, *Some Other Rainbow* (Bantam, 1993); y Terry Waite, *Taken on Trust* (Harcourt Brace, 1993).
El título Sayyid indicaba que Fadlala era un descendiente del Profeta Mahoma a través del Imán Husayn. Un ayatollah (del término árabe «señal de Dios») es un líder chiíta que se reconoce como juez, maestro y administrador. El título es el más alto rango entre los musulmanes chiítas, y es conferido por aclamación informal.

Los chiítas son un elemento más pequeño pero más radical de los musulmanes que los sunnitas, quienes conforman la mayoría. Los sunnitas siguen el modelo de comportamiento y enseñanzas de Mahoma. Ver Don McCurry, *Healing the Broken Family of Abraham: New Life for Muslims* (Colorado Springs: Ministries to Muslims, 2001), 85-88.

Cita e información del trasfondo de Fadlala se tomaron de *Spokesmen for the Despised*, de R. Scott Appleby, ed. (Chicago: University of Chicago Press, 1997), 83-181.

Palabra árabe que significa «Gracias».

Tercera Parte: Cisjordania y Gaza

Ver Benny Morris, *Righteous Victims* (New York: Knopf, 1999), 189-258.

Para mayor información sobre la población cristiana en Israel, Cisjordania y Gaza, ver Betty Jane Bailey y J. Martin Bailey, *Who are the Christians in the Middle East?* (Grand Rapids: Eerdmans, 2003). Los autores escriben: «Dentro de las fronteras de Israel establecidas en 1948, hoy hay unos 105.000 cristianos, aproximadamente 2 por ciento de la población total. . . Las comunidades cristianas más grandes de Israel son los católicos griegos (Melkitas) y los griegos ortodoxos . . . En Palestina (incluyendo Gaza, Cisjordania y el territorio ocupado de Jerusalén Este Árabe) se calcula que hay unos 76.000 cristianos, que representan el 3 por ciento de la población total. Más de la mitad de estos cristianos son miembros de las parroquias griegas ortodoxas . . . En Gaza, donde el cristianismo se remonta a las predicaciones del Apóstol Felipe . . . Hoy hay solo unos 2.000 cristianos (152-53).

Capítulo 13: Una pedrada certera

Bishara y su esposa Salwa obtuvieron status de residentes

permanentes de Israel, después que Salwa lo solicitara y se le concedió para reunir a la familia.

Capítulo 14: Quiero ver piedras vivas

Para mayor información sobre este crucial evento en la historia palestina, ver Benny Morris, *The Birth of the Palestinian Refugee Problem*, *1947-1949* (Cambridge: Cambridge University Press, 1987), 113-15; ver también Morris, *Righteous Victims*, 207-9. Benny Morris es profesor de historia en la Universidad Ben-Gurion en Beersheba, Israel.

Capítulo 15: ¿Qué es lo que podemos hacer?

Un dunam equivale a mil metros cuadrados, aproximadamente un cuarto de acre.

Un minucioso resumen de la primera intifada se puede encontrar en el libro de Morris, *Righteous Victims*, 561-610.

Ver Ibíd., 565

Ibíd. Ver también Amira Hass, *Drinking the Sea at Gaza* (New York: Henry Holt, 1996), 145-48. Sus estadísticas son un poco distintas a las de Morris, pero plantea los mismos puntos. En su calidad de reportera de asuntos palestinos para el periódico israelí *Ha'aretz*, Hass escribe: «Los palestinos en los territorios ocupados reciben un promedio de 93 litros por día per cápita (101 litros en Gaza y 85 en Cisjordania); los israelíes que viven en los territorios reciben 280 litros por día» (145).

Para más detalles sobre estas dos guerras, ver Morris, *Righteous Victims*, 259-346.

Capítulo 16: Juntando ambas partes

Esta historia es una reconstrucción dramática. Yitzhak y Wa'el son personajes creados para este libro, pero sus historias se basan en las de participantes reales de Musalaha, y en entrevistas hechas por Barbara Baker para *Compass Direct News Service*.

Una pieza de tela larga usada por los árabes para cubrirse la cabeza.

Capítulo 17: ¿Qué se logrará con tanto sufrimiento?
Para ejemplo, ver Beverly Milton-Edwards, *Islamic Politics in Palestine* (London: I. B. Tauris, 1996), 103-4, 123.
Ver Morris, *Righteous Victims*, 577.
Para pasajes del fuero de Hamas, ver Walter Laqueur y Barry Rubin, eds., *The Israeli-Arab Reader*, 6ª edición (New York: Penguin, 2001), 341-48. El texto completo del fuero puede encontrarse en
www.palestinecenter.org/cpap/documents/charter.html

Capítulo 18: Cada carpa es una mezquita.
Un imán dirige las oraciones de una mezquita. El título también se usa para líderes musulmanes.

Capítulo 20: Una comida con terroristas
En julio del 2003, Yossi Beilin, el antiguo Ministro de Justicia israelí, y artífice de los Acuerdos de Oslo y el Plan Ginebra, me dijo personalmente que «la deportación de Hamas al Líbano fue un gran error».

Capítulo 21: ¿Cuán lejos puedo llegar?
Ver Anton LaGuardia, *War without End* (New York: Thomas Dunne Books, 2001), 290-95. LaGuardia fue corresponsal del Medio Oriente desde Jerusalén para el *Daily Telegraph*, y fue a Hebrón a cubrir la historia. Escribió: «Casi tantas personas murieron por fuera de la mezquita como por dentro. Otro sangriento enfrentamiento ocurrió afuera del mismo hospital donde, por alguna razón, un pelotón de soldados decidió hacer una provocativa aparición» (292).

Capítulo 22: Lo que hoy vi eran buscadores de Dios

Se ha sugerido que Goldstein logró la reacción que buscaba. En el libro *From Beirut to Jerusalem*, Thomas Friedman escribe: «Baruch Goldstein, estoy convencido, entendía que la única manera de romper el silencio no era a través de un tipo de terrorismo casero, ni matando a algunos niños palestinos o mujeres embarazadas. No, se requería algo tan atroz, tan indescriptible, que obligaría a las masas de palestinos a reaccionar, lo que él esperaba que desencadenara un contraataque israelí masivo y, súbitamente, las mayorías silenciosas, en vez de ser pasivas e inertes, se lanzarían con furia contra la yugular de sus enemigos. Por eso atacó uno de los sitios más sagrados del Islam» (New York: Anchor Books, 1995) 559.

Capítulo 24: ¿Qué clase de gente produce el Libro?

Según la tradición, el camino que Jesús tomó hacia la cruz.

Capítulo 25: Hamas quisiera un cese al fuego

Ver Friedman, *From Beirut to Jerusalem*, 106-25
Abu Amar significa «Padre del albañil», y sería usado por la gente a quien Arafat consideraba amiga.
Ver la Declaración de Balfour en Laqueur y Rubin, eds., *The Israel-Arab Reader*, 16. Ver también Morris, *Righteous Victims*, 73-76.
Citado en Hanna Massad, *"The Theological Foundation for the Reconciliation Between Palestinian Christians and Messianic Jews"* (Ph.D. dis., Fuller Theological Seminary, 1999), 158-59

Capítulo 26 Llamados a un arte de gobierno más alto

Mateo 26:1-2.
El jeque Yasín murió por el impacto de un misil israelí el 22 de marzo del 2004. El Dr. Abdul aziz Rantisi fue inmediatamente nombrado su sucesor como líder de Hamas. Rantisi murió a causa de un misil israelí el 7 de abril del 2004. No se ha nom-

brado un sucesor a Rantisi aún, pero varias fuentes de prensa israelíes reportan que el nuevo líder de Hamas es Mahmud Zahar. (Ver *Haretz*, abril 26 de 2004). Zahar es el último de los fundadores de Hamas aun vivo.

Capítulo 27 La librería del Maestro
En efecto, más tarde Mahmud Zahar me dijo que había visitado la librería.

Cuarta Parte La segunda intifada

Las cifras se tomaron de la página Web de Middle East Policy Council (Concejo de Políticas del Medio Oriente) www.mepc.org/public_asp/resources/mrates.asp. Durante los casi seis años de la primera intifada, hubo un total de 80 israelíes y 1.070 palestinos muertos. En tan solo el primer año de la segunda intifada (diciembre del 2000 a diciembre del 2001), 232 israelíes y 904 palestinos habían muerto. Ver B'TSELEM, el Centro de Información Israelí para Derechos Humanos en los Territorios Ocupados, en www.btselem.org Todo parece indicar que una tribu musulmana de la localidad conocida por su violencia es responsable de la mayoría de los tiroteos en Gilo. Ver David Neff, «Thugs in Jesús' Hometown», Christianity Today (Diciembre, 2003): 60-61. Neff revisaba el libro *A Season in Bethlehem: Unholy War in a Sacred Place*, por Joshua Hammer.

Capítulo 30 No es suicidio —es religión
1. Amanda Ripley, "Why Suicide Bombing is Now All the Rage", *Time* (15 de abril, 2002)

Capítulo 32 Un milagro en Holanda
Romanos 12:10-21
Ver *Facts and Myths about the Messianic Congregations in Israel*, un estudio llevado a cabo por Kai Kjaer-Hansen y Bodil F. Skjott (Jerusalem: United Christian Council, 1999).

Capítulo 33   ¿Qué se puede predicar en medio de los bombardeos?

Alison resumió sus experiencias en un diario. Ver Alison Jones Nassar y Fred Strickert, *Imm Mathilda: A Bethlehem Mother's Diary* (Minneapolis: Kirk House, 2003).

Capítulo 34 La luz es un poco más brillante

La educación para niños no es gratis. A pesar de que solo vale unos cuantos dólares, es más de lo que muchas familias pueden pagar.

Capítulo 35 Un burro llora por Gaza

Ver Juan 1:46

Ver www.lebnet/~bcome/palestine/xian.html, que reportó la muerte de tres hombres en Gaza el 2 de febrero de 1998; ver también www.en.falastiny.net/books/massacres

Capítulo 36 Entrando sigilosamente a Belén

La fiesta de Navidad se canceló una semana después, debido a los continuos toques de queda y restricciones de viaje.

Capítulo 38 Un modelo que otros pueden seguir

Ver artículos de Compass Direct News Service en www.Compassdirect.org

Musalaha patrocina una reunión anual para líderes de jóvenes. Uno de los líderes sugirió realizar un campamento de jóvenes, y se llevó a cabo del 28 de julio al 1 de agosto del 2003, con la participación de veinte israelíes y veinte palestinos.

BIBLIOGRAFÍA SELECTA

Anderson, Terry. *Den of Lions*. New York: Ballantine Books, 1993.

Appleby, R. Scott, ed. *Spokesmen for the Despised: Fundamentalist Leaders of the Middle East*. Chicago: University of Chicago Press, 1997.

Armstrong, Karen. *Jerusalem: One City, Three Faiths*. New York: Ballantine Books, 1996.

Avnery, Uri. *My Friend, the Enemy*. London: Zed Books, 1986.

Awad, Alex. *Through the Eyes of the Victims: The Story of the Arab-Israeli Conflict*. Bethlehem: Bethlehem Bible College, 2001.

Bailey, Betty Jane, y J. Martin. *Who Are the Christians in the Middle East?* Grand Rapids: Eerdmans, 2003.

Barghouti, Mourid. *I Saw Ramallah*. Trans. Adaf Soueif. New York: Anchor Books, 2000.

Bentley, David. *Persian Princess @ magi.com*. Belleville, Ontario, Canada: Guardian Books, 2002.

Bishara, Marwan. *Palestine/Israel: Peace or Apartheid*. London: Zed Books, 2001.

Blumenfeld, Laura. *Revenge: A Story of Hope*. New York: Washington Square Press, 2002.

Carey, Roane, ed. *The New Intifada: Resisting Israel's Apartheid*. New York: Verso, 2001.

Chacour, Elias. *Blood Brothers*. New York: Chosen Books, 1984.

————, con Mary E. Jensen. *We Belong to the Land: The Story of a Palestinian Who Lives for Peace and Reconciliation*. San Francisco: HarperSanFrancisco, 1990.

Chapman, Colin. *Whose Promised Land? The Continuing Crisis over Israel and Palestine*. Grand Rapids: Baker, 2002.

Dalrymple, William. *From the Holy Mountain: A Journey among the Christians of the Middle East*. New York: Henry Holt, 1997.

Diamant, Anita, y Howard Cooper. *Living a Jewish Life: Jewish Traditions, Customs, and Values for Today's Families*. New York: HarperPerennial, 1991.

Dolan, David. *Israel at the Crossroads: Fifty Years and Counting*. Grand Rapids: Revell, 1998.

Ellisen, Stanley A. *Who Owns the Land?* Portland, OR: Multnomah, 1991.

Fisk, Robert. *Pity the Nation: The Abduction of Lebanon*. New York: Touchstone Books, 1990.

Friedman, Thomas L. *From Beirut to Jerusalem*. New York: Anchor Books, 1995.

————. *Longitudes and Attitudes: Exploring the World after September 11*. New York: Farrar Straus Giroux, 2002.

Gordis, Daniel. *If a Place Can Make You Cry: Dispatches from an Anxious State*. New York: Crown, 2002.

Hass, Amira. *Drinking the Sea at Gaza: Days and Nights in a Land under Siege*. Trans. Elana Wesley y Maxine Kaufman-Lacusta. New York: Henry Holt, 1999.

Hiro, Dilip. *Sharing the Promised Land: A Tale of Israelis and Palestinians*. New York: Olive Branch Press, 1999.

Holliday, Laurel. *Children of Israel, Children of Palestine: Our Own True Stories*. New York: Pocket Books, 1998.

Hourani, Albert. *A History of the Arab Peoples*. New York: Warner Books, 1991.

La Guardia, Anton. *War without End: Israelis, Palestinians, and the*

Struggle for a Promised Land. New York: Thomas Dunne Books, 2003.

Levin, Sis. *Beirut Diary*. Downers Grove, IL: InterVarsity, 1989.

Lewis, Bernard. *The Middle East: A Brief History of the Last 2,000 Years*. New York: Scribner, 1995.

———. *What Went Wrong? The Clash Between Islam and Modernity in the Middle East*. New York: Oxford University Press, 2002.

Loden, Lisa, Peter Walker, y Michael Wood, eds. *The Bible and the Land: An Encounter*. Jerusalem: Musalaha, 2000.

Miller, Judith. *God Has Ninety-Nine Names: Reporting from a Militant Middle East*. New York: Simon and Schuster, 1996.

Milton-Edwards, Beverly. *Islamic Politics in Palestine*. London: I. B. Tauris, 1999.

Morris, Benny. *The Birth of the Palestinian Refugee Problem, 1947–1949*. Cambridge: Cambridge University Press, 1987.

———. *Righteous Victims: A History of the Zionist-Arab Conflict, 1881–1999*. New York: Knopf, 1999.

Munayer, Salim J. *In the Footsteps of Our Father Abraham*. Jerusalem: Musalaha, 2002.

———, ed. *Seeking and Pursuing Peace: The Process, the Pain, and the Product*. Jerusalem: Musalaha, 1998.

Patai, Raphael. *The Arab Mind*. New York: Hatherleigh Press, 2002.

Philpott, Ellie. *My Enemy, My Friend*. Tonbridge, Kent, England: Sovereign World, 2002.

———. *Travelers on the Narrow Road*. Tonbridge, Kent, England: Sovereign World, 1999.

Raheb, Mitri. *I Am a Palestinian Christian*. Minneapolis: Augsburg, 1995.

Reuters. *The Israeli-Palestinian Conflict: Crisis in the Middle East*. Upper Saddle River, NJ: Prentice Hall, 2002.

Rittner, Carol, Stephen D. Smith, e Irena Steinfeld, eds. *The Holocaust and the Christian World*. London: Kuperard, 2000.

Schiff, Ze'ev, and Ehud Ya-ari. *Israel's Lebanon War*. Ed. y trans. Ina Friedman. New York: Simon and Schuster, 1984.

Sennott, Charles M. *The Body and the Blood: The Middle East's Vanishing Christians and the Possibility for Peace*. New York: Public Affairs, 2001.

Shipler, David K. *Arab and Jew: Wounded Spirits in a Promised Land*. New York: Penguin Books, 2002.

Shlaim, Avi. *War and Peace in the Middle East: A Concise History*. New York: Penguin Books, 1995.

Stern, Jessica. *Terror in the Name of God: Why Religious Militants Kill*. New York: HarperCollins, 2003.

Waite, Terry. *Taken on Trust*. New York: Harcourt Brace, 1993.

Wallach, John y Janet. *Arafat: In the Eyes of the Beholder*. London: Mandarin, 1990.

Yad Vashem. *The Holocaust*. Jerusalem: The Holocaust Martyrs' and Heroes' Remembrance Authority.

Fiction
Stone, Robert. *Damascus Gate*. New York: Scribner, 1998.

Uris, Leon. *Exodus*. New York: Bantam, 1959.

———. *The Haj*. New York: Bantam, 1985.

———. *QB VII*. New York: Bantam, 1972.

Wilentz, Amy. *Martyrs' Crossing*. New York: Ballantine Books, 2001.

El Hermano Andrés inició su obra en 1955 como un misionero solitario que visitaba, enseñaba y llevaba Biblias a los cristianos detrás de la Cortina de Hierro. Esa labor se convirtió en Open Doors International (Puertas Abiertas Internacional), una organización interconfesional con sedes alrededor del mundo. Cuando no se encuentra viajando, el Hermano Andrés tiene a Holanda como su residencia.

Al Janssen ha escrito o ha sido coautor de más de veinticinco libros, incluyendo *The Marriage Masterpiece*, de Enfoque a la Familia (Focus on the Family). Es presidente de la junta directiva de Puertas Abiertas con el Hermano Andrés (Open Doors with Brother Andrew - USA), y es el director de comunicaciones de Open Doors International. Janssen vive en Colorado Springs, Colorado.

Open Doors
PO Box 1573-1155
QCCPO Main
1100 Quezon City
PHILIPPINES

Open Doors
Raffles City Post Office
PO Box 150
Singapore 911705
REPUBLIC OF SINGAPORE
www.opendoors.org/ODS/index.ht
m

Open Doors
Box 990099
Kibler Park 2053
Johannesburg
SOUTH AFRICA
www.opendoors.org.za

Puertas Abiertas
Apartado 578
28850 Torrejon de Ardoz
Madrid
SPAIN
www.puertasabiertas.org

Portes Ouvertes
Case Postale 267
CH-1008 Prilly
Lausanne
SWITZERLAND
www.portesouvertes.ch/en

Open Doors
PO Box 6
Witney
Oxon 0X29 6WG
UNITED KINGDOM
www.opendoorsuk.org

Open Doors
PO Box 27001
Santa Ana, CA 92799
USA
www.opendoorsusa.org

Open*Doors*
Serving persecuted **Christians** worldwide

Open Dooors le agradece la compra de este libro. Una parte de lo recaudado por la venta de cada libro se destinará a continuar el ministerio de Puertas Abiertas en el Medio Oriente, al igual que en otros países alrededor del mundo. Si usted desea ayudar a Open Doors a crear una mayor conciencia sobre la iglesia sufriente, considere la compra de otra copia de este libro para regalar.